LA ODISEA OLÍMPICA

Reavivar el verdadero espíritu
de los Grandes Juegos

PHIL COUSINEAU

Ediciones Amara. Ciutadella de Menorca

Título original: *the Olympic Oddissey*
Publicado por cortesía de *Quest Books*.
The Theosophical Publishing House

Publicado por vez primera en 2008
Ediciones Amara

ISBN de la obra: 978-84-95094-29-2
Depósito Legal: B. 10.039-2008
Romargraf, S.A
L'Hospitalet de Llobregat

Por el amor a los juegos y para los colegas
de Forest Park y de The Gym:
Biff, Tim, Mark, Ernie, Dennis, Frank, Bob,
Steve, Larry, Bob, Doug, Les, Ryan, Dwight,
Cip, Dan, Curt, Dennis, Jack, Mac, Ronnie, Chuck,
y mi hermano

Paul.

CONTENIDO

AGRADECIMIENTOS

En una verdadera odisea, nadie puede embarcarse sólo. La odisea que ha supuesto escribir este libro no ha sido una excepción. Como habitualmente hacen los viajeros díscolos, me gustaría expresar mi gratitud a todos aquellos que me han ayudado a encontrar el camino a casa.

En primer lugar, quiero expresar mi profunda gratitud a mi editora de la editorial Quest Books, Sharron Dorr, cuya conversación telefónica sobre la ampliación de un ensayo que escribí anteriormente "El Mito del Deporte" me llevó a embarcarme en esta aventura. Su firme creencia en la dimensión trascendente y espiritual de los Juegos Olímpicos y su fe en mi capacidad para evocarlo fue una constante fuente de inspiración. De acuerdo con el espíritu del entrenador filósofo, ella me animó a poner todo mi empeño en la creación de este libro, de tal manera que reflejara el antiguo código de la excelencia de los Grandes Juegos.

También deseo expresar mi profundo agradecimiento a Carolyn Bond, cuyo trabajo editorial realmente olímpico me ayudó a encontrar el camino y a clarificar la visión del libro. Gracias, también, a Nicole Krier, por su enérgico apoyo en su labor de marketing, y a Dan Doolin, por su resolución en la búsqueda de ricas ilustraciones y por el diseño de este bonito libro.

Mi gratitud también para todos aquellos que fueron tan amables de prestarse a realizar las entrevistas –incluyendo a Sarunas Marciulionis, Stuart Brown, Bruce Bochte, Steve Glass, Huston Smith, y Valerie Andrews– también a Matt Biondi, por sus útiles conversaciones que mantuvimos hace varios años sobre su travesía Olímpica, y al difunto Joseph Campbell, por los años de ejercitada conversación sobre las virtudes y peligros de la competición atlética. Gracias también a Bill Gallagher, Alexander y Jane Eliot, y a Willis Barnstone por su ayuda con las traducciones y transcripciones y por su apego general a todo lo griego. También estoy en deuda con todas las almas caritativas que me ayudaron con los distintos aspectos de mi búsqueda, incluyendo a David L. Miller, Will Evans, Susan Stafford, Gary Rhine, Rebeca Armstrong, Shirley J. Nicholson, Lawrence Beaton, Chris Donges, Margaret Wright, Mary Davis, y Tony Lawlor. Mi profundo agradecimiento, también, a Keith Thompson, por tantos años de conversaciones enriquecedoras sobre la vida deportiva, y a Michael Murphy, por nuestras brillantes discusiones sobre el lado místico del deporte. Gracias a Tony y Janie de la cafetería Sempione de North Beach por sus cafés cargados de coraje y de amistad.

Finalmente, no habría sido posible el libro sin la paciencia de mi compañera, Jo Beaton, y el entusiasmo sin límites de nuestro hijo y joven fan Olímpico, Jack.

Sola está la raza,
Sola de hombres y de dioses;
por una única madre ambos respiramos.
Pero una diferencia en poder y en todo
nos separa…
Píndaro

El hombre es una antorcha movida por el viento.
Ralph Waldo Emerson

Aquel que no tiene el coraje suficiente para correr
riesgos, no conseguirá nada en la vida
Muhammad Alí
Campeón olímpico de boxeo

El boxeador,
estatua de bronce por Apolonio de Atenas, siglo I a.C.

INTRODUCCIÓN

EL ESPÍRITU OLÍMPICO

La fuerza secreta de los Grandes Juegos

Como si descansara de una competición épica, no se había movido durante siglos. Todavía yacía en el fondo del mar cuando en 1997 un buzo lo descubrió dentro de un barco naufragado en las aguas turquesas del Adriático, cerca de la costa de Croacia. En ese momento, el atleta de bronce del siglo cuarto antes de Cristo estaba roto en varias piezas, y tenía sedimentos salinos de colores tan incrustados que parecía un cañón oxidado más que un campeón Olímpico.

Desde que el atleta Adriático fue extraído del mar, arqueólogos submarinos han estado quitándole la capa corrosiva, uniendo sus piezas, y enlazando su historia. Como un pase de fotografías a cámara lenta que fuera retrociendo en el tiempo, el proceso de restauración nos permite ver poco a poco el bronce, perdido durante mucho tiempo, en todo su esplendor original. Los científicos dicen que es una de las miles de esculturas de atletas de tamaño natural, o el *apoxiomeno*[1], creadas en honor de los vencedores de los Juegos Panhelénicos y erigidas en sus lugares de origen por toda la antigua Grecia. Se dice que alrededor del siglo I a.D. la estaban transportando –probablemente a un palacio o villa Romana– cuando su barco naufragó y se hundió en "el museo azul" como describen los pescadores del Mediterráneo a esa vasta galería de arte submarina de estatuas, cerámica y monedas.

El naufragio fue una bendición inesperada para el atleta Adriático, ya que la mayor parte de las esculturas del mun-

---

[1] Estatua de Lisipo del siglo IVa.C. que representa un atleta, sólo se conserva su copia romana (N. del t.).

do antiguo corrieron una suerte mucho peor. Casi todas las estatuas de bronce fueron fundidas por su metal, mientras que las de mármol fueron aplastadas en hornos de cal para usarlas como mortero. Es uno de los pocos supervivientes, y la historia de su odisea y metamorfosis es digna de Homero y Ovidio. Su brillo ha regresado; el destello ha vuelto a sus ojos. Su expresión es decidida, pero tranquila, transmitiendo la fuerza interior de su carácter y su belleza externa y recordando otras fabulosas estatuas de atletas, como el airoso *Lanzador de Disco*, la encantadora *Corredora espartana*, el inolvidable *auriga*, y el meditabundo *Boxeador*.

Pero hay otra cualidad –una *fuerza*– que profundiza en el misterio de estas estatuas, sobre todo en su conexión con la pasión griega por las celebraciones atléticas, incluyendo la que los Griegos reverencian sobre todas las demás, los Juegos Olímpicos. De hecho esta es la fuerza milagrosa que impulsa la creación de obras arte, así como la determinación de los grandes atletas.

Llamémoslo espíritu, la llama divina, el aliento de vida –es el elemento trascendente que nos levanta cuando estamos deprimidos, la fuente de coraje, y el alma de inspiración. De una manera extraña, no estamos totalmente seguros de donde viene, a dónde va cuando está abrumado, o cómo reanimarlo. Sólo sabemos que necesitamos estar en contacto con él, lo cual es una de las razones por las que recurrimos al arte, al drama, a la poesía, y a los deportes, sobre todo a los Juegos Olímpicos, el acontecimiento de televisión más visto del mundo. Como los Juegos se desarrollan cada cuatro años, podemos impresionarnos por las habilidades de los jóvenes atletas más grandes del mundo; pero lo que nos mueve es lo que el novelista y aficionado al fútbol Nick Hornsby llama "el destello emocionante de su espíritu". Ese misterioso movimiento del espíritu –de la aspiración del atleta por la gran actuación a nuestra inspiración por contemplarlo– es en el fondo la vieja fascinación por los grandes juegos, que es a su vez el espíritu que impera en todo este libro.

La odisea olímpica narra la larga historia de los Juegos Olímpicos, desde sus orígenes en la Grecia del siglo VIII a.C. a través de las 22 Olimpiadas celebradas en diferentes lugares del mundo desde su reanudación, que, al igual que el mismo Odiseo (Ulises) en su regreso a casa, vuelven a Grecia para los Juegos de 2004. El enfoque del libro refleja mi fascinación por la interacción entre la historia exterior de los Juegos –los hechos y personajes– y la historia interior, que aparece en su mitología, en su psicología y en su poesía. Sólo en esta última podemos encontrar las raíces profundas de nuestro antiguo impulso de jugar, de competir y de sobresalir; sólo ahí podemos vislumbrar el nacimiento del coraje en un atleta, la compasión en un entrenador, la devoción en un aficionado.

Me siento fascinado por el "destello del espíritu" que transciende la competición ordinaria, especialmente durante la fantasía deportiva que se despliega en las Olimpiadas. Y también estoy hechizado por los apasionados esfuerzos de los atletas conocidos y desconocidos de todo el mundo para participar en una competición pacífica. Para mí, este inspirado esfuerzo refleja lo que describió el erudito del siglo XIX, E. Lowes Dickinson, en su obra *The Greek View of Life* como el fenómeno de la antigua filosofía griega –la misteriosa capacidad para sentirse como en casa en el mundo, incluso en un mundo cada vez más desarraigado como el nuestro.

DE VUELTA AL IDEAL ANTIGUO

Los Olímpicos han disparado mi imaginación desde que era un joven, educado en los clásicos pero salvado por los deportes. El nuestro era un hogar familiarizado con Homero y sus discípulos, grandes libros y grandes juegos, y la necesidad de luchar para defender la fe de uno mismo. Aprendí pronto el famoso ideal griego de fuerza y belleza –la armonía de una mente sana en un cuerpo sano– porque mi padre insistió en que aprendiera a equilibrar los libros con la pelota. Mientras tanto, mi madre me cambió de un colegio público a uno parroquial, por lo que podía asistir a misa cada mañana, donde me inculcaron un sentido de respeto, aparte de una profunda admiración y asombro por la vida espiritual.

"Gracias a Dios por los fenicios –o quien quiera que fuera que inventara los libros"–, solía suspirar mi padre mientras cogía su copia favorita de las *Historias*[2] de Herodoto o *Inocentes en el Extranjero* de Mark Twain[3]. "La fe mueve montañas", solía susurrar mi madre cuando sentía que tenía que recordarme por qué me había cambiado de colegio.

Cuando nuestra familia se desintegró lentamente durante mi adolescencia, me refugié en el espíritu de la calle –jugando al béisbol, al baloncesto y corriendo en la pista de atletismo. Llegué a amar la forma en la que mis habilidades y mi espíritu se ponían a prueba. Los deportes me salvaron de una vida de abstracción; me sacaron de mi mente y de la iglesia y me empujaron dentro de mi cuerpo.

De profesores y curas puede ser que aprendiera las grandes ideas de la historia, pero de entrenadores y compañeros atletas aprendí el hecho excitante de que esas ideas se podían poner en movimiento en el campo, en la cancha y alrededor de una pista. Aquí es donde desarrollé mis hábitos de trabajo intenso, competitividad y determinación que he explotado desde entonces. Aquí es donde aprendí que junto con el fuego en el alma del que los curas hablaban y el fuego en la mente que defendían mis profesores en la facultad, hay un fuego igual de noble en el corazón y en el cuerpo, que mis entrenadores y mis héroes del deporte me ayudaron a avivar y reavivar una y otra vez.

No es sorprendente que mi ideal de una vida bien vivida haya sido tan paralelo al clásico –la lucha apasionada por la

---

[2] Ediciones Akal, 1994.
[3] Ediciones del Azar, 2001.

excelencia en la búsqueda de mente, cuerpo y alma. Como tampoco es sorprendente que mi admiración por esta visión de la Grecia antigua, y la inspiración para vivir una vida enciclopédica, literalmente, en toda su extensión, haya sido empañada y frustrada hoy en día. Para mí, los placeres de la lectura, el arte, la religión y los deportes están inevitablemente conectados. Por esta razón ha sido causa de total exasperación el hecho de que aterradoras fuentes culturales los hayan mantenido lo más separados posible. Es como si unos boxeadores en pleno combate fueran separados por los árbitros de la academia, el clero y los comisarios de los deportes.

¿Cómo puede haber ocurrido esto, cuando la mayor parte de los educadores predican el ideal de vida equilibrada?

En *The Ultimate Athlete*, el periodista y maestro de aikido, George Leonard, identifica el origen del problema como de tipo filosófico: la infame separación entre cuerpo y alma o para ser más exactos, la separación entre mente, cuerpo y alma. Esta mentalidad, escribe, ha sido un gran error del pensamiento occidental, error que no debe repetirse. Sus implicaciones llegan lejos, desde el aula de estudios a la sala de reuniones, del estudio al estadio. "Los atletas suelen volverse insensibles y autoritarios", explica, "y los intelectuales suelen convertirse en cerebros sin cuerpo, ajenos a las consecuencias de su pensamiento".

En lugar de vivir en una cultura que anime a los atletas a encontrarse con filósofos, a artistas con políticos y a soldados con poetas —como los antiguos griegos hicieran durante casi 20 siglos durante el festival de Zeus en la antigua Olimpia— vivimos en una sociedad donde los curas desdeñan el cuerpo, los atletas rechazan a los pensadores y todo el mundo recela de los poetas.

Ésta es una manera segura de crecer con carencias y sin equilibrio, como el lanzador que sólo desarrolla su brazo lanzador mientras que su otro brazo se debilita, o como el académico cuyas piernas son demasiado débiles para andar por el parque. Esta separación hostil y destructiva puede y debe ser reparada, insiste Leonard, pero precisa de atención el convertirnos de nuevo en algo completo. Si hacemos este esfuerzo, sugiere, "El atletismo puede volver a ocupar el lugar de honor que le corresponde en las artes y las letras". Semejante cambio de actitud nos pide revisar el precio que pagamos por una visión unidimensional de la vida, lo cual requiere un enfoque intenso para tener cualquier posibilidad de éxito– aún cuando la obsesión amenace con destruirlo todo.

Ir a por el oro es peligroso.

EL ORO Y LA GLORIA

Fundados hace al menos 28 siglos en la Grecia Occidental, abolidos en el siglo IV por el tirano romano Teodosio y luego reavivados con la más noble de las intenciones en 1896, los Juegos Olímpicos han sobrevivido a numerosas y terribles pruebas hasta llegar a convertirse en lo que Pico Iyer denomina "un modelo de nuestros sueños de unidad". Escribe en un ensayo que es "una verdadera oda al espíritu olímpico", que los pueblos Olímpicos son microcosmos del pueblo en su totalidad y que en sus más intensos momentos "rinden tributo al sentido mismo de 'lealtad en el mundo' que (el filósofo Alfred North) Whitehead llamaba la esencia de la religión". Quizá eso es porque, para algunos, el deporte es meramente un juego, mientras que para otros es una religión, y porque se dice a menudo, si quieres conocer el alma de las personas, observa su conducta colectiva, mira cómo juegan, pon atención a su manera de *competir.*

El éxtasis colectivo expresado en los espectaculares Juegos de Sydney en el 2000 es clara evidencia de la cada vez más popular creencia de que cuando una ciudad y una nación alberga los Juegos Olímpicos, está haciendo algo más que aumentar sus ingresos, está acrecentando su fama a nivel mundial y desnudando su alma. Casi 200 naciones y 10.000 atletas participaron en aquellos Juegos, mientras que 3.700 millones de personas lo vieron por televisión –la mayor audiencia de la historia– todo con la esperanza de vislumbrar fugazmente el oro y la gloria.

El hambre de gloria es tan antigua como el hambre en sí. Gran evidencia de ello se encuentra en la tradición popular de la caza y la guerra, así como en la literatura épica, con ejemplos tales como *Beowulf,* cuyo héroe era el mejor dotado para alcanzar la fama o *La Iliada* –donde Aquiles entrega la promesa de inmortalidad a cambio de la gloria concedida sólo a los guerreros valerosos. El impulso profundamente arraigado de perseguir la gloria puede motivar del mismo modo a guerreros, atletas y poetas a hacerlo lo mejor posible –incluso a sobrepasar sus propios límites– un magnífico logro de por sí. El gran poeta griego, Píndaro, compositor de odas a los vencedores olímpicos, sugiere que la gloria de los Juegos residía en que permitían a un hombre distinguirse de los demás por su excelencia. La única recompensa tangible por su victoria era una corona de laurel pero las recompensas no tangibles, a las que nos referiremos con la palabra *kleos,* "fama o reconocimiento que premia el éxito ganado con gran esfuerzo", eran infinitas.

¿Y qué hay de todo lo que se ha hablado sobre el oro, la "avalancha del oro", como los escritores del deporte llaman a la lucha por la máxima medalla en todos los deportes? ¿Qué es lo que tiene el oro que motivó que los diseñadores artísticos de la revista *Time* dieran a la brillante velocista Marion Jones una capa de pintura dorada cuando la pusieron en la portada la semana antes de que empezaran los Juegos de Sydney del 2000? ¿Por qué los jóvenes atletas arriesgan todo por el honor de llevarse una medalla de oro Olímpica?

El oro, que es el más preciado de los metales, simboliza lo más elevado y lo más puro. Por esta razón el oro tiene en sí un significado espiritual en muchas tradiciones religiosas. La rareza y la belleza del oro siempre han provocado el irreprimible deseo de poseerlo, a menudo a cualquier precio. El lado oscuro del oro es la avaricia y la corruptibilidad, que conduce a la "fiebre del oro". Desde el funesto deseo del rey Midas de que todo lo que tocara se convirtiera en oro al afán loco de riquezas de los del 49 en California y hasta la obsesión de los atletas olímpicos por obtenerlas medallas, la codicia por el inmortal metal siempre ha llevado a la buena gente a cometer cosas extrañas. En el apremiante momento de la competición, un entrenador o un atleta pueden, o bien sobresalir, que es lo que hacen los grandes, o bien ponerse furiosos, tal y como los bardos nórdicos calificaron al frenesí que experimentaban los guerreros en plena batalla. Lo primero es motivo de leyenda y lo último desemboca en el engaño, en el dopaje, en la crueldad y en la avaricia corporativa que engendra sobornos, corrupción y el deseo de sacar el máximo beneficio o comercialismo.

La presión por ganar a cualquier precio —en el deporte, el arte, la religión, los negocios o en lo militar— invade la vida moderna, pero esta presión no es algo nuevo. En opinión de muchos historiadores Olímpicos fueron los peligros del profesionalismo, junto con la secularización de los antiguos Juegos Olímpicos, desde aproximadamente el siglo V a.C. en adelante, lo que condujo a su largo y lento declive. Leer sobre las tentaciones que perseguían a los atletas y cómo vituperaban a los entrenadores en tiempos antiguos sirve para recordar lo poco que ha cambiado el carácter del ser humano. La principal diferencia es de proporción. Las opciones son las mismas: jugar limpio o tomar injusta ventaja, tener espíritu deportivo o un espíritu mezquino, hacerlo lo mejor que uno puede o ser negligente, sentirse orgulloso de haber participado o sentir amargura por no haber ganado.

Uno de los principales temas que recoge este libro es que nosotros, como atletas, entrenadores, padres y espectadores, podemos elegir el grado de influencia que tienen el oro y la gloria sobre nosotros —si nos cegará la luz o si seremos capaces de ver mejor porque nuestro objetivo era más elevado. Todo depende de dónde —y sobre quién-centremos nuestra atención. Podemos adorar sólo a los ganadores, abrumarnos con estadísticas y obsesionarnos con qué país esta acumulando más medallas. O podemos observar lo que los antiguos poetas griegos llamaron "el momento infinito", el momento de la verdad cuando emerge el coraje, el deseo, el orgullo del atleta en solitario o del equipo unido– o no.

Este momento de vida o muerte es la representación de la lucha por la vida. Es el corazón del arte, la literatura y el atletismo y es algo maravilloso cuando se representa con pasión y gracia. Nuestra ansia por esta dramatización se refleja en una encuesta llevada a cabo por el presidente de la NBC de deportes Dick Ebersol, quien comentó: "Aproximadamente el 80% de nuestros espectadores quieren ver luchar a sus atletas… Quieren ver cómo sobreviven cuando las probabilidades son increíbles y luego su momento de victoria, y después, a menudo, su agonizante momento de derrota."

Las encuestas revelan la fascinación universal por las historias de cómo el ser humano supera pruebas terribles. Podemos parecer impresionados con el talento natural, pero admiramos a las personas que tienen menos probabilidades, a los luchadores, a aquellos que desafían las posibilidades y nunca abandonan, a aquellos "que hacen que lo imposible parezca posible" –como describió un compañero ciclista a Lance Armstrong después de los Juegos de Sydney. Estos son los Olímpicos que transcienden los Juegos, como el gimnasta George Eyser, que ganó cinco medallas con una única pierna a la vuelta del siglo; Marla Runyan, la corredora de los 1.500 metros legalmente ciega que compitió en los Juegos de 2000 midiéndose con sus rivales, los cuales le parecían "rayos de luz"; y la velocista Gail Devers, que contrajo la enfermedad de Graves y casi tuvieron que amputarle los pies, pero que logró ganar tres medallas de oro en los Juegos Olímpicos de 1988. Sus fabulosas historias pueden avivar la llama de la inspiración que inexplicablemente puede ayudarnos después en nuestras noches oscuras del alma.

Sus historias también encarnabam el famoso ideal del Sueño Americano, supuestamente pronunciado por el legendario entrenador de fútbol Vince Lombardi: "Ganar no lo es todo. Es lo único". Sin embargo, Lombardi pasó los últimos años de su vida proclamando que lo que realmente dijo fue: "Ganar no lo es todo, pero hacer el esfuerzo para ganar sí lo es." Las fuerzas culturales que dieron un giro a sus palabras originales están constantemente en movimiento, transformando nuestro deseo de hacerlo lo mejor posible o de presenciar el esfuerzo de otros por hacerlo así, en actuar sólo para ganar, nada menos que en ver "el instinto asesino."

Un reportaje de la NBC de deportes confirma nuestro deseo por contemplar algo más que estadísticas y la capacidad de las estrellas; defiende nuestro deseo por la dimensión trascendente de los deportes, el drama innato de un individuo o un grupo luchando por hacerlo lo mejor posible. Ya conocemos lo difícil que es nuestra vida cotidiana. Lo que resulta infinitamente más duro es saber lo que cuesta superar experiencias terribles de la vida extraordinaria, que es la razón que nos lleva a agarramos al gran drama —en el teatro, en la iglesia, y en el estadio. Deseamos ser testigos no sólo del talento que allí se demuestra, sino también del espíritu que se eleva para la ocasión, el coraje que responde en un momento de verdad. Nuestra fascinación por la revelación del destino, bien en una novela, en película o en competición Olímpica, no tiene límites. Como escribió el poeta polaco Adam Zagajewski, "Deseamos experimentar estupefacción y detenernos en esa estupefacción durante un largo momento."

William J. Baker escribe en *Sports in the Western World*: "Los seres humanos no pueden vivir sólo de pan. Sueñan y se esfuerzan. No toman el fuego del altar de los dioses meramente por su calor; sino que, curiosamente, lo hacen por su gloria y su dolor. Escalan montañas, cruzan mares inexplorados y se adentran en el espacio exterior por otras razones que no son el beneficio material. Prosperan en sus desafíos. Buscadores de laureles, especialmente se miden a sí mismos en competición con otros seres humanos. Donde no hay contienda, crean una. De nuestras más internas profundidades, y desde hace milenios, nos llega el impulso de la competición atlética."

En *The Heart of a Champion*, el afamado escritor deportivo Frank Deford comenta, "En última instancia, aunque nuestros juegos puedan parecer frívolos, la valentía en los deportes adquiere gran importancia. La mayoría de las distintas formas de demostrar coraje no son particularmente visibles. De hecho, la mayoría de las veces el coraje es silencioso… Pero aún así necesitamos el coraje, verlo en exhibición, para que su ejemplo nos anime a correr riesgos algún día…es decir ver el coraje en pie.

Presenciar una demostración de valentía requiere una prueba, preferentemente un concurso, una competición, como los antiguos griegos bien sabían. David C. Young escribe en *Los Olímpicos Modernos* que la antigua competición atlética representaba la lucha del griego por elevarse por encima de la condición esencialmente efímera y miserable de hombre y hacer lo que un hombre por lo general no puede hacer…Sólo contaban la ejecución y el éxito.

Si había un secreto en el genio de los griegos para vivir bien la vida, tenía que ver con su firme convicción de que el ciudadano convencional podía convertirse en alguien extraordinario si se le animaban a competir, y que podía elevarse a la inmortalidad si sobresalía. La victoria se consideraba dulce en cualquiera de los cientos de los antiguos festivales atléticos griegos, pero la más dulce de todas se conseguía en Olimpia, porque los juegos eran dedicados a Zeus y eran considerados los más íntegros.

Los Olímpicos modernos fueron inaugurados en 1896 con la noble intención de continuar con ese legado sagrado. Pero los Juegos modernos están "luchando para mantener su integridad", escriben Robert K. Barney y otros autores de la exposición *Selling the Five Rings*. "Por una parte, el movimiento Olímpico actualmente tiene los medios para llevar adelante los ideales espirituales que siempre ha defendido. Por otra parte, las mismas fuentes que permiten la extensión de esos ideales al mundo amenazan con minar la pureza y nobleza de su cruzada."

En *La odisea olímpica* hay una serie de preguntas que tienen un fin investigador. ¿Qué nos han dejado los antiguos griegos y los reanimadores de los Juegos y qué desean transmitir a la próxima generación? ¿Cuál es el elemento trascendente que eleva al atleta, al preparador y al aficionado? ¿Es el entusiasmo –literalmente "lleno de los dioses"– o es el sueño perenne de hermandad, el antiguo sueño de paz? ¿Nos contentaremos con tratar a los Juegos como una mera fuente de entretenimiento o los miraremos como alegres escenarios en los que se representan los grandes dramas del ser humano? ¿Qué precio estamos pagando por dotar de glamour a nuestros atletas y por dar una publicidad excesiva a los Juegos tal y como hacemos? ¿Qué tiene la antorcha Olímpica que nos lleva a hacer esto?

PASAR LA ANTORCHA

En nuestra época creemos que el fuego es simplemente un fenómeno físico, una combustión de moléculas que produce luz, llama y calor. Pero numerosos mitos en el mundo entero revelan una reverencia del hombre hacia el fuego, una creencia extendida de que el fuego es sagrado, un regalo de la naturaleza que una vez perteneció a los dioses y que estos lo guardaron con tenacidad. Los aztecas enviaban corredores de larga distancia, entrenados para cubrir más de cien kilómetros al día, con antorchas ceremoniales encendidas en fuegos sagrados para compartirlo con pueblos lejanos y, de vez en cuando, lo reavivaban en el templo principal. A los jefes indios Papago les llamaban "los Guardianes del Fuego", y cada uno tenía su propio mensajero personal, llamado "su Pierna". La misión de la Pierna era cuidar el fuego sagrado y llevar mensajes de guerra y paz a otras tribus, como en los desafíos de competiciones atléticas pacíficas. Los antiguos Griegos creían que Zeus les hizo a los hombres la vida más difícil intencionadamente al "ocultarles el fuego", según las palabras de Hesíodo. Esta treta provocó que Prometeo lo robara y se lo regalara a los humanos, un regalo cósmico por el cual pagó un precio terrible.

El erudito clásico Filostrato se hace eco de esta fascinación primitiva por el fuego en su historia picaresca sobre el *stade* original de Olimpia (carrera), la carrera hacia el altar de Zeus para conseguir el honor de encender la pira del sacrificio con la antorcha del vencedor. Eruditos modernos como M. L. Finley y H. W. Pleket afirman que las carreras locales con antorcha eran comunes en la antigüedad, con equipos de corredores "llevando diademas, portando sus antorchas encendidas en soportes metálicos a través de las calles 'de altar en altar'". El relevo de la antorcha no era parte de los antiguos Juegos, sino que fue coreografiado por los oficiales alemanes para agregar glamour y prestigio antiguo a las ceremonias de apertura de los Juegos de Berlín de 1936. Éstos, desde entonces, se convirtieron en los juegos modernos con los rituales más auténticos y emocionantes. El acto ceremonial de pasar la antorcha sagrada simboliza el ideal de hermandad internacional y pretende recordarnos la unidad de las naciones. Cada cuatro años la antorcha es encendida por los rayos del sol en el altar del templo Hera, en la antigua Olimpia, y llevada mediante relevos al lugar donde se celebren los Juegos. Miles de corredores se pasan la antorcha de mano en mano, de ciudad en ciudad, de país en país, mientras millones de personas se acumulan en las carreteras del mundo aclamando al corredor y a la antorcha.

Símbolo de iluminación, purificación, fertilidad, calor y luz, la antorcha es una imagen impactante. Pero el simple traspaso de la antorcha, tal y como es entregada de un corredor al siguiente, nos conmueve el alma. Recuerdo una vez aguantando de pie en el puente del Golden Gate una mañana de fría niebla en 1984, junto con miles de personas. Nosotros esperábamos su llegada, al igual que hacía una adolescente que tiritaba de frío vestida con una camiseta y pantalón corto, hasta que un hombre mayor con una sudadera gris venía corriendo por la autopista desde Marin Hills; portaba la antorcha Olímpica en alto y con una sensación de triunfo se la pasó a ella para que la transportara al otro lado del puente.

La antorcha siguió su camino lentamente a lo largo de la costa hacia Los Angeles para los Juegos Olímpicos. Cuando finalmente la antorcha llegó a la entrada del Coliseo, se la entregó de forma ceremonial a la nieta de Jesse Owens, Gina, quien corrió una vuelta alrededor de la pista bajo aplausos ensordecedores. El estrépito se hizo más fuerte cuando ella entregó la antorcha por última vez a Rafer Johnson, ganador del decatlón de 1956 en Melbourne, quien subió los escarpados peldaños del estadio para encender el anillo Olímpico de fuego, que brilló a lo largo de los Juegos.

Doce años más tarde, el mundo vio por televisión cómo el una vez formidable campeón de boxeo, Muhammad Ali, posiblemente el atleta más querido de nuestro tiempo, luchó para encender el caldero de los Juegos de Atlanta de 1996, debido a los temblores que le producía la enfermedad de parkinson. En los Juegos de Sydney de 2000, se reavivó el antiguo sueño Olímpico de reconciliación cuando Cathy Freeman, la extraordinaria velocista aborigen australiana, fue elegida para encender la llama Olímpica.

¿Qué hay en estos gestos que nos conmueve tanto? ¿Quizás nos recuerde que la vida misma es una carrera contra el tiempo, que sólo tenemos cierto tiempo para pasar todo lo que hemos aprendido sobre la vida a la siguiente generación? El poeta místico Blake pregunta "¿A qué alas se atreve a aspirar? ¿Qué manos se atreven a agarrar el fuego?"

Los antiguos nativos americanos dicen que debemos mantener en movimiento el don de la vida. Este es un consejo muy hermoso que lo podemos aplicar a la vida diaria.

Con respecto a la vida elevada de los juegos, esto nos hace preguntarnos: ¿cuál es el don de los Juegos que nosotros – atletas, entrenadores, padres, espectadores, medios– queremos transmitir?

Estas preguntas estaban en la mente de Jesse Owens meses e incluso años después de su hazaña valerosa en los Juegos de Berlín, donde dejó pasmados a los dirigentes nazis al ganar cuatro medallas de oro. Como nieto de esclavos e hijo de un pequeño granjero, Owens era consciente de la importancia simbólica que tenía su gesta para la gente de su raza en América. Pero también sabía que lo de Berlín supuso mucho más que establecer records o recibir coronas de laurel. Owens escribe en su autobiografía que había

Muhammad Ali, ganador de la medalla de oro de boxeo categoría semipesados de los Juegos de 1960, volvió en 1996 para encender el pebetero de los Juegos de Atlanta.

ido a Europa con la esperanza de encontrar el verdadero significado de las Olimpiadas, para luego descubrir que "la verdadera Olimpiada es la vida, la vida interior". De su terrible experiencia con los nazis y de la amistad que formó con su principal rival, el saltador de longitud alemán Luz Long, aprendió que "la fuerza espiritual es más importante que la fuerza física".

Cuando Owens regresó a América, pasó la antorcha de su dramáticamente ganada sabiduría de forma tan impecable como pasaba el testigo al conseguir el record mundial de relevos, y escribió: "Desde entonces he dedicado la mayor parte de mi tiempo a intentar inspirar a otros para que sientan lo que yo siento, y sepan lo que yo ahora sé".

Para Owens y para otros muchos atletas, el oro se lleva en el interior, la recompensa es más invisible que visible, y el don es tan poderoso que debe mantenerse vivo implicando a atletas y a entrenadores en sus comunidades, incluso mucho tiempo después de que se haya extinguido la llama de la última Olimpiada. Si esto es cierto, como dijo Emerson, "el hombre es una antorcha movida por el viento", entonces cuando vemos la antorcha Olímpica encendida de nuevo sabemos que el fuego sagrado está vivo también en la carrera humana.

Ruinas del gimnasio en la antigua Olimpia, con el monte Cronos de fondo

EL VIAJE

Aparentemente, los Juegos no son más que juegos, una rapsodia en el tema de la competición atlética, incluso la de más alto nivel. Sin embargo, bajo esa superficie, las capas tectónicas de la imaginación mítica se ponen a trabajar, mostrando el sentimiento espiritual que acompaña a los Juegos. Para comprender el sentido profundo de los Juegos, debemos embarcarnos en un viaje hacia el mito, la raíz de la historia, la historia del origen de las cosas, porque es el mito el que nos devuelve al origen sagrado de todo –incluido los deportes– para conocer su naturaleza más profunda, su fuerza más secreta. El comienzo del juego y los concursos en la humanidad es también una zona poco explorada, donde la competición se une con la mitología y la cultura. De la gran cantidad de temas que podrían emerger en este ámbito tan rico, he elegido seis que equivalen a los capítulos de este libro.

Estos temas incluyen los orígenes míticos de las olimpiadas, la conexión sagrada entre los dioses y los juegos, el significado ritual del festival sagrado, el renacimiento de los Juegos, la búsqueda de la excelencia, y la misión inspirada del entrenador filósofo. El epílogo incluye una serie de sugerencias para reavivar el espíritu y restaurar el orgullo de los Juegos, tanto en atletas como en aficionados. Además, estos capítulos pretenden complementar la realidad actual de los Juegos Olímpicos, llena de feroces luchas económicas y nacionalistas, con las posibilidades transcendentes, aquellas que nos permiten "elevarnos por encima de nosotros mismos", y que los Juegos han mantenido desde sus orígenes.

Mientras nos embarcamos en nuestra odisea Olímpica, es importante recordar el comentario que hizo el historiador Will Durant sobre el legado griego a la civilización: "Conocemos sus defectos, sus implacables guerras, su esclavitud estancada, el sometimiento de sus mujeres, su falta de límites morales, su corrupto individualismo, su trágico fracaso a la hora de unir libertad con orden y paz. Pero aquellos que aman la libertad, la razón y la belleza, no se entretienen en estas imperfecciones... Piensan que Grecia es como una resplandeciente mañana de esa civilización occidental la cual, a pesar de sus faltas familiares, es nuestro alimento y nuestra vida."

De la misma forma, darle demasiadas vueltas a los defectos del deporte, es como centrarse en la capa de corrosión que hay sobre la belleza de las estatuas de atletas recuperadas, o estar demasiado anestesiado por los excesos de las Olimpiadas modernas para poder ver el coraje que subyace debajo de ellas. Otros libros se han centrado más en los defectos lamentables de las Olimpiadas, tales como el doping o el cambio que han experimentado a una mera utilidad práctica. Todavía hay otros que recuentan las minucias de las estadísticas y las hazañas de records batidos. Pero lo que interesa a este libro es el espíritu que los atletas olímpicos llevan dentro de sí mismos, y que el mundo reaccione como si de un fuego sagrado se tratara.

"El espíritu no es siempre visible en el deporte", escribe Michael Novak en *The Joy of Sports*, "no siempre está activo, sino que a menudo se encuentra aletargado. Pero en cualquier momento podría proyectarse."

Como todas las verdaderas odiseas, este libro es un viaje serpenteante en busca del espíritu que siempre ha estimulado las grandes competiciones en nuestras vidas. A lo largo de este relato estudiaremos lo que realmente significa *ganar*, una vieja palabra cuyas raíces nos llevan a *disputa* y *conflicto*, pero también a *alegría* y *placer*. Como muchos comentaristas han dicho, la gran prueba de la competición está en que el atleta, el jugador o el entrenador muestren alegría durante la competición. De forma misteriosa, lo cual exploraremos a lo largo de este libro, no hay éxito verdadero, no hay victoria, no hay ganador si no hay alegría. Como demuestra la larga historia de los Juegos, es tan fácil perder ganando como ganar perdiendo. Pero nosotros no sabemos eso con exactitud hasta que no experimentamos los momentos de coraje que fortalecen el alma y superamos grandes dificultades para destacar. Como dijo el jugador de béisbol Yogi Berra, "Aquí hay una profunda profundidad".

"Nosotros no sólo contamos historias" dijo Sydney Mills, un indio Sioux, a su hijo pequeño Billy al principio de la década de los cincuenta, "sino que contamos historias para enseñar una lección. Cualquier lección que aprendas de la vida es sagrada".

El espíritu Olímpico de los Juegos es algo bonito, como Billy Mills demostró años después en los Juegos de Tokio de 1964, con una fabulosa actuación que llegó a convertirse en parte de la tradición sagrada de su gente. Pero este espíritu se debe reavivar, cultivar y cuidar, como el fuego sagrado en su viaje a través de los relevos o el fuego del deseo que el entrenador vigilante debe reconocer. Este libro ensalza el fuego sagrado dentro de la llama de la competición; considera que con el desfile de la antorcha de la esperanza, la exhibición de belleza, fuerza y excelencia de los Juegos puede elevar el espíritu humano.

Como todos los grandes dramas de la condición humana, los Juegos son un espejo que mira hacia nosotros, preguntando, como se preguntaba la poetisa Mary Oliver: "Escucha, ¿sólo respiras un poquito, y lo llamas vida?

Si puedes respirar un poquito ¿por qué no respirar más? ¿Por qué no respiras fuerte y rápido como si estuvieras en la carrera más estimulante, procurando hacerlo lo mejor posible para alcanzar los laureles, la vida de excelencia? ¿No es eso lo que toda Olimpiada pide de nosotros –reflexionar sobre el juego de la vida dentro de los Juegos? Ésta es la fuerza secreta de los juegos. Como el director de cine Bud Greenspan dijo tan memorablemente en *The Hundred Greatest Moments in Olympic History*, el desafío más noble para los atletas es "entrar en la arena, hacer el mejor intento, y perseguir la excelencia. Y, como consecuencia de ese esfuerzo, todos nosotros volvemos a casa sintiéndonos mejor."

El que prende fuego a nuestros corazones debe pasar a la excelencia.

OLYMPIA

SAGRADA ZONA DE JUEGOS DE DIOSES Y HÉROES

"Deja que cada uno ejercite su propio arte"

ARISTÓFANES

Este modelo a escala muestra cómo sería en el año 100 a.C. el antiguo y amado santuario de los griegos. Durante la edad media, reducido por inundaciones y terremotos, quedó enterrado bajo cuatro metros de cieno. El explorador inglés Richard Chandler lo descubrió en 1766 por casualidad cuando encontró las ruinas el templo de Zeus.

A *Gimnasio:* Construido en el siglo II a.C., se usaba para el entrenamiento de corredores y lanzadores. Sus cuatro columnatas servían de refugio durante el mal tiempo, y en su patio tenían lugar lanzamientos de disco y jabalina.

B *Palestra:* el campo de ejercicios para luchadores y saltadores, las columnatas que rodean un patio en el siglo III a.C. suelen incluir diecinueve habitaciones para darse aceite, empolvarse, bañarse, y para entrenarse en general.

C *Templo de Hera:* Construido alrededor del 600 a.C., el templo de la diosa fue el primer edifico de Olimpia, antes de que el inmigrante Elian suplantara el culto de la diosa por su dios guerrero Zeus. El templo albergaba pinturas de las victorias en eventos femeninos, llamados los Juegos de Hera.

D *Tesorería:* A los pies del monte Cronos, llamado así por el padre de Zeus, se levantaban once pequeñas construcciones parecidas a los templos, hechos por colonos griegos para guardar sus pertenencias de valor y para proclamar su prestigio.

E *Estadio:* el estadio del siglo IV a.C. era una pista de arcilla cubierta de arena de 32 metros de ancho por 190 metros de largo —se dice que era la distancia que recorrió Hércules, mítico fundador de los Juegos, en un suspiro. Sus gradas podían albergar 45.000 espectadores.

F *Piscina:* única en la antigua Grecia, la piscina al aire libre del siglo Va.C. medía 24 metros de largo por 15 de ancho y 1,5 metros de profundidad – sólo un poco más pequeña que una piscina pública de hoy en día.

G *Leonidaion:* llamado así por Leónidas de Naxos, su financiador en el siglo IV a.C., era un hotel para oficiales y personalidades.

H *Olivo sagrado:* plantado por Hércules (según Pindaro), el árbol sagrado proporcionaba ramas para las coronas de la victoria.

I *Templo de Zeus:* sustentado por 34 columnas, llevó diez años la construcción de esta extraordinaria estructura, siendo completada en el 456 a.C. Dentro hubo una estatua de Zeus en mármol de casi 13 metros de alto, y una estatua de oro de Nike, diosa de la Victoria. Adornando sus frontones hay esculturas en relieve que representan los doce trabajos de Hércules.

J *Columnata del Sur:* Desde esta elegante estructura del siglo IV a.C. los jueces de los Juegos podrían haber representado las ceremonias de bienvenida a los conductores de carros que se dirigían al hipódromo.

K *Hipódromo:* El hipódromo (pista para caballos) está provisto de una pista de algo menos de tres cuartos de kilómetros de largo por una anchura que puede albergar cuarenta carros. Por encima del poste de la meta había figuras de bronce representando el origen mítico de los acontecimientos ecuestres: Hipodamia coronando a Pelope después de vencer a su padre, rey de Pisa.

CAPÍTULO I

LOS MÍTICOS ORÍGENES

El espíritu del Lugar y el Alma del Deporte

Respecto a los Juegos Olímpicos,
los antiguos helénicos dicen que Cronos
primero reinó en el cielo, y que los hombres
de esa época, llamados la Raza Dorada,
te hicieron un templo.
Pausanias, siglo II d.C.

Nunca fue una ciudad y siempre un santuario, Olimpia siempre se ha considerado un lugar sagrado durante incontables miles de años. El espíritu allí es fuerte, innegable la sensación de presencia. Las raíces de la veneración son profundas. Si Delfos era el *onfalos*, mítico ombligo del antiguo mundo griego, entonces Olimpia era el mítico corazón.

Olimpia se asienta a unos pocos kilómetros del mar en el norte del Peloponeso, en un valle tranquilo flanqueado por montañas, en el punto donde el río Alfeios se junta con el Kladeo. Situada a setenta kilómetros de la ciudad importante más cercana, Elis, la cual controló el santuario durante sus días de gloria, Olimpia es muy diferente de la condición rocosa de otros lugares de Grecia. Cálido, fértil, y perfumado por flores silvestres, el voluptuoso valle fue muy querido por los antiguos griegos. Sus poetas escribieron que su tranquilidad inspiraba la idea de reconciliación entre las siempre belicosas ciudades-estado cuyos ciudadanos visitaban el santuario. La palabra griega para esta zona, Arcadia, ha llegado hasta nosotros virtualmente inalterada como término de un paraíso distante, una región de placeres sencillos y gente tranquila. Como dice Roberto Calasso, "Olimpia era el hogar de felicidad para los antiguos griegos, los cuales conocían la infelicidad mejor que ningún otro". Este recuerdo mítico es la clave para comprender el calado que las Olimpiadas han tenido en la imaginación del mundo durante veintiocho siglos.

Los primeros colonos y peregrinos ya reconocieron la naturaleza sagrada de Olimpia, estos creían que la tierra pertenecía a los dioses y las diosas. Buscaron al oráculo que moraba en una rocosa grieta en lo alto del monte Cronos;

hicieron sacrificios en los altares de la diosa Gea; celebraron rituales en honor a Temis, diosa de la justicia; y crearon festivales de fertilidad en honor a la madre tierra, Ilitía, y su hijo divino, Sosipolis.

De acuerdo con la historia de la antigua Grecia, Olimpia era el lugar donde se celebraban juegos funerales, ejercicios militares, o eventos religiosos locales, que se remontan hasta el siglo XIII a.C. Un siglo después, en el XII a.C., oleadas de tribus –Jonios, Dorios y Eolios– descendieron desde el norte e inundaron el valle. Estos primeros inmigrantes griegos se entrometieron en los antiguos santuarios de los dioses a lo largo de las orillas del río Alfeo y los reemplazaron por su dios guerrero agrario Zeus. Esta transferencia de poder fue retratada simbólicamente en el mito de la fundación de Olimpia cuando Zeus audazmente reclamó para sí el bosque sagrado con un lanzamiento de su rayo como si fuera una jabalina desde su palacio en el monte Olimpo, como si señalara el espíritu del ritual de juegos que continuaría en ese lugar. El trozo de tierra arrasado por el rayo fue señalado con un altar de fresno, donde después se adoraba a Zeus, y la zona sagrada frente al altar se convirtió en el escenario para las primeras competiciones atléticas.

La leyenda dice que estas competiciones rudimentarias fueron organizadas en diferentes juegos en el siglo XII a.C. por el rey Oxilo. Durante los siguientes siglos, los eolios pagaban tributo a Zeus mediante sacrificios, plegarias y carreras que se realizaban en este recinto sagrado. Después, debido a razones desconocidas por los estragos del tiempo, los Juegos se abandonaron. Crónicas antiguas cuentan que hacia el siglo VIII a.C. los griegos se habían olvidado de la existencia de los Juegos, y por causa de esto cayeron en profunda desgracia. Necesitaron inspiración divina para recordarles el poder curativo del juego ritual y la competición pacífica. Cuando los Juegos se reanudaron en el 776 a.C., se les consideró como una competición sagrada. Su restablecimiento impresionó tanto a los griegos que declararon esa fecha el comienzo de su historia, y en esa fecha comienza oficialmente el calendario griego. De ahí en adelante toda la sociedad medía el tiempo, no en términos políticos, como podríamos referirnos por ejemplo a la era Kennedy, sino en términos de sus velocistas más reverenciados, como por ejemplo, "allá en el época de Ageo de Argos, ganador de la 113ª Olimpiada..."

EL PRIMER RESURGIMIENTO

¿Pero cómo comenzó todo? Se pregunta el erudito italiano de los clásicos Roberto Calasso en *Las bodas de Cadmo y Harmonía*[4], su fascinante libro sobre mitología griega. Tal y como sugiere mediante el planteamiento mágico de esta cuestión una y otra vez, si se quiere conocer los diversos significados de las historias sagradas que describen nuestras agridulces relaciones con los dioses, se debe buscar el origen de todo lo que importa al alma.

¿Pero cómo comenzó todo? Esta es la pregunta que lanzó miles de mitos. El barco de la historia sagrada se hace a la mar cada vez que el ser humano se pregunta por las causas de las cosas. Nuestros antiguos y modernos mitos son profundas narrativas que nos proporcionan significados internos de hechos externos, historias de raíces que nos permiten remontarnos a sus orígenes.

Dado el poder y la influencia del mito, es una ayuda para que aquellos que se preguntan por la relevancia de los Juegos Olímpicos antiguos o modernos busquen sus orígenes míticos. A no ser que distingamos la naturaleza de esos orígenes y comprendamos cómo nos afecta todavía, según escribe David C. Young, "nunca percibiremos en qué medida estamos legitimados a llamar a nuestros juegos modernos 'Juegos Olímpicos.'"

Los orígenes míticos de los juegos sagrados de Olimpia —simbólicamente el amanecer de la actividad atlética

---

[4] Editorial Anagrama.

organizada en todo el mundo occidental– es una historia de mil caras. Los mitos son variables –de diferentes formas y siempre cambiantes– porque la verdad de nuestra vida interior es inagotable. De esta manera, según los antiguos, no hay una lectura verdadera de un mito. Todas las versiones son buenas porque todas se necesitan para completar la historia original. Por esta razón, todas las historias sobre el origen olímpico merecen repetirse al comienzo de cada una de las versiones modernas de los Juegos. Algunos dicen que los Juegos –a los que se atribuyen multitud de relatos– comenzaron cuando Zeus luchó contra su padre, Cronos, el dios titán del tiempo, en lo alto del monte dominando el terreno sagrado de Olimpia. Esta lucha se convertiría en algo simbólico de la lucha titánica contra el mismo tiempo, al igual que la competencia innata entre padres e hijos.

Alrededor del siglo V a.C., el honor de la fundación de los Juegos pasó a Hércules. Una variante de la historia cuenta su llegada desde el monte Ida en Creta, con una rama de olivo en la mano, acompañado de sus cuatro hermanos, los cuales durmieron a su lado sobre ramas de olivo y después compitieron contra él en una carrera. Hércules midió la distancia que correrían contando seiscientos pasos, o doscientos metros, a lo que se llamó *stadia,* el origen de nuestra palabra *estadio.* También se dice que el gran héroe declaró que los Juegos tuvieran lugar cada cinco años (según el antiguo calendario griego; cuatro según nuestro calendario moderno) en honor suyo y de sus hermanos. El recuerdo de estos gestos heroicos inculcó en los antiguos griegos el ideal de hermandad, mantenido incluso en el calor de la competición. El reconocimiento tanto de compañeros como de oponentes como hermanos sigue siendo uno de los objetivos de los deportes modernos.

Cuando Píndaro visitó Olimpia en el siglo I, escuchó otra versión del mito de la fundación de Hércules. Los Juegos se establecieron después de la victoria de Hércules sobre Augias, cuando el héroe ingeniosamente desvió un río

local para limpiar los nocivos establos. La undécima Oda
Olímpica de Píndaro dice así:

En consecuencia, el valiente hijo de Zeus reunió a la armada
Entera y todo el botín de Pisa,
y midió el recinto sagrado para su padre todopoderoso.
Cercó el Altis y lo puso aparte en el espacio abierto,
e hizo del área circundante una zona de descanso
para banquetes...
Y en esta ceremonia de fundación
el destino permaneció cerca, a mano,
como hacía el único analista
de la verdad genuina, el Tiempo...
Entonces él fundó
el festival cuatrienal con la primera Olimpiada
y sus victorias.

Figuras de hombres corriendo, cerámica griega de arcilla roja, en torno
al siglo II. Atención al brazo levantado, acción que refleja que se trata
de esprínters.

Las hazañas divinas de Hércules en cuanto a fuerza, coraje y desinterés se convirtieron en modelo para atletas de todo el mundo griego antiguo. Además él encarnaba el propio espíritu de los antiguos griegos por causas que van más allá de su poder legendario: era amado por los dioses, tanto que le permitieron convertirse en uno de ellos.

Otro origen mítico atribuye la fundación de los Juegos a Pelope. Una de las grandes autoridades en Olimpiadas, E. Norman Gardiner, escribe, "Pelope era realmente el héroe local de Olimpia. Allí tenía un santuario y le adoraban como héroe. Tiempo después se dio por hecho que el festival (Olímpico) se originó en los juegos funerales celebrados en su tumba".

La macabra historia de Pelope, hijo de Tántalo, descuartizado por su padre y vuelto a la vida por los dioses misericordiosos, está llena de simbolismo. Los dioses después de resucitarlo, le dieron un carro de oro, que usó para cruzar el Egeo en busca de una esposa. Aceptó el desafío de la mano de una preciosa princesa, Hipodamia, hija de Enómao, rey de Pisa, cerca de Elis. Todo lo que tenía que hacer era competir en una carrera de carros a vida o muerte contra su padre. Si perdía sería ejecutado por el rey. Otros doce aspirantes habían muerto por falta de velocidad y de astucia. Pelope juró que no sería el número trece. Sobornó a Mirtilo, el maestro de carros del rey, para que reemplazara las arandelas de hierro del carro del rey por unas de cera, y cerca del final de la carrera el rey cayó del carro y murió. Pelope consiguió la princesa y el reino. En agradecimiento, se dice, Pelope fundó los Juegos, destacando las carreras de carros que eran un ritual de ensalzamiento de su propio triunfo sobre un destino cruel.

Sin embargo, tal y como la historia nos recuerda, Pelope pagó un precio por su engaño. Justo después de la carrera, silenció al carretero del rey arrojándole por un precipicio cercano, pero no antes de que Mirtilo maldijera a Pelope y a toda su descendencia, incluidos sus sentenciados hijos Atreo y Tiestes. Condensados en esta historia lúgubre pero conmovedora, hay hilos de conexión con nuestra propia competición atlética –la recompensa que a menudo procede de una vida de sacrificio, la unión cósmica de la belleza y la fuerza, la metáfora de la vida como una carrera contra la muerte, el alto precio que se paga por intentar ganar a toda costa.

Cada versión de los orígenes de los antiguos Juegos Olímpicos mezcla algo que resuena con una rica profundidad, pero quizás la más convincente de todas es la leyenda de la edad oscura griega, alrededor del siglo IX a.C., referente al rey Ifito de Elis, un descendiente del rey Oxilo.

Según las crónicas, el rey Ifito estaba profundamente afligido. Su tierra había sido arrasada por la interminable guerra y la plaga. Como era la costumbre en la época, tanto para campesinos como para reyes, buscó consejo en el Oráculo de Delfos. A su llegada al templo de Apolo, el buen rey dijo a los sacerdotes que anhelaba encontrar una forma de acabar con la guerra y de curar las enfermedades que devastaban su tierra.

Como dijo Judith Swaddling del Museo Británico, "los sacerdotes le aconsejaron restaurar los Juegos Olímpicos y declarar una tregua durante su transcurso". Para el rey Ifito, la concisa respuesta era suficientemente clara, pero le preocupaba las consecuencias del sagrado consejo. Sin embargo la tradición nos dice que Ifito finalmente firmó un tratado con Licurgo, rey de Esparta, y con Clístenes, rey de Pisa, que detuviera la lucha durante un mes antes y un mes después del festival, para que los peregrinos, espectadores, atletas y entrenadores pudieran viajar seguros y coexistir pacíficamente en Olimpia. El tratado fue inscrito en un disco y guardado en el Herarion, el templo de Hera en Olimpia.

A parte de si el papel del oráculo en la historia es real o ficción, Swaddling añade, la increíble longevidad de los juegos demuestra la vitalidad de la tregua. "La Tregua Olímpica fue un instrumento importantísimo en la unificación de los estados y las colonias griegos". Para historiadores y literatos, la leyenda del rey y el oráculo es una evidencia de que los juegos organizados se representaron en Olimpia al menos un siglo antes del 776 a.C., año del comienzo oficial de los Juegos. Históricamente, el tratado ayudó a forjar la unidad nacional y espiritual de la nación griega, pero según el mito, su mensaje de reconciliación pacífica se extendió a lo largo de los siglos hasta influenciar el último reestablecimiento de los Juegos, en Atenas en 1896 –e incluso proveer de esperanza a los aficionados de los Juegos modernos.

La leyenda del rey Ifito revela otro aspecto de la dimensión espiritual atlética. La peregrinación del rey al oráculo y su respuesta revelan que los juegos sagrados –la competición atlética con un propósito más profundo– fueron inspirados por los dioses como una forma de ayudar a los seres humanos a desprenderse de sus instintos más violentos. La leyenda dice que hubo un tiempo en que se celebraban juegos sagrados y que estos ayudaron a hacernos pacíficos. El mundo está en guerra, dice, porque hemos olvidado cómo competir en el juego de la vida. Debemos recordar cómo participar en competiciones no sólo por nosotros mismos, sino en honor de los dioses, de nuestras familias, o nuestra tierra.

En su libro-guía de las ruinas Olímpicas, el arqueólogo griego Manolis Andronicos comenta el mensaje subliminal de los Juegos: "El significado supremo de los Juegos exigía que todos estuvieran presentes en reunión pacífica en la zona sagrada". Tanto atletas como espectadores, dice, no pudieron evitar darse cuenta de que amigos y enemigos estaban mezclados pacíficamente sin miedo a la violencia.

Se daba el caso de hombres que habían luchado unos contra otros en la guerra, ahora luchaban en la paz. Los Juegos eran una oportunidad de oro para que todos contemplaran el sueño de la unidad griega.

Nadie pretendía que los Juegos reemplazaran la guerra permanentemente. Los griegos amaban demasiado la batalla como para prescindir de ella para siempre, como simbo-

Esta extraña fotografía de una prueba Internacional de "la lucha de la cuerda" –ganado por el equipo de Milwaukee en las Olimpiadas de 1904 en San Luis– representa el antiguo sueño griego de transformar el impulso de la violencia en una competición lúdica.

liza el matrimonio entre Afrodita y Ares, dioses del amor y de la guerra. Pero como muestra el mítico matrimonio, la fusión de los dos –amor y combate– puede traer la "Harmonía" (nombre de su amada hija) al mundo.

En cuanto a mitos y psicología, esto es lo que los antiguos Juegos aportaron –un ideal, un modelo, a través de las líneas de los dramas inspirados de Eurípides, los poemas de Píndaro y los discursos de Pericles– una visión trascendente de nuestro mejor yo. La pérdida de esta visión edificante, sugiere la leyenda, conduce a la desintegración de la tierra y a la desesperación, como demuestra el caso del rey afligido.

Los Juegos Olímpicos evolucionaron en el tiempo y en el lugar de tal forma que los griegos de todas las ciudades-estado se juntaban para las ceremonias religiosas, artísticas, y competiciones atléticas, y para casos de reconciliación. El historiador Will Durant escribe en *The Life of Greece,* "la religión fracasó en la unificación de Grecia, los juegos atléticos –periódicamente– lo lograron... Bajo la rúbrica de los juegos atléticos encontramos la verdadera religión de los griegos: la veneración de la salud, la belleza y la fuerza".

El poeta griego del siglo III Articloro resaltó la unión entre religión y deporte al escribir: "Aprende el ritmo que une a todos los hombres". Si el deporte es el ritmo del movimiento, la religión es el sistema de creencias que nos une (*re-liger*). La religión del deporte es la pasión por los juegos, lo cual nos junta como ciudad, como nación o siendo idealista como comunidad humana en su totalidad.

En la antigua Grecia, inspirados por cuentos de hechos maravillosos, los peregrinos, atletas, entrenadores y espectadores cada cuatro años se ponían en camino hacia Olimpia desde todos los rincones del mundo conocido. La Olimpiada de cinco días de duración y el festival de Zeus combinaban esmeradas ceremonias religiosas con arte y juegos atléticos en una fusión de festejos difícilmente imaginable hoy en día.

Durante cerca de 1.200 años –293 Olimpiadas– las peregrinaciones y las competiciones se sucedieron virtualmente sin interrupción. Después de la ocupación romana de Grecia en 142 a.C., sin embargo, se fueron deteriorando poco a poco. Finalmente, en el año 393 d.C. el enloquecido emperador romano Teodosio ordenó la destrucción de todos los templos paganos a lo largo del imperio, incluidos los de Olimpia, y prohibió los Juegos. Una basílica cristiana fue construida sobre la obra de Fidias, donde había construido la estatua de Zeus y donde se esculpió, según los rumores, la Venus de Milo. El santuario se convirtió en una cantera de mármol para iglesias y villas de otros lugares. Terremotos e inundaciones terminaron por enterrar el lugar entero bajo diez metros de cieno.

El último campeón documentado, triunfo registrado en 369 d.C., fue el príncipe Barasdates, un boxeador de Armenia.

EL SEGUNDO RESTABLECIMIENTO: ATENAS, 1896

Durante los siguientes 1500 años, el legendario ideal griego de "una mente sana en un cuerpo sano" se marchitó, como los frescos expuestos a la luz y al aire. Olimpia y sus Juegos fueron enterrados pero no olvidados; las historias de valor y de fuerza se escondieron pero no se perdieron, las raíces sagradas de los deportes modernos se cubrieron de tierra pero estaban vivas. La idea Olímpica de una *forma de vida* basada en el ideal de *kalou k'agathou* –belleza salud y virtud –esperaba segundo renacimiento. En la época de los romanos el propósito de los juegos era proporcionar, según la famosa frase de Juvenal, "la sangre y los juegos del circo", pero también mantener los altos niveles militares demandados por los emperadores. Sin embargo los juegos organizados se mantuvieron en los anfiteatros de Roma, aunque deteriorados, cediendo a lo que John Arlott llama en *Pageantry of Sport*, "el localizado, a veces inspirado por la religión, pero ampliamente espontáneo teatro de la Edad Media, y a las extravagancias de la monarquía".

A lo largo de los siglos, el deseo de practicar juegos por puro entretenimiento continuó intacto porque, como dice Arlott, "el espíritu, al final, es insaciable". A pesar de las leyes locales draconianas contra los juegos aparentemente inofensivos, el inglés corriente persistía en jugar al "fútbol, a las cartas, al tejo, a los bolos, boxeo, pelea de gallos" y los domingos y días de fiesta se daban el gusto de cantar y bailar. Para reanudar los juegos organizados a gran escala, se requería más tempo libre, además de un cambio en el patrocinio del deporte y una visión del deporte como algo que va más allá del entretenimiento y la diversión. Estas condiciones no se dieron hasta el comienzo del siglo XIX.

El mito moderno de la reanudación de los juegos recae sobre el barón Pierre de Coubertin, un francés patriótico asociado a la Sorbona al comienzo de la última década del siglo XIX. En el prefacio del Álbum de los Juegos Olímpicos de 1896, Coubertin escribe: "Generalmente es difícil comprender por qué y cómo se concibe una idea y llega a convertirse en realidad, emergiendo del hilo de otras ideas que esperan ser realizadas…Sin embargo éste no es el caso de los Juegos Olímpicos…La idea de renovar los Juegos no fue un capricho vano; sino que fue el resultado lógico de un gran movimiento". Después él mismo diría que había sido inspirado por las tragedias de la guerra prusiana para asegurar que el futuro sería más alegre, y creía que la paz y un mundo civilizado eran las condiciones necesarias para la salud y la juventud del mundo, lo que llamó una nueva "religión del deporte".

Muchos contemporáneos se burlaron de Coubertin por su visión nostálgica, dándole a "nostalgia" un sentido peyorativo referente a un anhelo sentimental del pasado, más que a su referencia original de una profunda nostalgia del hogar como se muestra en la *Odisea* de Homero, la historia del retorno del héroe a Itaca. Tal y como Coubertin lo presentó, el movimiento olímpico moderno fue un retorno a la visión original de la competición atlética como una fusión de belleza y salud, y se hizo eco de otra sensibilidad de la antigua Grecia, la manifestación de una competición pacífica y en hermandad.

Sin embargo, la verdadera historia del renacimiento es más colorida e internacional. El experto actual en la historia de los Juegos modernos es el clasicista David C. Young. Descubrió, después de años de investigación concienzuda en Inglaterra, Alemania y Grecia, que el origen real del "gran resurgimiento" se remonta a décadas antes de los ahora legendarios Juegos de 1896. Su descubrimiento revela que el brebaje de Coubertin de una "visión de juventud" de la resurrección de los nobles juegos griegos era pura recreación mítica, en el peor sentido de la palabra. Un alijo de abundante correspondencia entre Coubertin y los primeros regeneracionistas de Inglaterra y Grecia prueba que el barón conocía dos incipientes intentos de reavivar los Juegos Olímpicos mucho antes de que él convocara el famoso congreso de la Sorbona en París en 1892.

La mayor parte del argumento de Young se basa en comunicaciones entre Coubertin y William Penny Brookes, organizador del intento más antiguo de restablecimiento, los Juegos de Much Wenlock en Inglaterra, fundados en 1850 y celebrados de nuevo a nivel nacional en Londres en 1866. Young también saca a la luz cartas entre Coubertin y un joven periodista y poeta griego llamado Panagiotis

Soutsos, cuya visión de un resurgimiento incluyendo festivales atléticos y las artes, ayudó a inspirar los llamados Juegos Zappianos de Atenas en 1859.

La historiadora griega Dimitra Pikramenou-Varfi señala los primeros indicios del renacimiento cultural griego incluso antes, a principios del siglo XIX en las islas Jónicas, donde las leyes imperiales francesas anunciaron las "Prix Olympiques" como parte integral de su nueva política cultural. Los premios fueron para las competiciones artísticas más que para las competiciones atléticas, pero se había plantado la semilla del orgullo en la antigua gloria de Grecia. Poco tiempo después, en la década de los treinta del siglo XIX, Soutsos tuvo una visión. En *The Modern Olympics,* Young escribe:

> Todo comenzó como pura poesía... Soutsos parecía haber tropezado con el renacimiento olímpico... no sólo para restaurar los juegos atléticos sino para encabezar un movimiento más amplio, donde las Olimpiadas fueran un ejemplo de "educación y cultura"... Soutsos soñó que los Juegos podrían fomentar entre los participantes un sentimiento de hermandad, una disminución de las hostilidades. Él escribió en su poesía y enfatizó en sus charlas públicas que el renacimiento de las Olimpiadas podría forzar la paz... Soutsos tenía principalmente motivos patrióticos, limitando con lo nacionalista. La idea olímpica más amplia, con su énfasis en el desarrollo moral y en la competición internacional, vendría más tarde.

La sugerencia inicial del poeta fue apreciada aparentemente por el filántropo griego Evangelis Zappas. En 1843, Zappas hizo una oferta formal al rey Otto para pagar por la refundación de los Juegos. El rey convocó inmediatamente a su ministro de asuntos exteriores, Alexander Rizos Rangavis, para trabajar con Zappas e implementar su plan. Aun con el respaldo del rey, no fue hasta 1858 cuando un decreto real declaró la restauración de los Juegos, repletos de carreras de caballos, competiciones en canchas y circuitos, y premios para los vencedores.

"Olimpia" como se denominó inicialmente a los juegos, tuvo lugar un año más tarde en 1859, en la plaza Ludovikou en el corazón de Atenas. Sin embargo, de ninguna manera tuvieron éxito porque no se permitieron espectadores. Once años más tarde, en 1870, los Juegos se reanudaron, esta vez en el magníficamente restaurado estadio Panathinaikos, y volvieron a aparecer de nuevo en 1875 como parte de la exposición industrial de Olimpia. La competición se limitaba a los vástagos de las familias nobles, quienes, según Young, "encontraban de mal gusto competir con la clase trabajadora"; no se permitía competir al hombre corriente. Aquí se pueden detectar las raíces retorcidas del "mito del amateur". Culturalmente, había un gran acuerdo en juego. Si un amateur —uno que supuestamente compite no por dinero sino por el amor al deporte— era derrotado en una carrera por un atleta de clase baja, perdía su estatus de clase superior.

Sin embargo, esta actitud simplemente aseguraba que los Juegos "eran de muy bajo estándar", según el Doctor Varfi; junto con la extraordinaria perspectiva paralela del resurgimiento Olímpico en Gran Bretaña, sentó las bases para la batalla contra el estatus amateur de los atletas que invadió el movimiento Olímpico moderno.

Después de estos intentos que precedieron a su propia tentativa, el Barón merece el crédito de desarrollar la primera gran propuesta pública de reanudar los Juegos. En la Sorbona de París, en 1892, Coubertin compartió lo que describía como su sueño de juventud —como[5] Heinrich Schliemann y el redescubrimiento de Troya— unos Juegos Olímpicos modernos. Él escribió más tarde: "Votamos unánimemente por la restauración de una idea que tiene dos mil años de antigüedad…El olimpismo de la antigua Hellas ha resurgido en el mundo después de un eclipse de

---

5 "à la" en francés en el original.

muchos siglos. Levanto mi copa hacia la idea olímpica la cual, como un rayo del todopoderoso sol, ha traspasado la niebla de las épocas". La historia de Coubertin como fundador de los Juegos modernos cumple con la función del mito moderno, condensando y uniendo muchas historias en una sola y de rápida comprensión. La historia sagrada que une a las personas es el mito del sueño popular, en este caso, del sueño popular de una Europa revitalizada.

Durante los siguientes tres años y medio, Coubertin viajó a través de Europa y América para compartir su idea y reunir los fondos necesarios para celebrar los Juegos que, según esperaba, "revitalizaría a la juventud disipada de Francia". Dio la casualidad que la respuesta más entusiasta vino de Grecia, y Coubertin decidió celebrar el resurgimiento allí.

Con el orgullo griego en juego y con el amor de los griegos por la casa y el hogar bajo la mirada del mundo, las donaciones se sucedían tanto por parte de campesinos como de millonarios. Finalmente un filántropo y empresario aceptó el cargo de financiar los Juegos, Georgias Averoff, "un Creso moderno", según las palabras del famoso viajante americano Burton Colmes.

QUE LOS JUEGOS SE REANUDEN

Después de la más larga interrupción de cualquier evento público en la historia, y con el inspirador telón de fondo del Partenón, los Juegos Olímpicos resucitaron el domingo de Pascua 6 de abril de 1896 a las 2:00 p.m.. Más de cien mil personas llenaron el estadio de mármol blanco Panathinaikos en Atenas para ver a 311 atletas (tres cuartos de ellos eran griegos) de catorce naciones competir en nueve pruebas. El equipo americano, compuesto principalmente por estudiantes de universidad organizados por William Sloan profesor de la Universidad Princeton, había llegado justo el día antes por una confusión entre el calendario griego tradicional y el calendario occidental moderno. Pero lo hicieron mejor que cualquiera de los que se habían anticipado.

Había pasado un milenio y medio desde que coronaron al último ganador. El próximo estaba a punto de ganar sus laureles –aunque por primera vez no iba a ser griego. James Connolly era miembro del club atlético de Suffolk y un reacio marginado de Harvard al que forzaron a elegir entre la facultad y las Olimpiadas. Dieciséis días después de su decisión, se encontró compitiendo en el triple salto en Atenas. Fue el último en saltar, lo que le permitió conocer la marca del que iba por delante, Alexandre Tuffere, que tenía 12 metros y 20 cetímetros, menos que su propia mejor marca. Connolly confiadamente tiró su gorra unos pocos metros por encima de la mejor marca, y voló sobrepasando incluso la gorra con una marca ganadora de 13 metros y 29 centímetros. El estadio estalló en un grito eufórico: ¡*Niké, Niké!* (¡victoria, victoria!).

Otras naciones mostraron su brío, como Alemania en gimnasia y lucha, o Francia en ciclismo, donde Paul Masson ganó tres pruebas. Pero los vivaces americanos dominaron el atletismo.

De acuerdo con Burton Holmes, que compiló sus memorias de la Olimpiada de Atenas en *The Olympic Games: 1896*, los espectadores griegos se alegraron mucho de "el entusiasmo y la buena deportividad" de los extranjeros de todo el mundo que competían por los laureles. Manifestando el antiguo espíritu olímpico, brillaron en la exhibición de la excelencia, tanto en las pruebas para las mejores odas compuestas en lengua antigua como en el entrenamiento científico de los "invencibles americanos" que ganaron prueba tras prueba. Lo que impresionó más a los griegos fue el tipo del equipo de Princeton que derrumbó a su propio campeón nacional en disco, Panagiotis Paraskevopolous.

"Con el mismo espíritu impasible que siempre ha caracterizado a la raza anglosajona", escribe Holmes, "Robert Garrett, del equipo de Princeton, cogió el disco por primera vez en su vida y se puso delante de miles de personas preparado para hacerlo lo mejor posible en honor del naranja y negro, y las barras y estrellas". En su tercer y último tiro, "el disco de Garrett, aunque lanzado por una mano inexperta, había tocado la tierra diecinueve centímetros más lejos que el del rival griego, tan artísticamente tirado". Después de ser batidos en su propio juego, los griegos fueron ejemplares en la derrota, homenajeando a Garrett durante el resto de los Juegos como el "Hermes Americano".

Sin embargo, como si los dioses estuvieran sonriendo sobre la paciencia épica de los griegos, lo mejor, en su punto de vista, se reservó para el final. En la antigua ciudad de Maratón, a cuarenta kilómetros de Atenas, diecisiete corredores, la mayoría griegos, se reunieron en la adoquinada plaza de la ciudad esperando la salida del primer maratón oficial.

La prueba fue la creación de un historiador y lingüista francés, Michel Breal, cuya idea original era simplemente realizar una carrera de larga distancia. Se despertó el interés de Coubertin, y propuso al comité organizador de los Juegos una carrera para conmemorar la historia épica del corredor solitario Filipides (o Fiddipides), que fue enviado a Atenas para anunciar la victoria griega sobre los persas en las llanuras de Maratón en el año 490 a.C. Según la tradición, antes de morir exhausto el cansado corredor consiguió decir, "¡Regocijaos, hemos vencido!" Pero lo estrechamente alineados que siempre han estado el espíritu marcial y el atlético se revela en la reciente traducción de Stephen G. Miller: "¡Alegraos, Hemos ganado!"

Con esta imagen mítica en sus corazones, los diecisiete corredores se pusieron en camino para recrear la historia, y para rescatar el orgullo griego. Holmes describe, "Los griegos y los bárbaros corren con severa determinación. Saben que aquél que gane la carrera de maratón ganará algo más que un reconocimiento efímero, que la historia de su victoria se recitará para admiración de otras generaciones tiempo después de que los otros contendientes hayan pasado al olvido".

La prueba de salto de altura estaba todavía en proceso mientras mensajeros a caballo y en bicicleta iban y venían desde la carretera de Maratón hasta el estadio Panathinaikos para informar sobre el proceso de la carrera de larga distancia. El príncipe Jorge y el coronado príncipe Constantino saltaron del sillón real y corrieron fuera del estadio cuando llegaron las palabras "con la rapidez de la luz" de que el primer corredor en cruzar el boulevard exterior de la ciudad era —*¡Elleen, Elleen!* (¡un griego, un griego!).

La noticia era épica —el sueño de todo ciudadano griego. Un pastor de 25 años, Spiridon Louis, "lleno de polvo y sudor", aparecía a la entrada del estadio y entraba tambaleándose, directo hacia los calurosos brazos de los exultantes príncipes y de un gran duque ruso. Con los aplausos de la multitud invadiéndoles, los príncipes, el duque, y los pobres corrían hombro con hombro hacia la línea de meta, mientras el rey Jorge ondeaba su sombrero real, y Louis, usando sus últimas reservas de energía, se inclinó ante el monarca.

Después de unos 1500 años, sólo le bastó a Grecia dos horas y cincuenta y ocho minutos para tener un nuevo campeón —el tiempo ganador del maratón. Como resultado, Holmes concluye, "la copa natal de felicidad está llena".

Louis era el indiscutible héroe de los Juegos y la personificación viva del ideal eterno de competir por una causa más importante que uno mismo, o que tu país, o que la historia misma. Según el espíritu de sus antepasados, los griegos modernos ofrecieron a Louis una cornucopia de regalos: vivienda, asignación mensual, comidas gratis, calzado, ropa interior, calcetines, cortes de pelo y afeitados de por vida. Holmes dijo "un hombre rico le dio tierras en su pueblo natal, y una dama rica le ofreció la opción de una gran suma de dinero o un beso". La simple respuesta del campesino a todas las generosas ofertas es el producto del mito moderno. Impertérrito por el fervor causado con su victoria, al final todo lo que recibió fue la corona tradicional de hojas de olivo salvaje de Olimpia, y el único premio que solicitó fue un caballo y un carro para poder transportar agua a su pueblo. Después se retiró a su pueblo y nunca volvió a competir. Muchos eruditos olímpicos atribuyen a la firme actuación de Spiridon, el mantenimiento del interés por los Juegos en sus primeros y vacilantes años, su valeroso logro se interpretó como evidencia de un linaje directo entre los Juegos antiguos y modernos. El flujo volcánico de amor de los griegos por uno de los suyos recuerda la belleza del antiguo epitafio a un campeón encontrado en una antigua tumba griega anónima:

> Nací de la tierra.
> Crecí en mis días.
> Soy tierra de nuevo.

Cuarenta años después de su victoria, los nazis invitaron al valiente corredor a la ceremonia de apertura de los Juegos de Berlín de 1936 en un esfuerzo de ensalzarlos o al menos ganar alguna credibilidad. En la película clásica de Leni Riefenstahl, *Olympia*, se puede ver al corredor durante unos fugaces segundos, vestido con un traje griego tradicional en la procesión de apertura de los Juegos. Aparece felizmente inconsciente de la manipulación de su historia pero profundamente orgulloso de su talla a los ojos de sus compañeros atletas de todo el mundo.

Su nombre pervive, al igual que los nombres de todos los personajes inmortales. Hoy en día, la expresión griega *egine Louise* sugiere que alguien corra muy rápido, "que se convierta en Louise".

CAPITULO II

DIOSES, JUEGOS, Y VALOR

LAS RAÍCES DE LA AGONÍA
Y EL ÉXTASIS

"Acompáñeme, señor, inténtelo en los Juegos,
si tiene alguna destreza. El deporte es el mejor camino
para la fama para cualquier hombre vivo –lo que
puedas hacer con tus brazos y piernas".

Homero, Odisea

Mi país no me envió a ciudad de Méjico para empezar la carrera. Me envió para terminarla.

John Stephen Akhwari
corredor de maratón de Tanzania

En el 420 a.C., el campeón olímpico de esprint, un corredor llamado Exeneto, volvió a su casa en Akragas, hoy en día Sicilia, y le dieron la bienvenida tradicional de la victoria. Trescientos carros le esperaban, cada uno tirado por dos caballos blancos y conducidos por un destacado ciudadano. Juntos acompañaron al corredor, cubierto de púrpura real, hacia la ciudad, pero no a través de las puertas. En cambio le escoltaron hasta un gran agujero en el muro derruido en su honor. Una vez dentro, desfiló a través de las calles y le mostraron con flores frescas al sonido tumultuoso de vítores y llantos. Después, esa noche, se celebró un banquete en su honor. Todos los detalles de su trayecto estaban previstos, se cantaron canciones, se recitaron poemas, y se hicieron los planes para hacerle una estatua de bronce que sería erigida en el centro de la ciudad.

La fama de un campeón olímpico no terminaba ni cuando descendía a la tierra de las sombras. Jane Harrison escribe en *Temis* "En muchos casos, después de la muerte se le adoraba como a un héroe; no por que fuera un atleta de éxito, sino porque una vez fue un dios encarnado".

Considerando lo vitales que eran los muros para la protección de una ciudad durante esa era de guerras brutales, abrir un agujero en uno de ellos era un acto arriesgado; pero como ritual, tenía un rico poder simbólico. Ludwig Drees escribe en *Olympia:* "Parece probable que esta costumbre, derive del período más antiguo del festival cuando el vencedor asumía la identidad de un dios y como consecuencia tenía el derecho de una entrada privada". Abriendo una brecha en el muro en honor de sus héroes conquistadores, los ciudadanos de toda la antigua Grecia reconocían su admiración por el logro sobrehumano, al igual que saboreaban la gloria del héroe. Esta costumbre era también una forma sutil de decir, "¿Quien necesita muros cuando tenemos un gigante entre nosotros?"

A nivel colectivo, la tradición de derribar muros también procedía del idealismo de la época. La esperanza de los antiguos Juegos era que el inspirador espectáculo de jóvenes atletas guerreros que compiten pacíficamente pudiera romper los muros de la sospecha y la enemistad entre las ciudades-estado rivales, las cuales raramente estaban en condiciones pacíficas entre ellas. El estatus inviolable del santuario proporcionaba una extraña oportunidad de manifestar lo que todos los griegos tenían en común –religión, lengua, juegos atléticos– y quizás inspiraba a los diplomáticos que se agolpaban alrededor de los templos y los estadios. Muchos siglos y Olimpiadas después, en el verano de 1952, setenta mil personas esperaron durante horas, en el Estadio Olímpico de Helsinki, bajo una incesante lluvia, la llegada del último portador de la antorcha. Cuando finalmente apareció el corredor, se le recibió con silencio. Al principio nadie reconoció al hombre calvo y serio de 55 años que llevaba la llama Olímpica. Pero mientras corría la última vuelta su larga zancada y su porte estoico comenzó a parecer evocadoramente familiar: no era otro que su legendario corredor de larga distancia Paavo Nurmi, "el más grande de todos los dioses de la Meta", según le describió un historiador Olímpico.

A lo largo de tres Olimpiadas, Nurmi había competido en 12 carreras y había ganado 12 medallas, nueve de ellas de oro –el mayor de todos los atletas masculinos aparte del saltador sin impulso Ray Ewry –y había batido records mundiales en todas las categorías de carrera en las que había competido. Todo esto estaba en los corazones y las mentes de los espectadores mientras estallaban en aplausos por su hijo nativo, que corría con su característica profunda concentración, impermeable como siempre a sus aclamaciones.

Cuando Nurmi había completado su vuelta alrededor del estadio, corrió despacio hacia el pebetero ceremonial

Paavo Nurmi enciende el caldero en los Juegos Olímpicos de Helsinki de 1952. Su régimen, explicó a la prensa, había incluido correr con el tren correo cerca de su casa en Turku, Finlandia.

y encendió la llama Olímpica, activando los fuegos artificiales de la emoción a lo largo de todo el estadio. La alegre bienvenida a casa les habría hecho sentir orgullosos a los ciudadanos de Akragas.

Otra historia de Paavo Nurmi evoca más el espíritu ideal de los Juegos. La primera vez que oí hablar de ella fue en mi año de novato en la facultad, en la universidad de Detroit, mientras me entrenaba con el equipo de campo a través. Todavía puedo ver en mi mente a los otros corredores sacudir sus cabezas con incredulidad. La historia es que durante la ronda de clasificaciones para los 3.000 metros obstáculos en las Olimpiadas de Ámsterdam de 1928,

Nurmi tropezó con el primer obstáculo y cayó dentro del agua. Uno de sus rivales, el francés Lucien Duquesne, paró y le ayudó a ponerse de pie y a volver a la carrera. Nurmi se sintió tan agradecido por el inesperado gesto que rehusó acelerar para ponerse a la cabeza. En su lugar corrió hombro con hombro, como un hermano de armas, con Duquesne durante el resto de la carrera. Y juntos cruzaron la línea de meta.

En las finales Nurmi ganó la medalla de plata en lo que sería su última carrera Olímpica. Poco después, el Comité Olímpico Internacional le descalificó de los Juegos de Los Ángeles de 1932. Estaban preocupados por su violación de la normativa "amateur", definida como la dedicación a "actividades semiprofesionales". La decisión amargó profundamente a Nurmi, que se refugió en el aislamiento, y movilizó al pueblo de Finlandia contra todo el movimiento Olímpico.

Pero 24 años después de la trágica prohibición, la gente habló con el corazón y con el alma. El flujo de la abierta emoción por Nurmi aquel lluvioso día en Helsinki fue más allá del hecho de que había establecido numerosos records mundiales y de que había ganado medallas. Siempre estaremos con nuestros héroes atléticos. Al final lo que importa es nuestro amor por ellos —nuestra apreciación de sus sacrificios, su belleza, su fuerza y su coraje. Este amor es lo que permanece.

Estos dos corredores legendarios, Exeneto y Nurmi, están unidos a través de los siglos por su habilidad para correr como los dioses pero también por la ardiente devoción de sus aficionados. Al igual que la antorcha Olímpica pasa de mano en mano, también el espíritu del inspirado atleta puede pasar a través del tiempo hacia aquellos que se encuentran en la tribuna —o hacia aquellos que se encuentran al final de la carretera de la historia y que al oír hablar de ellos todavía sienten el revelador escalofrío del estremecimiento y la maravilla.

¿Por qué se reserva a los corredores el lugar más alto de nuestro panteón de héroes? ¿Por que se atribuye a los mejores atletas cualidades de dioses? De hecho, ¿por qué corremos incluso, primero libremente, después como contendientes en competiciones y juegos?

LA CARRERA DE LA VIDA

"¡Una carrera!", oí hace poco a un joven gritarle a mi hijo de siete años, Jack, en un parque local. Cuando le pregunté por qué había salido escopetado con ellos, Jack dijo, "Porque es divertido papá". Días después, le pregunté a una amiga que había corrido maratones durante años por qué corría, dijo: "Para calmarme. Es el único lugar en mi vida donde puedo estar sola con mis propios pensamientos". Su conmovedora respuesta me recordaba un comentario de un amigo de la niñez de Nurmi: "Correr era (su) intento de encontrar la vida real".

El legendario Roger Bannister, el primer hombre en romper la barrera de cuatro minutos en la milla, explicó que su carrera estaba basada en el reconocimiento de la dimensión espiritual e intangible de correr. "Nos guste o no, correr la milla en cuatro minutos había sido como subir el Everest: un desafío al espíritu humano".

Otro atleta que hizo frente al desafío espiritual en el deporte es la corredora aborigen australiana Cathy Freeman, que ganó los 400 metros en los Juegos de Sydney de 2000.

Le gusta hablar de la costumbre que tenía durante la niñez de escribir las palabras *campeón Olímpico* en la pizarra de su escuela. Para ella, correr era más que un logro personal; era una forma de conseguir la dignidad para su gente.

El supercorredor de maratón, biólogo, y autor Bernd Heinrich también ha meditado sobre las motivaciones más profundas que impulsan a los atletas. En *Why We Run* escribe que el ser humano corre porque en lo más profundo de su ser —en nuestro ADN o en nuestra alma— estamos cazando al "soñado antílope". De acuerdo con esta teoría graciosa pero científicamente sólida, millones de años de correr detrás de gamos salvajes –como un antílope– nos han infundido un impulso primario de reconstruir la antigua caza. Peter Nabakov cuenta en *Indian Running* cómo muchas tribus nativas americanas seleccionaban jóvenes para correr detrás de los animales salvajes –una aventura tan deslumbrante como peligrosa. Otras tribus animaban a los adultos a correr cientos de millas como parte de un peregrinaje sagrado, mientras ofrecían su dolor y sufrimiento a los dioses.

El filósofo guerrero y aventurero George Leonard, en *The Ultimate Athlete*, coincide con la misma idea: "Los cazadores prehistóricos se encontraban entre los mejores corredores que ha conocido el planeta. Cada uno de nosotros todavía mantiene algún fragmento de las ruinas de esa antigua gloria". Y añade: "Nunca llegaremos a comprender el motivo por el que corremos, y ahí está el corazón y la gloria de todo esto. Al final correr es la propia recompensa. Nunca se puede justificar. Corremos por el placer de correr, por nada más".

Tradicionalmente, las descripciones de los corredores Olímpicos han sido de corte entusiasta, como por ejemplo el cuento de Lacas pies ligeros, se dice que corría tan rápidamente que no dejaba huellas detrás de sí. Pero, en la misma medida en la que valoraban el éxito, hay evidencias, especialmente en las grandes sátiras, de que los griegos despreciaban las derrotas. El epigramista Lucillius contó una historia sobre un corredor de larga distancia llamado Marcus que fue tan lento en una carrera que le confundieron con una estatua antes incluso de que entrara en el estadio. Los porteros no se dieron cuenta de que todavía estaba corriendo así que cerraron las puertas al final del día mientras Marcus estaba todavía en camino. Cuando el estadio se abrió a la mañana siguiente, el pobre Marcus todavía no había terminado.

Para el científico, el filósofo, el historiador, y el atleta corremos *por instinto*, somos corredores innatos. Corremos porque anhelamos dejarnos llevar. Cuando se le preguntó cómo corría tan rápido, el inmortal Jesse Owens, ganador de cuatro medallas de oro en los Juegos de Berlín, replicó: "Dejo que mis pies pasen el menor tiempo posible en la tierra. Desde el aire, rápidamente hacia abajo, y del suelo, rápidamente para arriba. Mi pie pasa sólo una pequeña parte del tiempo en la pista."

Pero si jugar y correr son placeres puros, ¿por qué forzar la suerte y llevarles al siguiente nivel de competir y luchar contra otros? ¿Por qué no es suficiente correr, saltar, lanzar y jugar por y para nosotros mismos? ¿Cuál es la diferencia entre juego y competición?

JUGAR EN LOS CAMPOS DE LOS DIOSES

"El tiempo es un niño que juega", escribió el sabio clásico Heráclito, "moviendo fichas en el tablero: el reino pertenece a un niño". La metáfora es enormemente acertada y refleja la forma en que el juego permite a los niños practicar sus futuros papeles como adultos ejercitando su imaginación, o simplemente gozando con la libertad del movimiento. Como saben los niños, el juego no tiene otro objetivo que el juego en sí –sólo la ensoñación que produce el vivir simplemente en el momento. La belleza del juego es su espontaneidad, deleitarse con las posibilidades del cuerpo y el orgullo del aprendizaje natural. Así, el juego es crucial no sólo para el niño individual sino también para toda la niñez de la especie humana.

El historiador deportivo Allan Guttman ofrece un conjunto conciso de distinciones. Sugiere que el juego es una actividad espontánea, mientras que "los juegos" son una actividad organizada, los eventos atléticos son juegos competitivos, y los deportes son competiciones físicas. El impulso de evolución de un nivel a otro es enigmático. El escritor deportivo Frank Deford ofrece una explicación parcial de este desarrollo en un artículo para el *National Geographic* sobre las Olimpiadas de Roma de 1960: "La fuente del deporte es el impulso humano de convertir el trabajo, la guerra –de hecho, todo lo que hay en la vida– en juego."

El psiquiatra y experto en juego Stuart Brown afirma sin reservas que el juego es fundamental y un motor primario de evolución. "Mi primera inclinación", me explicó en una entrevista reciente, "es basar el juego y 'los juegos' en el asombroso mundo del juego animal y los misterios de los sistemas que se auto-organizan. La elegancia y agilidad, la resistencia y perseverancia, el optimismo y la confianza están basados en ese estado de ser que es difícil de definir pero se reconoce como *juego*. Los Juegos Olímpicos son una manifestación del juego-competición evolucionado en un festival cooperativo que tiene su herencia en 100 millones de años de ancestrales ensayos y errores. Aunque no todo el mundo puede ser un atleta de nivel Olímpico, todos somos jugadores, tanto hombres como animales. La total y alegre absorción del verdadero jugador en su arte tiene su paralelismo en la búsqueda de la excelencia en cuerpo, mente y espíritu."

El compañero de Brown en su estudio sobre el juego, Bob Fagan, experto en juego animal y en el comportamiento de los osos, cree que el juego tiene beneficios a largo plazo: "El juego es un ensayo para los desafíos y ambigüedades de la vida".

El autor holandés Johan Huizinga, en el clásico *Homo Ludens* (el hombre jugador), escribe: "En el juego…la base antagónica y agónica de la civilización se da desde el principio, porque el juego es más viejo y más original que la civilización... El latín acertó de pleno al denominar a las competiciones sagradas simplemente mediante la palabra 'jugar', porque expresa de la forma más pura posible la naturaleza única de esta fuerza civilizadora."

Huizinga mantiene que aunque los griegos no tenían una palabra simple con un amplio campo para el concepto jugar, su universo entero estaba empapado de actividades competitivas, el "espíritu del juego". Desde la tirada de dados de los dioses para determinar la suerte en la vida de una persona, o el destino, hasta la omnipresencia de las competiciones, la función de jugar estaba en constante uso.

Las acepciones existenciales del juego tienen sus raíces en los orígenes de la palabra, la cual deriva de dos fuentes. La anglosajona *plegan* que significa "ejercitarse, hacer movimientos o gestos enérgicos o rápidos, un apretón de manos, aplausos, tocar un instrumento musical y todo tipo de movimientos corporales". La palabra del antiguo holandés *pleien* que significa "saltar" o "bailar". La acepción más vie-

En los Juegos de Montreal de 1976, la gimnasta Nadia Comaneci de catorce años asombró al mundo con siete puntuaciones perfectas.

ja de esta venerable palabra describe actos sagrados en ritos ceremoniales y la celebración de festivales, la cual ha derivado en las siguientes sugerencias de traducción: alegría, música y movimiento creativo. Así, a través de las maravillas de la arqueología de la palabra descubrimos un tesoro en el concepto de juego y su práctica: el juego es instinto y también algo existencial. Nos permite medir el movimiento y celebrar la vida mientras desafiamos la gravedad de la convención haciendo malabarismos con las bolas de la realidad.

Existencialmente, el juego nos trae a casa lo que los budistas llaman "el milagro del momento actual". Su naturaleza extática nos recuerda a cada momento que no necesitamos ser víctimas del destino –o, como diríamos hoy, de nuestra estructura genética. También nos revela constantemente nuevas posibilidades, por eso el poeta romántico alemán Novalis dijo: "El juego es experimentar con la oportunidad". De esta forma amable llegamos al carácter sagrado del juego: la revelación a través de la música, el drama, la ley, el ritual, la poesía, y los juegos en los que jugar al significado de la vida es, paradójicamente, tomárselo demasiado en serio.

Por lo tanto, jugamos con ideas, nos dedicamos a los juegos de amor durante "la joya de todos los juegos", jugamos con palabras en la poesía, jugamos con los dioses en la religión. Lo contrario, señala Huizinga, es ser *serio,* una palabra que originalmente significaba "disputa" o "lucha". Parafraseando a Oscar Wilde, la importancia de ser juguetón contrasta bruscamente con la importancia de ser serio.

En esta línea, la genialidad del *agon* griego (antiguo festival griego de competiciones), era la forma en que manifestaba el sueño de reconciliación entre la inevitable disputa –el origen de todo, de acuerdo con Heráclito –y el deseo de jugar con entusiasmo, que significa que estás "satisfecho con los dioses". La tensión que une los juegos atléticos, el teatro y la poesía, es la disputa que el protagonista (*agoniste*) –el actor o el atleta– debe superar.

"La competición no tenía rival como principio de vida", dice Huizinga. "El carácter sagrado del *agon* estaba en todas partes. Los griegos solían representar competiciones en cualquier disciplina que ofreciera la mínima posibilidad de un lucha". Tanto si se competía en poesía, solución de enigmas, o beber, la dimensión sagrada estaba siempre presente, porque se creía que el juego de los mortales divertía a los inmortales. "El juego es algo en sí mismo", concluye Huizinga, y pertenece a una esfera más alta que la seriedad. "Porque la seriedad busca excluir el juego, mientras que el juego puede incluir bastante bien la seriedad".

Es en la competición donde uno puede ganar la gloria, el honor y la estima –tres valores muy emotivos en la cultura de la antigua Grecia.

"Sin duda", dice Huizinga "los pocos siglos de la historia de Grecia en los que la competición no tenía rival como principio de vida de la sociedad también vieron el ascenso de los grandes juegos sagrados que unieron a toda Grecia en Olimpia, en el istmo de Corinto, en Delfos y Nemea; pero el hecho definitivo es que el espíritu de la competición dominó la cultura helénica antes y después de esos siglos."

Este espíritu competitivo se remonta a los poemas épicos de Homero, donde sus héroes y guerreros se describen como "atletas y no comerciantes", y están siempre deseando "ser los primeros y sobrepasar a los demás". Desde entonces, las competiciones y concursos se extendieron ampliamente por toda la antigua Grecia, desde el foro público, pasando por el campo de batalla, hasta las canchas, para competir en belleza, en beber, en música, en canto o en solución de acertijos. Aquello por lo que se competía siempre tenía algo que ver con la fuerza, la belleza, el ingenio, la sabiduría o la riqueza.

"¿Entonces cual el forma correcta de vivir?", escribe Platón en las *Leyes*; y él mismo nos da la respuesta: "La vida se debe vivir al igual que se juega, jugando a ciertos juegos, haciendo sacrificios, cantando y bailando, después un hombre hará las paces con los dioses y se defenderá de sus enemigos y vencerá en la competición". En este pasaje Platón resalta la dimensión espiritual del juego, el sentimiento que subyace en su interior de que los dioses están cerca y, cuando el juego se convierte en "los juegos", que algo divino está trabajando. En *God and Games,* David L. Miller escribe, "Estas dimensiones del juego se pueden tomar como una culminación de la evolución de la conciencia..." Para reanimar nuestras vidas, dice, "debemos trabajar como si jugáramos" y practicar una "teología del juego".

Para el historiador de religión holandés Gerardus Van Der Leeuw, el reino del juego y la arena de "los juegos" son poderosas metáforas modernas. Actúan como recordatorios de que estamos en un teatro sagrado y de que no necesitamos tomárnoslo tan seriamente. "El encuentro de Dios con el hombre, del hombre con Dios, es un juego sagrado, *sacer ludi,",* escribe en *Sacred and Profane Beauty: The Holy in Art.* "Por esta razón la competición apunta más allá de sí misma: hacia abajo, hacia el ritmo de vida ordinario; o hacia arriba, hacia la más elevada forma de existencia".

Uno de los laureados poetas del deporte de nuestros tiempos fue el erudito de Harvard y comisario de béisbol A. Bart Giamatti, que escribió ampliamente sobre el espíritu moderno del juego. En *Take Time for Paradise,* habla sobre la dimensión espiritual de la competición atlética: "Creo que competimos y vemos competiciones, para imitar a los dioses, para llegar a ser como ellos en nuestra adoración de cada uno y, en esos momentos de transmutación, saber durante un instante lo que ellos saben". Al final del día, esto es lo que nos encanta, lo que nos hechiza, y nos proporciona esos momentos de evasión que trascienden la exhibición de destrezas, técnicas o fuerza bruta, y nos asegura una visión.

Giamatti continua: "Los juegos, competiciones, deportes reiteran el propósito de libertad cada vez que se realizan: el propósito que viene a mostrarnos cómo ser libre, cómo estar completo, conectado, sin interrupciones e integrado, todo a la vez. Ése es el papel del entretenimiento, y si el entretenimiento fuera un dios, más que la versión aristotélica de la más alta condición humana, el deporte sería un recordatorio constante –no un vestigio marchito –de ese ser trascendente o sagrado... Como hicieron nuestros antepasados, nos recordamos a nosotros mismos a través del deporte lo que es nuestra esperanza más noble, aquí en la Tierra. A través del deporte recreamos nuestra porción diaria de libertad, en público".

Valorar los momentos trascendentes más que la cuenta de medallas en el tablero, y así reavivar la dimensión espiritual de la competición, es el desafío Olímpico que se extiende ante nosotros.

LA MITOLOGÍA POÉTICA DEL DEPORTE

"Al principio", escribe Rudolph Brasch en *How did Sports Begin?* "el deporte era un culto religioso y una preparación para la vida. Sus raíces estaban en el deseo del hombre de conseguir victorias sobre los adversarios visibles o invisibles, de influir sobre las fuerzas de la naturaleza, y de proporcionar fertilidad a las cosechas y al ganado".

Una vez que se conseguían estas necesidades primarias, Brasch continua, el regocijo de las antiguas actividades deportivas continuó en la forma de juegos libres. Lo que comenzó como entrenamiento esencial para la caza o la guerra se convirtió en mero entretenimiento o diversión, aunque en su propia forma única el deporte es tan esencial para nuestro bienestar como la necesidad de alimentarnos o protegernos.

"En nuestra época", escribe Brasch, "millones de personas tanto espectadores como participantes, aficionados o profesionales, se dejan llevar por el deporte que aman desde la preocupación por su trabajo diario, sus ansiedades y frustraciones, hacia un mundo de relajación y emulación, de agitación y emoción". Así los deportes no son una evasión de la vida sino un abrazo de ésta en todas sus complejidades, una transformación consciente de la batalla de la vida en el juego de la vida.

Los antiguos griegos describieron la competición como el fruto de un momento crucial en la prehistoria. El biógrafo Plutarco narró la situación de esta forma: "En las brutales épocas anteriores al atletismo, había hombres que por su habilidad con las manos, por su velocidad en las piernas y su fuerza en los músculos trascendieron la naturaleza humana normal y además eran incansables. Nunca usaron sus capacidades físicas para hacer el bien o para ayudar a otros, sino que se deleitaban con su arrogancia brutal y disfrutaban explotando su fuerza para cometer actos salvajes, para conquistar, maltratar, y asesinar a cualquiera que cayera en sus manos".

"Fueron Teseo y Hércules", escribe Roberto Calasso, citando a Plutarco, "quienes por primera vez usaron la fuerza para un fin diferente que el de aplastar a sus oponentes. Se convirtieron en atletas a favor de los hombres. Y más que de la fuerza en sí, de lo que se ocupaban era del arte de aplicarla: Teseo inventó el arte de la lucha, y las enseñanzas posteriores del deporte tomaron sus movimientos básicos. Antes de Teseo, todo era una cuestión de altura y fuerza bruta."

El mundo occidental desde la caída del imperio romano ha estado marcado por una sospecha maniquea de lo físico. El ideal de educación ha sido intelectual y espiritual, con una pequeña atención al equilibrio de la mente, el cuerpo y el alma, que era lo que buscaban los griegos. No fue hasta la obra de los poetas filósofos como Friedrich von Schiller y el erudito de lenguas clásicas Thomas Arnold de Rugby de entre los siglos XVIII y XIX, que el juego y la competición de nuevo ganaran el lugar que se merecían en la educación equilibrada. Schiller escribió incisivamente sobre arte, belleza, libertad, y espíritu –siendo el hilo que les une la belleza nacida en el juego. Para Schiller, el juego es la conexión entre el mundo interior de la meditación y el mundo exterior de las cosas concretas. Arnold fue el primer educador de la época moderna en recomendar los deportes como parte indispensable de la vida en la escuela. Coubertin peregrinó a la escuela de Rugby, en Inglaterra, y tiempo después elogió a Arnold por crear la atmósfera deportiva ideal para los jóvenes estudiantes.

Joseph Campbel escribió en *Las Máscaras de Dios*[6]: "La nobleza de espíritu es la elegancia, o habilidad, para jugar, tanto en el cielo como en la tierra. Y esta nobleza obliga[7], que siempre ha sido la cualidad de la aristocracia, era precisamente la virtud (arete) de los poetas, artistas y filósofos griegos, para quienes los dioses eran verdaderos al igual que la poesía".

El juego es noble, enérgico, elegante y virtuoso: es a través del salto a la fe del juego por lo que entramos en otro mundo y nos damos cuenta de nuestras posibilidades extáticas que no hubiéramos descubierto de otra forma. La naturaleza de ese mundo es nostálgica, por las continuas referencias al "hogar" que encontramos en el deporte, y también idealista, como se revela en el inocente anhelo por la pura diversión, lo cual inexplicablemente tiene el poder de renovar nuestros espíritus, incluso de regenerarnos. La poesía mítica del deporte declara que podemos comprender perfectamente el mundo a través del sobrecogimiento y el asombro, un punto de vista que sólo sería posible a través de una actitud de juego ante la vida.

Cuando entrevisté a Campbell en Honolulu en la primavera de 1985, durante el rodaje del documental *El Viaje del Héroe,* se mostró muy entusiasmado de que quisiera hablar sobre el significado mítico del deporte. Como uno de los corredores más rápidos de media milla de su época –le faltó un segundo para batir el record mundial por su victoria en los campeonatos de la universidad de Pennsylvania– estaba más que ansioso por hablar del aspecto mítico del atletismo.

---

[6] Alianza Editorial.
[7] Noblesse oblige.

"Los jóvenes son máquinas cargadas de testosterona", me dijo Campbell tajantemente. "Debéis canalizar su energía o destruirán vuestras ciudades. Yo no sé lo que podría haber hecho en mi juventud sin el atletismo. Me proporcionó disciplina para toda la vida. Todavía nado 44 largos al día, meditando en una carta del tarot distinta en cada largo".

Campbell hizo una pausa, como si examinara mentalmente un álbum de recortes sobre su ilustre carrera. Después sonrió y añadió. "Todavía pienso en mi carrera como corredor cada vez que hablo en clase". Sus clases eran "lo equivalente a una carrera de media milla, y te aseguro que ambas son duras. La vida es dura. Las carreras me enseñaron a marcar el paso en todo lo que he hecho en mi vida. Hace falta tener agallas para abrirte camino en este mundo. La disciplina que aprendes en el deporte puede dártelo."

Poco después de nuestra entrevista, Campbell le comentó a Michael Toms, de la emisora de radio "Nueva Dimensión", sobre una competición atlética que vio por televisión: "Fue la primera competición que he visto desde que yo mismo participé allá en la mitad de los años veinte —un lapso de cuarenta años, durante el cual no he prestado atención al deporte, principalmente porque provocaba en mí más emoción de la que podía controlar. Lo que vi por casualidad fue una carrera de una milla con seis gloriosos corredores. Qué cosa tan bonita…Cuando los juegos se juegan de una forma realmente seria…y se enfrentan directamente al honesto desafío de la pista, tenemos "la forma" y además con gran estilo."

Recientemente he pensado en las reflexiones de Campbell sobre la vida deportiva, después de escuchar la entrevista que le hicieron a Lance Armstrong en televisión. El cuatro veces ganador del Tour de Francia y medalla Olímpica es ahora tan famoso por haber sobrevivido a un cáncer testicular y de cerebro como lo es por su destreza en carrera. ¿Cuál es su secreto? El corredor dice: "Si no sufro un poco cada día, me siento culpable". Esto significa que necesita sentir que ha batido todos los pronósticos una y otra vez.

¿Por qué emerge tanto la emoción cuando recordamos las carreras de nuestra juventud? ¿Por qué amamos tanto la lucha? ¿Es patológico, como insisten algunos psicólogos, o es que los grandes atletas saben algo que el resto de nosotros hemos olvidado –o rechazado?

"Siempre que sus vidas se encendían", escribe Roberto Calaso, "por el deseo o por el sufrimiento, o incluso por la reflexión, los héroes de Homero sabían que un dios estaba actuando."

LAS RAÍCES DE NUESTRA AGONÍA Y ÉXTASIS

Deja al poeta que diga –en este caso Píndaro de la antigua Grecia: "Las palabras sobreviven a los hechos". Porque aunque la literatura tiende a sobrevivir a la gente que la escribe, si miramos muy de cerca todavía podemos ver los hechos que viven dentro de las historias de las palabras. Así que, también la a menudo inexplicable y poderosa reacción que sentimos en el calor de la competición, tanto los atletas como los espectadores, sólo se puede expresar parcialmente con el significado compacto de las palabras que usamos para describir la experiencia atlética.

Ten en cuenta las maravillas del laberinto de palabras que se usan en el amplio mundo de los deportes –palabra que deriva del latín *des-porto*, que significa "dejarse llevar". Por supuesto "dejarse llevar" es lo que nuestros padres y profesores decían que no debíamos hacer. A pesar de sus advertencias, la mayoría de nosotros practicamos o vemos el deporte para dejarnos llevar por algo que nos aleje del trabajo de la vida diaria. Nos encanta perdernos, al menos temporalmente, y es esta idea de "transporte", un producto del esfuerzo físico, lo que rejuvenece a los atletas.

Estrictamente hablando, un atleta es alguien que compite por un premio en las competiciones públicas. La palabra *atleta* viene del griego *athlon,* que significa premio ganado en un juego. La palabra inglesa *game* deriva de una fabulosa palabra danesa antigua *gammen*, que se refiere a júbilo o diversión. El premio también se puede ganar en una lucha, que en griego era *agon*, la raíz de nuestra palabra *agonía*. Entrenar o competir es una agonía; claro que sólo la agonía nos lleva al éxtasis. Hoy en día muchos atletas presumen "sin dolor, no hay victoria" –y creen que ellos inventaron la idea. Pero ya en el siglo IV a.C., al menos un espectador en el gimnasio estaba tan sobrecogido por la capacidad de los atletas para aguantar que escribió: "En su dolor está su fama".

En el juego merece la pena el dolor porque el éxtasis bien merece cierta agonía. Si profundizas lo suficiente en la agonía encuentras el verdadero significado del *éxtasis*, del griego *exstasis*, que indica "estar fuera de sí" –lo que ahora llamamos estar "en la zona" "en una burbuja" o "en la corriente". La verdadera competición es una prueba de nuestro espíritu, y si se realiza de forma seria nos lleva a un lugar que va más allá de nuestro propio "yo". El éxtasis del deporte está por encima y más allá del premio anunciado de la competición; este éxtasis ofrece al atleta una experiencia momentánea entusiasta y dramática.

Los griegos eran sumamente conscientes de estas conexiones. Su palabra para denominar "actor" era *agonistes*, la cual denominaba también al "competidor". Para ellos, el atleta y el actor eran almas gemelas. Cada uno actuaba en un drama en el que se desarrollaba una revelación de la fortuna o del destino, una vida y una muerte simbólicas. Hay una buena razón para denominar a los deportes "tiempo pasado" –se supone que nos llevan fuera y más allá de nosotros mismos, nos elevan de tal manera que trascendemos a la vida diaria.

"Es ese estremecimiento suspendido en el tiempo", según escribe la poetisa aventurera Diane Ackerman en *Deep Play,* "el momento central en tantos deportes, que uno siente a menudo, y a lo que a veces se acostumbra, cuando haces algo peligroso… el miedo de inclinarse hacia la nada".

Este riesgo siempre ha estado en el centro de la atracción de la vida deportiva. David C. Young escribe: "En la preparación del hombre adulto para correr el riesgo de la deshonra pública por la posibilidad de conseguir la distinción, ahí es donde encontramos lo que diferencia a los griegos del resto de la gente".

Arriesgarlo todo por entrenar duro durante años, después exponerte a un posible fracaso, incluso una humillación, aun consiguiendo alguna clase de distinción es lo que diferencia al atleta olímpico de todos los demás. Esta es la misteriosa fuente de la alegría para ellos –y a veces para nosotros.

ESFORZARSE, BUSCAR, Y NO RENDIRSE

Como los irlandeses suelen decir, la memoria es un editor compasivo. El psicólogo suizo C. G. Jung llegó incluso a decir que cualquier intento de convertir la memoria en narrativa es mitológico. Este es el caso de una de mis historias favoritas de la antigüedad, el cuento de Glauco de Caristo, en Eubea, ganador Olímpico de boxeo en el año 520 a.C.

La leyenda dice que Glauco era el hijo de un granjero. Un día que Glauco estaba trabajando en el campo, la reja se soltó del arado. Como no tenía ninguna herramienta, Glauco la colocó de nuevo en su cuenca de un golpe con su puño, que era duro como una piedra, una hazaña colosal de la que su padre se dio cuenta. Animado por su padre, Glauco partió hacia Olimpia donde ganó sus primeros combates, pero también perdió algunos dientes y mucha sangre. En el último combate estaba exhausto y gravemente herido. Se dice que los espectadores y su entrenador esperaban que levantara su dedo índice como signo tradicional de rendición. Pero a la hora de la verdad –cuando la diosa de la victoria, Niké, o el dios del tiempo sagrado, Cairos, se sabe que aparecen– el padre de Glauco (o, según otro relato, su entrenador) gritó de repente: "¡Hijo mío, recuerda la reja del arado!"

Como si presagiara el admirable resurgimiento de Muhammad Ali en el combate "thrilla en Manila"[8], Glauco aprovechó el momento y escarbó en lo más profundo de sí mismo para encontrar una última oleada de fuerza y coraje. Se levantó y golpeó a su rival en la cabeza tan duro como lo hizo con la reja del arado –y la lucha estaba terminada.

¿Qué nos sugiere esta leyenda?

Como ocurre con muchas historias Olímpicas, antiguas o modernas, la leyenda de Glauco es instructiva a varios niveles. Ha sobrevivido a las exigencias del tiempo no porque ensalce la brutalidad sino porque convierte en mito –en historia sagrada– la, por otra parte, inefable forma en que el ser humano descubre su fuerza secreta en el momento de la verdad.

Sin embargo la fuerza no es siempre corporal; a veces es espiritual, como se desprende de las palabras de Mohandas Gandhi: "La fuerza no procede de la fuerza física. Sino que procede de una voluntad indomable".

La historia de Jesse Owens en los Juegos de Berlín de 1936 se ha consagrado como uno de nuestros mitos modernos del deporte, una historia inspiradora cercana a mi propio corazón. Recuerdo la primera vez que oí su nombre. Fue a finales de los sesenta, y nuestro equipo de atletismo de la escuela secundaria estaba compitiendo en las pistas de la Universidad de Michigan en Ann Arbor. Como parte de las palabras de ánimo, nuestro entrenador, el señor Leonard Natkowski, nos informó de que deberíamos sentirnos honrados porque íbamos a correr en la misma pista en la que Jesse Owens había corrido el campeonato de la "Conferencia de los Diez Grandes". Eso fue el día 25 de mayo de 1935, cuando batió tres records mundiales e igualó un cuarto –en un espacio de tiempo de setenta minutos.

---

[8] Apodo otorgado a un memorable combate entre Joe Frazier y Ali celebrado en Filipinas.

Hay un estrecho límite entre inspiración e intimidación, pero recuerdo cómo me picaban los pies dentro de mis zapatillas de correr esa tarde, como si la pista en sí fuera una tierra sagrada. Ese día hice mi mejor tiempo en la carrera de 400 metros y batí mi propio record en salto de longitud. Pocos años después, cuando me encontraba en Berlín, leí sobre la magnífica actuación de Owens allí en los Juegos del 36 y sentí una misteriosa conexión con él; me llené de lo que James Joyce llama "un disturbio de emoción".

Los Juegos Olímpicos de Berlín de 1936 eran parte del plan megalómano de Hitler para probar al mundo la supremacía de la raza aria. Pero Jesse Owens y un puñado de atletas de otros países eclipsaron sus planes. Owens se ganó los corazones de sus compañeros de equipo pero también el afecto de la multitud alemana ganando medallas de oro en la carrera de los cien metros, en la de doscientos metros, en los cuatrocientos metros relevos y en el salto de longitud. Esta hazaña le convirtió en el primer americano en los anales de la historia olímpica en ganar cuatro medallas de oro. Esa es la historia superficial. La historia subyacente, el producto del mito, es cómo ganó el oro en el salto de longitud —lo cual, como él mismo dijo después, hizo posible las otras victorias.

Como él poseía el record mundial con ocho metros y veinte centímetros (conseguido en Ann Arbor), Owens era el gran favorito para ganar. Pero como dice el escritor de deportes Ron Fimrite: "Bajo la mirada ceñuda de Adolf Hitler, falló los primeros dos saltos y le quedaba una sola oportunidad para clasificarse para las finales."

Owens dijo más tarde: "Luché, luché duro... pero de célula en célula el pánico fue invadiendo todo mi cuerpo, apoderándose de mí". Owens estaba desesperado sin saber lo que hacer con su último salto cuando se le acercó uno de sus rivales, el alemán Luz Long. Aunque era la personificación de la pura juventud Aria —un atleta alto, rubio y de ojos azules— Long no comulgaba con las teorías jactanciosas de la superioridad nazi. A la vista de los oficiales alemanes, Long, despreocupadamente, se hizo amigo de Owens.

"¿Qué te preocupa?" preguntó a su oponente afroamericano. "Deberías poder clasificarte con los ojos cerrados." Sabiendo que la distancia de clasificación era sólo de siete metros y catorce centímetros, Long recomendó hábilmente a Owens que simplemente pusiera una marca unos centímetros antes de la línea de salto, y saltara desde ahí. Long incluso se ofreció a poner la marca con su toalla. Owens sonrió y se lo agradeció y en su último intento se clasificó fácilmente. Más tarde ese mismo día, después de cinco saltos y una marca de siete metros y veinticinco centímetros, Owens quedó emparejado, irónicamente, con Long que estaba haciendo la mejor actuación de su carrera. En su salto final, inspirado por el gesto de hermandad de su nuevo amigo, Owens saltó ocho metros y catorce centímetros, sobrepasando la marca de Long y batiendo el record olímpico.

El primero en felicitarle fue Long, quien levantó su brazo hacia el cielo. "Llegué más lejos que Long", escribió Owens en su autobiografía. "Establecí un nuevo record olímpico. Salté más lejos que nadie en el mundo. Luz no me soltaba el brazo. Lo levantó –tal y como me había levantado de otra forma unos días antes– y me alejó del foso y me llevó hacia la multitud. '¡Jazze Owens!' gritaba, '¡Jazze Owens!'. Parte de la multitud respondía, '¡Jazze Owens!'. Estaban aclamándome. Pero sólo yo sabía a quién aclamaban realmente. Levanté el brazo de Luz Long.

'¡Luz Long!' grité con todas mis fuerzas. '¡Luz Long! ¡Luz Long!'"

Años más tarde Owens dijo: "Visto desde una perspectiva más importante…él fue el ganador. Él dio lo mejor que tenía –y sin él yo nunca podría haber dado lo mejor de mí. Luz verdaderamente mostró el espíritu de las Olimpiadas… Puedes fundir todas las medallas y copas que tengo y estarían recubriendo la amistad de 24 quilates que sentía por Long en ese momento."

Owens fue filmado en el podio, sonriendo bajo la corona de hojas de olivo y mostrando un destello del verdadero

Ejemplo de elegancia y coraje, la estrella americana del atletismo Jesse Owens comparte momentos con su nuevo amigo, el brillante saltador de longitud alemán Luz Long, en los Juegos de Berlín de 1936.

espíritu Olímpico, mientras simplemente decía: "Gracias por la gran competición".

Después de los Juegos Olímpicos, Owens se hizo rápidamente profesional, porque, como él decía en la época, "tenía cuatro medallas de oro, pero no puedes comer cuatro medallas de oro". Pasó los últimos años dies su vida dedicado al circuito de conferencias inspiradoras, un trabajo que demostró ser más gratificante que sus records mundiales, que fueron batidos hace tiempo.

"Hombres maduros me paraban por la calle y me decían, 'Señor Owens, le oí hablar hace quince años en Minneapolis. Nunca olvidaré ese discurso'. Y pensaba para mí, ese hombre probablemente tiene hijos propios ya. Y quizás, puede que recuerde un punto específico que señalé. Puede que transmitiera ese punto a su hijo como yo mismo dije que hicieran. Y entonces pensaba —eso es inmortalidad. Eres inmortal si tus ideas las transmites a tus hijos, y estos a sus hijos, y así sucesivamente."

EL ESPÍRITU DEL DESVALIDO

Michael Novak escribe en *The Joy of Sport*: "Los deportes son creaciones del espíritu humano, estadios del espíritu humano, testigos del espíritu humano, instructores del espíritu humano."

Esta frase rítmica captura la función dominante del espíritu que crea y es creada por aquellos que participan en competiciones al más alto nivel imaginable. El talento es admirado, pero el espíritu es acogido. El espíritu es lo que te ayuda a elevarte por encima de ti mismo, y ¿quién no quiere mejorar? Si el atleta no está dotado pero sí inspirado, el espíritu infundido puede inspirar a otros. Y por esta razón se le ama.

En diciembre de 1999, la revista *Sports Illustrated* votó a Mildred "Babe" Didrikson como la atleta más grande del siglo veinte. Su biógrafo la describe como una atleta admirada por los americanos corrientes quienes "apreciaban sus agallas para apoderarse de lo que merecía". Los amigos le apodaron "Babe" por el querido bateador de béisbol Babe Ruth, ya que a ella se le consideraba su equivalente femenino como el atleta más grande del momento. Procedente de raíces muy pobres, ascendió a lo más alto del mundo, destacando en carreras, salto, natación, juegos de pelota de cualquier tipo, golf, y varios deportes de atletismo.

A los diecisiete años, Babe se convirtió en lo que Susan Wels describe en *The Olimpic Spirit*, "La reina de las victorias sin esfuerzo de los Juegos Olímpicos de Los Ángeles... quien además personificaba el lema `más rápido, más alto, más fuerte´". Didrikson ganó dos medallas Olímpicas de oro: la primera en lanzamiento de jabalina con un lanzamiento de 44 metros y 10 centímetros, y la segunda, con la que batió un record mundial, en los 80 metros vallas. Perdió una tercera en salto de altura cuando empató con Jean Shiley a un metro y 12 centímetros pero perdió en la eliminatoria por su salto de cabeza sobre la barra, lo cual era ilegal. Se clasificó para otras dos pruebas, recalcando así su reputación como la atleta más grande de su tiempo, pero las reglas de su época estipulaban que sólo podía competir en tres. "Podría haber ganado una medalla en cinco pruebas si me hubieran dejado", reía más tarde.

La sublime Babe Didrikson (la segunda de la derecha) camino de su victoria en los 80 metros vallas del campeonato de mujeres de la AAU (Amateur Athletic Union), Universidad del Noroeste, 1932.

El apreciado escritor de deportes Grantland Rice describió a Didrikson como "el corte perfecto de armonía muscular, y de completa coordinación física y mental que el mundo del deporte haya conocido jamás". Ella introdujo un elemento de alegría truculenta en el atletismo de mujeres, además de una confianza enérgica, que más tarde Muhammad Ali llevaría al boxeo —un rasgo suyo que despertó más envidia que admiración.

Tiempo después, llevó su talento al mundo del espectáculo, donde montaba caballos y tocaba la armónica, después se unió a un equipo itinerante de béisbol femenino compuesto por mujeres judías, *La Casa de David*, el cual jugaba doscientos partidos al año. "Chico, ¿no te gustaría que los hombres pudieran golpear la bola de esta forma?", comentó después de un partido. Cuando le preguntaron, después de su magnífica actuación en las Olimpiadas de Los Ángeles, si había algo a lo que no jugara, Babe respondió fríamente, "no juego con muñecas".

CÓDIGO PARA LA LUCHA

Seis décadas después, en uno de los momentos decisivos de las Olimpiadas de verano de Atlanta de 1996, otra joven mujer, Kerri Strug, "una insólita heroína", según la describió la revista *Sports Illustrated,* capturó los corazones del mundo con una valerosa victoria.

En la ronda final de la competición de gimnasia por equipos todos daban por perdidos a los americanos. Su entrenador, Bela Karolyi, les dijo que todo dependía del último salto de Strug —que necesitaba al menos una puntuación de 9.6 para batir a los rusos.

En su primer salto, la gimnasta de un metro y cuarenta centímetros y ochenta y treinta y ocho kilos de peso aterrizó sobre sus talones y cayó de espaldas, torciéndose el tobillo. "Muévelo", gritaba su entrenador. Strug estaba entumecida de dolor y preguntó tranquilamente, "¿Tengo que hacer esto de nuevo?" No tuvo que esperar una respuesta. De forma valerosa se dirigió a la alfombra y esprintó a lo largo de la pista, repitiéndose la consigna, "¡Voy a hacerlo, voy a hacerlo!" y voló sobre el potro —aterrizó con todo su peso sobre su torcedura de tobillo. Se retorció de dolor mientras saltaba a la pata coja sobre su pie bueno y levantó sus brazos en signo de triunfo durante unos pocos segundos antes de caer a la alfombra, pero el esbozo de una sonrisa se podía ver en su cara. Sabía que había clavado el aterrizaje.

Ganadora de la medalla al espíritu olímpico, la gimnasta Kerri Strung es llevada en brazos por su entrenador, Bela Karoli después de su valeroso salto a pesar de su tobillo herido.

Al día siguiente, la fotografía de Karolyi llevando a una niña menudita hacia el podio de la victoria se transmitió por todo el mundo, al igual que otra foto emotiva, aunque inusual. La que mostraba a las tres ganadoras de medalla en la competición de gimnasia por equipos, pero de los hombros para abajo. Las dos mujeres que flanqueaban a Kerri Strug permanecían sobre sus fuertes y saludables piernas, mientras que ella se balanceaba con cautela sobre su pierna buena. La pierna lesionada la tenía medio levantada, cubierta por una fuerte escayola.

Observando las fotografías de los momentos de agonía y éxtasis de Strug, me venía a la mente la afectuosa inscripción encontrada en el pedestal de una estatua que estuvo oculta durante muchos siglos en Olimpia: "Yo, Nikophiolos, levanto esta estatua en mármol de Paros en honor de mi bella hermana Kikegora, que ganó la carrera de mujeres".

Por suerte, el entrenador Karolyi había contado mal la puntuación del equipo. El equipo estadounidense habría conseguido el oro sin los 9.712 puntos ganados por Kerri. Pero el espíritu de la actuación –la forma en que ella transformó el dolor en triunfo delante de nuestros ojos– enmarca lo que es lo mejor de las Olimpiadas.

En ese momento de incertidumbre, cuando la victoria cuelga de un hilo, ella nos demostró fuerza y belleza, coraje y elegancia, y un profundo deseo de superación. Llegar a este nivel requiere coraje, habilidad y fortaleza, una tarea tan terrible para los simples mortales que inspiró a un viejo bromista llamado Eli Mygatt para acuñar la frase: *"God, give me guts."*[9]

---

[9] "Dios, dame agallas", o "Dios, dame coraje".

CAPITULO III

EL FESTIVAL SAGRADO

LA CELEBRACIÓN DE LA COMPETICIÓN

La humanidad entera aspira a esta armonía.
El prestigio y la fama del ideal Olímpico a nivel mundial
es la confirmación de esto. Por lo tanto nos incumbe
a nosotros responder a la necesidad de restaurar el
movimiento hacia las raíces griegas y de reavivar el
espíritu de la antigua Atenas.

Dimitris L. Avramopoulos
Alcalde de Atenas

Un festival es un momento de rituales sagrados. Un festival recrea la historia mítica a través de representaciones simbólicas, consagraciones, sacrificios, música, bailes y competiciones, además representa la visión mundial de la cultura, observa el gran asalto de la vida y la muerte, revitaliza al individuo y a la comunidad conectándoles con lo divino. El festival tiene una significación mítica por la representación de historias sagradas, que recrean el mundo cada vez que se cuentan. Es fantasmagórico el modo en que juega con las formas de la realidad, cambiando los géneros, poniendo del revés las buenas costumbres de la sociedad, ofreciendo el sufrimiento de uno mismo a los dioses con la esperanza de que devuelvan la vida al mundo. Transciende en su visión de las posibilidades que de otra forma pasarían sin ser creídas ni experimentadas. Su belleza radica en la forma en que vuelve a fascinar al mundo regularmente.

Como aprendimos de Johan Huizinga en *Homo Ludens*, el instinto para la festividad y el instinto para jugar están íntimamente conectados, el nexo de unión es el deseo de celebrar. La idea del juego en la esfera sagrada de los dioses, asegura Huizinga, se remonta a Platón. Platón creía que el universo entero está impregnado por el espíritu del juego y se exhibe para que todos lo vean en el festival; la religión misma es una forma de juego sagrado en honor de la dei-dad. Algunos argumentan que el juego palidece en comparación con la religión porque es menos serio. Sin embargo, Huizinga escribe: "La identificación que hace Platón del juego y la santidad no profana a esta última por llamarla juego, sino que exalta el concepto de juego a la más alta esfera del espíritu…En el juego nos podemos mover por debajo del nivel de la seriedad, como hacen los niños; pero también nos podemos mover por encima de él –en el reino de la belleza y de lo sagrado."

Para los antiguos griegos, la vida era un juego –y tenían que jugarlo si querían encontrar una respuesta a las cuestiones del destino. "Junto a este sentido del juego", escribe Huizinga, "está el espíritu que lucha por el honor, la dignidad, la superioridad y la belleza. La magia y el misterio, los anhelos heroicos, los presagios de la música, la escultura y la lógica, todos buscan la forma y la expresión en un juego noble."

En este sentido Joseph Campbell escribe en *Las máscaras de Dios*[10] :

"Desde la posición del hombre secular (*Homo sapiens*) tenemos que entrar en la esfera de juego de las fiestas, aceptando un juego de creer, donde diversión, alegría y trance rigen en series ascendentes. Por consiguiente, las leyes de la vida en tiempo y espacio –económicas, políticas e incluso morales– desaparecerán. A partir de lo cual, recreados por ese retorno al paraíso antes de la caída, antes del conocimiento del bien y del mal, de lo correcto y lo erróneo, lo verdadero y lo falso, de la creencia y la incredulidad, hemos de devolver a la vida el punto de vista y el espíritu del hombre jugador (*Homo ludens*); como en los juegos de los niños, donde, impávidos ante la trivial realidad de las pobres posibilidades de la vida, el impulso espontáneo del espíritu a identificarse con algo diferente a sí mismo por el puro deleite del juego, transmuta el mundo, donde, en realidad, después de todo, las cosas no son tan reales o permanentes, terribles, importantes o lógicas como parecen".

---

[10] Obra completa. Madrid: Alianza Editorial.

A lo largo de la historia de la humanidad, Campbell enfatiza, el propósito del festival ha sido transformar la insoportable dureza de la realidad de la vida en realidades soportables, y así lo ha hecho, levantando el espíritu del individuo y del grupo a través de rituales de éxtasis y a través de pruebas de competición y lucha.

En la antigua Grecia abundaban los festivales, reflejando así su intensa devoción a los dioses y a una visión del mundo que veía el universo como sagrado y digno de una celebración constante. De entre estos festivales destacan los Grandes Misterios de Eleusis celebrados en honor de Deméter y Perséfone; siete festivales diferentes en honor a Dionisos, que combinaban celebraciones religiosas en honor al dios del vino con representaciones de luchas; los Juegos Panateneos en Atenas, un festival de acción de gracias por la gloria de Atenea que consta de concursos de música, poesía y competiciones atléticas. Menos reconocimiento o estudio tienen la extendida proliferación de festivales atléticos a lo largo del país. En las primeros tiempos de la era clásica, siglo VI a.C., la mayoría de las ciudades honraban a sus dioses celebrando simples juegos locales. Alrededor del año 500 a.C., había al menos cincuenta competiciones programadas regularmente, en el siglo I a.D. había unas trescientas.

Hacia la mitad del siglo V a.C., había estadios en todas las ciudades grandes, además de gimnasios y palestras o escuelas de lucha en la mayoría de las ciudades. Estos espacios tremendamente populares servían como clubes sociales pero también como campos de entrenamiento para cuerpo y alma. La legendaria "juventud dorada" veía los gimnasios como un segundo hogar donde se ejercitaban diariamente y donde competían. Los hombres aristocráticos y cultos también los visitaban diariamente para hacer ejercicio físico e intelectual —celebrar un combate amistoso, o mantener una buena conversación. Los filósofos, oradores e historiadores eran muy aficionados a ellos como lugares donde se les permitía sermonear. En su incansable búsqueda de la buena conversación, Sócrates visitaba el ágora, o el mercado, pero también el gimnasio al aire libre, situado en un bonito olivar a las afueras de Atenas, llamado La Academia. Desde que Platón estableciera su escuela filosófica en ese lugar, aquellos que estudiaban con él fueron denominados "académicos".

La Academia es el escenario de uno de los más famosos *Diálogos* de Platón, "Laches", una relación de las discusiones de Sócrates sobre las virtudes del entrenamiento atlético y la naturaleza del coraje con dos generales. Cuando quedan atrapados en detalles insignificantes, como armaduras y bridas, Sócrates les recuerda que aprender a luchar con armadura "sólo es un medio para un fin". El propósito real es reforzar algo más profundamente. "Es al 'yo', al alma de los hombres jóvenes a quien va dirigido este entrenamiento", dice Sócrates. "Pero la cuestión es quién de nosotros sabe lo que es bueno para el alma".

"El siglo VI vio el máximo apogeo del esplendor y la popularidad del atletismo en Grecia", escribe Will Durant en *The Story of Civilization*. "En el 582 a.C. la Liga Amphictionica estableció los Juegos Píticos en honor de Apolo en Delfos; en el mismo año los Juegos Istmicos se asentaron en Corinto en Honor a Poseidón; seis años más tarde los Juegos Nemeos se inauguraron para honrar a Zeus; y los tres casos se convirtieron en festivales Panhelénicos. Junto con los Juegos Olímpicos formaban un *periodis* o ciclo y la gran ambición de un atleta griego era ganar la corona en todos ellos."

A la vez que se propagaba su influencia política y cultural, los griegos se dieron a conocer a lo largo del mediterráneo por sus filósofos, artistas, escultores y científicos, pero también por sus ilustres corredores, luchadores y conductores de carros. El incremento de los festivales atléticos y la gran estima de que gozaban les dieron una importancia entre los griegos incomparable con ninguna cultura de la historia. E. Norman Gardiner escribió: "Al final del siglo VI los griegos eran literalmente una nación de atletas".

Era esta incipiente nación de enérgicos atletas y entrenadores filósofos la que respondía de forma entusiasta cada cuatro años cuando se corría la voz a través de imperio Griego de que había llegado el momento de reunirse en la lejana Olimpia para el festival de Zeus. Nada podía satisfacer tanto a los políticos griegos como estas reuniones masivas de atletas y espectadores, las cuales reforzaban los lazos de la identidad nacional como ciudadanos de las más de cien ciudades-estado juntas en pacífica interrelación.

Mientras que la política, la religión, el arte y el lenguaje no consiguieron unir a los griegos tal y como ellos soñaron y planearon, Durant concluye, sus festivales atléticos estuvieron muy cerca de hacerlo. Y uno de los instrumentos más efectivos para forjar este sentido de la identidad común y el respeto mutuo era el corto pero consistente período de paz que acompañaba a cada Olimpiada.

PIDIENDO LA TREGUA

Uno de los objetos más sagrados de toda la antigua Grecia era un disco con una inscripción guardado en el templo de Hera en Olimpia. Sólo se sacaba una vez cada cuatro años, un mes antes de los Juegos Olímpicos, cuando el gran sacerdote lo presentaba al *spondophoroi,* los heraldos de la tregua oficial. Con el disco en la mano partieron a recorrer todo el extenso imperio para anunciar la *ekecheira,* la tregua sagrada.

Milagrosamente sobrevive una descripción contemporánea. "La tregua Olímpica está escrita en un disco", escribe Pausanias. "El escrito no sigue una línea recta, sino un círculo alrededor del eje del disco". Él lo describe como "el disco de Ífito", una referencia al rey de Elis que había reanudado los Juegos y forjado la tregua, y hecho de oro y marfil, y creado por Colotes de Heracleia o de Paros".

Los heraldos vestían coronas de olivo y llevaban personal especial que declaraban su estatus de inviolabilidad

El Disco de la Tregua fue portado a lo largo de la antigua Grecia para anunciar los próximos Juegos en Olimpia y para declarar el cese de todas las hostilidades durante la duración de los mismos.

a los soldados y viajantes de dudoso carácter que podían encontrarse a lo largo del camino. Así protegidos, viajaban por todas las ciudades estado para proclamar la fecha de los Juegos (la cual, según Gardiner, coincidía con la segunda o tercera luna llena después del solsticio de verano) y para invitar a los ciudadanos de lengua griega a competir por los laureles. A aquellos posibles peregrinos que tenían miedo a viajar grandes distancias en tiempos hostiles se les recordaba los términos de la tregua, declarada por Apolo a través de la voz inspirada del mismo oráculo de Delfos. El acuerdo de tres meses de duración, requería seguridad total en los caminos para los espectadores, atletas y entrenadores que viajaran al Peloponeso. El ideal era que la guerra se suspendiera, y los robos se redujeran. Cualquiera, fuera soldado o campesino, que rompiera la tregua era multado duramente. La guerra era continua a lo largo de la historia de Grecia, pero las hostilidades paraban de forma significativa durante los festivales, y las disputas personales se ignoraban en la zona Olímpica lo suficientemente como para enarbolar la creencia mítica de que la guerra misma había sido prohibida.

Durante un mes después de los anuncios con trompetas, las carreteras devastadas de Grecia se llenaban con decenas de miles de peregrinos, mercaderes, políticos, embajadores, y atletas –tanto de Esparta como de Atenas, o de Éfeso, Dorios, Jonios, Macedonios– viajando a caballo, en carro o a pie hacia Olimpia. La tregua era tan efectiva que Sócrates reprendía así a un temeroso amigo, "¿Pero por qué temes al viaje? ¿No caminas todo el día alrededor de tu casa? ¿No caminas para ir a comer? ¿Y de nuevo para ir a cenar? ¿Y para ir a dormir? ¿No te das cuenta de que si juntas todas las caminatas que haces en cinco o seis días podrías fácilmente viajar de Atenas a Olimpia?"

El espíritu que impregnaba el festival procedía de la creencia en que si los mejores jóvenes de Grecia se juntaban en una competición pacífica pero apasionada mientras eran admirados por la multitud, entonces se podría infundir un sentido de unidad nacional. Lisias de Siracusa en su *Olimpic Oration,* recomendaba a sus compatriotas griegos que fueran al festival, diciendo que si presenciaban las competiciones en las que "los hombres medían su fuerza y su valía y escuchaban las disertaciones de los filósofos, plantarían la semilla de la amistad en sus corazones."

Considerando las guerras brutales de la época, libradas por los griegos o contra los griegos, la noción de un período de tres meses de paz cada cuatro años era un logro monumental. En el siglo XIX el filósofo William James pidió "un sustituto para la función disciplinaria de la guerra... una equivalencia moral a la guerra". La antigua tregua Olímpica fue una visión evolucionada de cómo el ser humano puede purificar sus instintos marciales. Siendo un ideal raramente alcanzado, la tregua captó la imaginación del mundo y no la dejó marchar.

LA POMPA Y EL PAISAJE

El campo sagrado de Olimpia, salpicado con docenas de pálidos altares, finalmente se convirtió en un impresionante santuario "adornado con templos, tesoros, mansiones y estatuas", según lo describe Pausanias cuando lo visitó en el siglo II d.C. Él contó dieciséis *zanes,* o estatuas de Zeus en bronce, erigidas por atletas a los que habían pillado haciendo trampas en las pruebas, con severas inscripciones de recordatorio del código moral que se exige en las Olimpiadas. Una de estas inscripciones dice: "¡Gana con la velocidad de tus pies y con la fuerza de tu cuerpo, y no con dinero!" Hubo otros visitantes a lo largo de los siglos que resaltaron el esplendor del arte, creado por diplomáticos que esperaban ganar el favor de los dioses, haciendo de Olimpia un museo al aire libre.

Presidiendo todo el santuario estaba el templo de Zeus. Dentro de sus salas se encontraba la impresionante estatua de Fidias, considerada por Heródoto como una de las Siete Maravillas del Mundo Antiguo. El orador romano Cicerón escribió que Fidias "tuvo en su mente una visión de la belleza tan perfecta que concentrándose en ella pudo dirigir su mano de artista para producir un fiel retrato del dios". La inspirada visión produjo una figura colosal del soberano de Olimpia construida en marfil, oro y criselefantina. La estatua de 10 metros de alto se sentaba en un trono de ébano y marfil, flanqueada por dos leones recostados hechos de oro macizo. En una mano, Zeus sostenía un cetro "de todos los metales imaginables", y en la otra mano, sostenía una Niké (o Victoria) alada de seis pies de alto hecha de oro y marfil, diosa de la victoria que significa triunfo en los Juegos. Según Pausanias, alrededor de la cabeza tenía esculpida "una corona de ramas de olivo", una referencia visual a la recompensa básica para los campeones de los Juegos.

Roberto Calasso escribió "ninguna otra estatua fue tan admirada por los griegos, ni por el mismo Zeus, que lanzó un rayo de aprobación hacia el negro pavimento cuando

Fidias le pidió una señal después de haber terminado el trabajo".

Cuando los cansados pero exultantes viajeros llegaban a Olimpia, se encontraban con un festival incomparable. Allí la religión, las artes, la filosofía, la política y los deportes convivían hombro con hombro al igual que los viajeros. El excitante espectáculo reflejaba las ganas de vivir de la nación, un distintivo del talento griego desde Sócrates hasta Zorba. El Festival Olímpico destacó de los demás como una escultura en bajo relieve, según E. Norman Gardiner, porque "era el festival religioso nacional de toda la raza griega. Olimpia era el punto de encuentro del mundo griego." Para imaginarnos esta emotiva atmósfera en su punto más álgido, en la mitad del siglo V a.C., debemos intentar imaginarnos un montaje compuesto por Las Series Mundiales en el estadio de los Yankees (o la copa del mundo en el estadio de Wembley), una conferencia de las Naciones Unidas, una exposición de arte digna del Louvre, y un concurso musical tan riguroso como el de Salzburgo, desarrollándose todo a la vez durante la semana de navidad en Jerusalén, como un *Burning Man*[11], jolgorio toda la noche después de las competiciones diarias. Durant describe maravillosamente la atmósfera de carnaval cósmico en *The Story of Civilization:*

"Era una feria además de un festival. La planicie se llenaba no sólo con las tiendas que resguardaban a los visitantes del calor de julio, sino también con las casetas de miles de vendedores que exponían su mercancía, desde vino y frutas hasta caballos y estatuas, mientras que acróbatas e ilusionistas representaban sus trucos para la multitud. Algunos hacían malabarismos con pelotas, otros desarrollaban escenas de agilidad y destreza, otros tragaban fuego o espadas: formas de entretenimiento que disfrutan de una

---

[11] Se denomina así a un evento artístico neohippie en el que se juntan decenas de miles de personas en el desierto de Nevada bajo unas reglas propias, y donde cada uno da rienda suelta a sus expresiones.

ilustrísima antigüedad, como las formas de superstición. Oradores famosos como Gorgias, sofistas famosos como Hipias, y quizás escritores famosos como Heródoto, lanzaban sus discursos o recitales desde el pórtico del templo de Zeus.

EN EL UMBRAL

Los diez oficiales, o *hellanodikai*, "jueces de los griegos", eran convocados en Elis para comenzar a planificar los festivales diez meses antes del comienzo de las ceremonias. Organizaban la limpieza del lugar, la reparación de las estatuas, los preparativos de los eventos. Durante este período de diez meses, se supone que los atletas estarían entrenando, y el último mes debían estar obligatoriamente bajo la mirada de los Jueces de Elis. Los atletas llegaban con una espartana bolsa de equipamiento. Sin calzado, ni pantalones; sólo un jarro de aceite de oliva como protector para el sol y un *strigil*, una cuchilla curva para quitar el aceite del cuerpo al final del día. Su entrenamiento estaba organizado por los oficiales y se realizaba en el gimnasio, *palaistra*, y en la pista de entrenamiento. Los ejercicios prácticos estaban impuestos por los *paidotribai*, infames y estrictos entrenadores. A los atletas se les ponía en forma de un modo muy estricto, mediante régimen, dieta estricta, y normas de élite para clasificarse para los Juegos.

El filósofo del siglo primero Epicteto, uno de los grandes cronistas de la historia de la vida bien vivida, y gran aficionado a las Olimpiadas, describió detalladamente las exigencias a los atletas contemporáneos: "Dices, 'quiero ganar en Olimpia'... si realmente quieres, tienes que obedecer las instrucciones, comer de acuerdo a las regulaciones, olvidarte de los dulces, seguir un programa fijo de ejercicios tanto en el calor como en el frío; no debes beber agua fría ni puedes beber vino cuando quieras. Debes ponerte en manos de un entrenador de la misma forma que lo harías con un doctor. Luego en la competición en sí debes apretar y ser apretado, habrá veces en las que te tuerzas una muñeca, o un tobillo, puede que tragues puñados de arena, o que seas azotado. Y sobre todo habrá veces que pierdas".

Durante este período los oficiales Olímpicos comprobaban las credenciales de los atletas, especialmente si eran o no auténticos descendientes de griegos –por que sólo los auténticos griegos podían competir en la tierra sagrada del santuario de Zeus. Los bárbaros (aquellos que no hablaban griego) podían mirar pero no competir. Los atletas eran minuciosamente examinados. Se descalificaba a los menos cualificados; sólo a los mejores de entre los mejores se les permitía competir por la gloria de Zeus. Los oficiales decían a los atletas: "Si has trabajado duro como para ser merecedor de ir a Olimpia, si no has hecho nada indolente o innoble, anímate y adelante; pero aquellos que no se han entrenado así pueden irse a otro lugar".

Dos días antes del festival, la procesión de jueces, sacerdotes y competidores –estos últimos acompañados de sus padres, hermanos y entrenadores– con caballos y carros en sus mejores galas, partía de Elis y recorría el trayecto sagrado hasta Olimpia, una distancia de unos cincuenta y ocho kilómetros. A lo largo de la ruta, los sacerdotes podían parar la procesión para sacrificar un cerdo o realizar otros ritos que recordara a todo el mundo el fin último de los Juegos, rendir homenaje a Zeus.

Cada día de los antiguos Juegos era como un acto dentro de una gran obra de teatro –la exposición y el desenlace de la trama dramática: ¿qué es digno de ser recordado, imitado, o proclamado? Aquí, en una atmósfera de festividad sagrada, preparación espiritual, y respeto por la competición justa como último árbitro de la valía del atleta, nosotros encontramos las raíces de nuestras propias respuestas profundas a lo que Píndaro llamó "la espléndida lucha". Basados en la oración, el sacrificio, los votos y la acción de gracias, los Juegos comenzaron, se desarrollaron, y terminaron en un ritual. Las pruebas se consideraban ofrendas a los dioses, se realizaban en honor de la propia familia o la propia ciudad, con un espíritu heroico. La escritora y naturalista Annie Dillard captó la belleza del enfoque sagrado en su libro *Holy the Firm:* "Todos los días son dios, cada día es un dios, y yo venero a cada uno de estos dioses. Rezo cada día astillado y envuelto en el tiempo como una cáscara, una cáscara con muchos colores extendiéndose rápidamente por las grietas de la montaña." Estas palabras podrían haber sido las de un peregrino despertándose en Olimpia el primer día del festival.

EL PRIMER DÍA

El primer día se inauguró el festival con ceremonias, rituales, concursos para los heraldos y los trompetistas, y concursos para chicos. Por la mañana, los atletas, entrenadores, padres, hermanos y tíos comenzaron con una procesión ceremonial hacia el *bouleuterion*, el Edificio del Consejo, o Ayuntamiento, donde se guardaban los archivos Olímpicos, para realizar el juramento Olímpico. Resaltando la dedicación de la competición a la gloria de Zeus, los atletas se colocaban ante la estatua de Zeus Horkios, el que hace cumplir los juramentos, quien sostiene un rayo en cada mano —según Pausanias una imagen que infunde terror en los corazones de todos los que la ven. Los diez jueces examinaban de nuevo exhaustivamente a los atletas, estos jueces vestían el color púrpura real en honor del rey Ifito. Luego repetían el juramento sobre las entrañas de un animal sacrificado. Pausanias escribe: "Se ordena a los atletas, sus padres y hermanos, y sus entrenadores que juren sobre la carne de los cerdos salvajes que no harán ningún mal a los Juegos Olímpicos. Los atletas... además, juran que han estado entrenando estrictamente durante los últimos diez meses".

Pausanias añade que los jueces hacen su juramento particular de que "juzgarán de forma justa y sin aceptar sobornos, y de que guardarán en secreto todo lo que sepan sobre los atletas". Se caracterizaban por su imparcialidad y sus honestos veredictos. Según la tradición, la carne bendecida no se comía. Como dice Francis Huxley, el sacrificio ritual es "la muerte que da la vida". Un sacrificio, literalmente, es un acto que "convierte algo en sagrado". En el caso del festival de atletismo, sacralizaba las pruebas que iban a desarrollarse. Sin los sacrificios, los griegos creían que el festival no sería sagrado sino profano –lo cual está fuera de lo sagrado.

Después de la ceremonia de los juramentos, el atleta era libre de vagar por el Altis, el recinto sagrado, y admirar los altares, como los levantados en honor de Hera, Hestia o Gea, y el mayor de todos, el dedicado a Zeus. Dependiendo de la confianza que tuviera en las competiciones venideras, un atleta podía sacrificar un animal y ofrecerlo a su dios local o su héroe, sea Zeus, Hermes, Apolo, Hércules o incluso Pelope, o incluso buscar un sacerdote que examine las entrañas del animal para buscar augurios de victoria. Gardiner escribe: "A lo largo del día había muchos sacrificios tanto públicos como privados de los cuales no sabemos nada. Los competidores ofrecían sus votos ante los altares de varios dioses o héroes a los que veían como sus patrones. La multitud de visitantes vagarían por el *Altis*, persiguiendo a las celebridades, sean atletas o de otro tipo, admirando las esculturas del nuevo templo, o escuchando a algún orador recitar a Homero, o a algún poeta leer sus versos, o a algún otro exponer su elocuencia o razonamientos."

Mientras merodeaba por el santuario, el atleta podía visitar el Herarion, donde se guardaba el disco, como un jugador de hoy en día puede visitar el Salón de la Fama. O podía pasear por el templo de Zeus admirando las esculturas conmemorativas de los doce trabajos de Hércules situadas en las metopas en lo alto de las columnas, al igual que un jugador del All-Star hoy en día puede maravillarse al ver las banderas del campeonato en lo alto de las vigas del Boston Garden o las placas con los nombres de los antiguos grandes jugadores de los Yankees en el centro del campo del estadio de los Yankees.

Pero más allá de esta atmósfera de rituales, el esplendor de los templos, y lo romántico del estadio, el gimnasio y el hipódromo, la experiencia era traumática para la mayoría de los atletas y espectadores. "Los Juegos Olímpicos son bastante incómodos", escribe Epicteto. "El sol te quema y la multitud te aplasta. No hay baños decentes. Te empapas cuando llueve y te ensordece el ruido constante. Pero merece la pena por los brillantes eventos que puedes ver."

La tarde del primer día se dedicaba a tres pruebas —carrera, lucha y boxeo juveniles, es decir, para los que tenían menos de dieciséis años.

El campeón de lucha juvenil en la decimosexta Olimpiada en el año 540 a.C. fue Milo de Crotón (ahora en el sur de Italia), que siguió ganando el título de lucha de los hombres durante seis Olimpiadas consecutivas, la última en el año 516, cuando tenía más de cuarenta años. También ganó varios títulos de lucha en los Juegos de Pitia, Istmia y Nemea. Abundan las leyendas sobre su fuerza. Los escritores antiguos dicen que se entrenó para los Juegos llevando todos los días a sus espaldas un ternero hasta que se convirtió en un toro. Pero no sólo admiraban su fuerza, sino su control de ese poder. Este autocontrol fue alabado en muchas leyendas, como aquella en la que podía agarrar una granada con su mano tan fuertemente que nada podía arrebatársela, y a la vez tan suavemente que no derramaba ni una sola gota de su jugo. También se le conocía por su habilidad para mantener en equilibrio un disco de hierro engrasado con aceite de oliva, y derrotar a cualquiera que tratara de quitárselo.

Su identificación con el mítico Hércules, cuya misión era también controlar su inmensa fuerza, está implícita en todas las historias asociadas con Milo, incluida aquella en que vestía una piel de león y llevaba un garrote a la batalla. Se le conocía también por poner a los compañeros y amigos por delante de él, como en la historia aquella en la que sujetó un tejado de un vestíbulo que se estaba derrumbando hasta que todos escaparon, y sólo despés salvarse a sí mismo.

Hoy en día honramos a los atletas de acuerdo con los valores de nuestro tiempo. De igual forma los antiguos griegos guardaban cientos de historias que encarnaban sus ideales, como la legendaria armonía entre cuerpo y alma, entre fuerza y coraje de Milo. Estos relatos, en su viaje a través de los siglos, nos han traído el espíritu de los antiguos Juegos –un idealizado espíritu reflejado en las palabras del gran cronista de deportes y filósofo Red Smith: "La gente que presume de contar las cosas como son realmente, le haría al mundo un favor si las contara como deberían ser".

EL SEGUNDO DÍA

Para la mayoría de atletas y peregrinos, los Juegos no empezaban realmente hasta la mañana del segundo día. Esa mañana es cuando se programaban las inmensamente populares carreras de carros y de caballos en el hipódromo, una pista rectangular de seiscientas yardas diseñada frente a un alto terraplén donde se situaban los espectadores. El espectáculo comenzaba con una procesión oficial que hacía su entrada en el hipódromo, dirigida por los jueces, vestidos con guirnaldas y ropajes reales; el heraldo y el trompetista; y los carros de dos ruedas, cada uno tirado por cuatro caballos, que competirían en la primera carrera.

Cuando todos estuvieran preparados, el heraldo proclamaba los nombres de cada competidor, el nombre de sus padres y sus ciudades de origen, y preguntaba si alguien tenía alguna acusación contra ellos. Si nadie acusaba a los atletas, se declaraba el comienzo de los Juegos.

Los carros se alineaban a lo largo de la tambaleante verja de salida y esperaban la señal que daría un elaborado mecanismo consistente en un delfín de bronce que descendía hasta la puerta, desencadenando un águila de bronce que echaba a "volar". Según Pausanias, "De ahí en adelante todo es cuestión de la habilidad de los conductores y de la velocidad de los caballos".

En su obra *Electra*, Sófocles nos dejó una impresionante descripción de la tragedia de Orestes en una carrera de carros en los Juegos Píticos:

Manteniéndose erguidos, después que los jueces hubieron asignado, según la suerte, el puesto de cada uno de ellos, en cuanto la trompeta de bronce hubo dado la señal, se precipitaron, excitando a sus caballos y sacudiendo las riendas, y todo el estadio se llenó con el estrépito de los carros resonantes; y el polvo se amontonaba en el aire; y todos, mezclados juntamente, no ahorraban los aguijones y cada uno quería adelantar a las ruedas y a los caballos agitados del otro; porque éstos arrojaban su espuma y sus ardientes resoplidos sobre las espaldas de los conductores de carros y sobre el círculo de las ruedas. Orestes, acercándose al último límite, lo rozaba con el eje de la rueda, y, soltando las riendas al caballo de la derecha, contenía al de la izquierda. Ahora bien: en aquel momento, todos los carros estaban todavía en pie, pero entonces, los caballos del hombre de Enía, hechos duros de boca, arrastraron el carro con violencia, y, al volver, como, acabada la sexta vuelta, comenzaban la séptima, chocaron de frente con las cuadrigas de los libios. Una rompe a otra y cae con ella, y toda la llanura de Crisa se llena con aquel naufragio de carros.

Como ritual de clausura de la carrera de carros, el heraldo anunciaba el nombre del vencedor, seguido del nombre de su padre, y la ciudad de procedencia. Sólo los griegos más ricos podían permitirse tener caballos, y era el propietario del carro ganador quien recibía la recompensa de la corona de hojas de olivo extraída del olivo sagrado junto al templo de Zeus. Pero los propietarios rara vez participaban en las carreras, así que estos tenían esclavos, soldados o incluso mujeres que lo hacían. Por eso nos ha llegado do-

LOS ORÍGENES DE LAS ANTIGUAS PRUEBAS OLÍMPICAS

Prueba	Año (a.C.)	Procedencia del vencedor
Carrera de 200 metros	776	Elis
Carrera de 400 metros	724	Elis
Carrera de 4800 metros	720	Esparta
Pentatlón	708	Esparta
Lucha	708	Esparta
Boxeo	688	Esmirna
Carrera de carros	680	Tebas
Carrera de caballos	648	Crannon (Tesalia)
Pankration	648	Siracusa
200 metros juveniles	632	Elis
Lucha juveniles	632	Esparta
Boxeo juveniles	616	Sibaris (ahora S. Italia)
Carrera con armadura	520	Heraea (Arcadia)

Aquí podemos ver la fecha de origen de cada una de las pruebas de los antiguos Juegos Olímpicos y la ciudad o distrito de donde procedía el campeón de ese año. La tabla ilustra la lenta evolución del programa y los períodos de tiempo en que el programa permanecía intacto, hasta la disolución de los Juegos en el año 393 a.D. Fuente: Michael L. Finley y H. W. Pleket, The Olimpic Games.

cumentación de que ciudadanos ordinarios, esclavos y mujeres –principalmente conductores de alquiler –competían y a veces se hacían con la victoria, y más tarde ensalzaban su gloria en canciones y en inscripciones en piedra. La hija del rey Archidamos de Esparta, Kiniska, fue la vencedora en la carrera de carros de cuatro caballos en dos Olimpiadas consecutivas, enlos años 396 y 392 a.C.

Después de la carrera de carros venía la carrera de caballos, una sola vuelta de seis estadios, o 1.100 metros. Era delirantemente peligroso. Los jinetes montaban descalzos y sin estribos, y las crónicas revelan que muchos de ellos caían y morían o quedaban mutilados.

En el lejano siglo VI a.C. se añade el pentatlón –una serie de cinco pruebas –al programa del segundo día. "Cuando el rey Ifito restauró los Juegos, la gente había olvidado las antiguas costumbres", escribe Pausanias, "gradualmente fueron recordando y así fueron añadiendo nuevas pruebas a los Juegos…En la decimoctava Olimpiada recordaron el pentatlón y la lucha". Las cuatro primeras pruebas del pentatlón –disco, salto de longitud, jabalina, y lucha– tenían lugar en frente del altar de Zeus. La quinta prueba, *stade*, carrera de esprint, tenía lugar en el estadio.

En un tono de sobrecogimiento que presagia nuestro respeto por los campeones del decatlón moderno, la octava oda de Baquílides describe a Automedes de Fliunte, ganador del pentatlón en los juegos de Nemea: "Él brilló entre todos los atletas de pentatlón como una luna resplandeciente de mitad de mes atenúa el brillo de las estrellas; incluso mostró su hermoso cuerpo a la gran multitud de espectadores, mientras lanzaba el redondo disco y arrojaba la jabalina de aliso de hoja negra desde su mano hacia las escarpadas alturas del cielo, y provocó la aclamación de los espectadores por sus ágiles movimientos en la lucha final".

En los antiguos Juegos no había salto de altura, sólo estaba el salto de longitud. Sabemos por las pinturas de las vasijas y por las crónicas de antiguos observadores que los atletas sostenían pesos de plomo, llamados *halteres*, y los balanceaban al saltar para poder llegar más lejos. Aunque en las antiguas competiciones no existían los record, hay una inscripción sobre un comandante naval muy estimado, Phayllus de Croton, que dice: "Sobrepasó en uno los quince metros, pero lanzó el disco a uno por debajo de treinta". Considerando que el record moderno de salto de longitud, conseguido por el americano Mike Powell, es de 8,84 metros, los expertos creen que los antiguos escritores estaban describiendo algo parecido a nuestro triple salto. Pero en cualquier caso la fama de Phayllus recae en otra parte. La razón de que nunca ganara en Olimpia fue porque se dirigió allí en el año 482 a.C., justo cuando los persas se acercaban a Salamina. Él y su barco contribuyeron a la defensa de Grecia y así nunca consiguió alcanzar Olimpia. Sus hazañas fueron inmortalizadas por Aristófanes y por Alejandro Magno, asegurándose de que su historia de auto sacrificio por la gloria de Grecia se mantendría viva.

Al final del segundo día, la multitud se reunía en el Pelopeion, el santuario del héroe Pelope, y le rendían tributo con el sacrificio de un carnero negro. Los vencedores de las pruebas del día eran honrados en el santuario; lo que venía después era una segunda noche de jolgorio.

EL TERCER DÍA

Una carrera es una competición entre dos o más individuos, pero también es una metáfora de la distancia que recorremos en la vida. La visión de una simple carrera, tanto de un niño como de un campeón Olímpico, nos proporciona el más simple de los placeres, la emoción más elemental. Homero plasma el deseo universal de correr como el viento en la Odisea cuando describe la petición del astuto Odiseo a Atenea, "Oh, diosa, escúchame, ven y pon más velocidad en mis pies". Veintiocho siglos después, en las Olimpiadas de Los Ángeles de 1984, el director de cine japonés Kon Ichikawa hizo un corto sobre velocistas llamado *The Fastest*[12]. La voz del narrador comentaba, "La carrera de cien metros representa la moderna existencia humana... La mecanizada sed de libertad del hombre moderno convierte diez segundos en una eternidad".

---

[12] "El más rápido".

Algo de este espíritu se condensa en la descripción lacónica del ganador de la primera Olimpiada, en el año 776 a.C. La lista de vencedores simplemente decía, "Kourebos, el cocinero, ganó la carrera". En las primeras trece Olimpiadas la *stade*, carrera corta de sprint, de unos 192 metros a lo largo del estadio, era la única prueba. Incluso después de que se añadieran otras carreras más largas al programa Olímpico, el sprint corto continuó siendo la más venerable de todas las pruebas.

De acuerdo con E. Norman Gardiner, el tercer día, que era el central, se programaba para que cayera en luna llena, posiblemente para rememorar antiguos ritos de fertilidad. Este era el día en que los griegos "partían de cero". Esta antigua expresión tiene sus orígenes en las carreras de las primeras Olimpiadas, las cuales comenzaban con los corredores situados detrás de una línea o raya en la arena[13]. Esta antigua expresión también destaca lo que Luwig Dreeds llama "la base original del festival", la carrera de esprint y el sacrificio a Zeus.

El tercer día comenzaba con una gran celebración religiosa, el punto álgido del festival, marcado por una solemne procesión de embajadores portando regalos de oro y plata, ofreciendo oraciones de gratitud a los dioses, y el gran sacrificio de cien toros en el altar de Zeus. Por la tarde, en esta atmósfera de entrega de regalos, sacrificios y oraciones, se programaban tres carreras. Cumpliendo con el intensificado carácter sagrado del tercer día, cada carrera de ese día terminaba en el extremo oeste del estadio con los corredores de cara al sagrado *Altis*, un recordatorio del objetivo final de su carrera –el honor de Zeus.

La primera carrera, *dolikhos*, era también la más larga –veinticuatro veces la largura de la pista, o 4.600 metros. Después le seguía el *diaulos,* la carrera de media distancia,

---

[13] Esto tiene relación con la versión inglesa de la expresión "partían de cero" que es "start from scratch" es decir, literalmente, comenzar desde la raya.

dos veces la largura del estadio, equivalente a la carrera de 400 metros de hoy en día.

La tercera carrera, el esprint corto, era la más querida de todas las pruebas de Olimpia, no sólo por su honorabilidad, sino también porque la asociaban con Hércules y sus hermanos. A cada Olimpiada se le ponía el nombre del ganador de esta carrera, lo cual ofrecía una manera muy conveniente de establecer una cronología para todos los griegos en una época en que cada ciudad-estado utilizaba un calendario diferente. El escritor clásico Statius ha presentado una inestimable descripción de los esprinters corriendo, golpeando sus pechos para activar la sangre, practicando en cortos y rápidos esprints. Finalmente, un *balbis*, alféizar de piedra, reemplazó a la sencilla raya marcada en la arena. A partir de entonces, la prueba comenzaba cuando los corredores recibían el permiso para apretar sus dedos del pie contra la ranura de la piedra, y se les recordaba que estuvieran atentos a la señal de salida de la carrera —podía ser el toque de trompeta del heraldo o el grito: *¡Apite!* (¡Adelante!). Los corredores demasiado precipitados que incurrían en salidas falsas eran castigados con unos pocos golpes del látigo del oficial.

Uno de los honores más grandes de la antigua historia Olímpica era el título de "Triastes", que se concedía al atleta que ganaba el *stade*, el *diaulos* y el *dolikhos* en el mismo año. Esta increíble hazaña sería más o menos el equivalente en un solo atleta a una combinación cambiante de Paavo Nurmi, Michael Johnson, y Jesse Owens —ganando los 5.000 metros, los 400 metros, y los 100 metros en la misma Olimpiada hoy en día. Aun así, esto se consiguió en cuatro Olimpiadas consecutivas, desde el año 164 hasta el 152 a.C., y lo hizo la misma persona, Leonidas de Rodas; Pausanias lo describió como "doce veces conquistador por la rapidez de sus pies".

El tercer día del festival Olímpico se clausuraba con un banquete ritual suministrado por el sacrificio del día.

EL CUARTO DÍA

El cuarto era el día de los combates, destacando la lucha, el boxeo, y el *pankration*, todos realizados en frente del Gran Altar. Los espectadores gritaban el nombre de sus atletas favoritos y los aclamaban tan estridentemente como los aficionados del boxeo o la lucha de hoy en día. Por consenso contemporáneo, la más dura de las pruebas antiguas era el boxeo. Con sus raíces en los auténticos duelos a muerte en juegos celebrados en rituales funerarios, fue un acontecimiento terriblemente serio a lo largo de la historia Olímpica. Las imágenes de boxeadores que han sobrevivido en esculturas, pinturas y descripciones literarias griegas nos dan una idea de lo desfigurados que quedaban después de años de implacables golpes. Las reglas de la época consistían prácticamente en que no había reglas en absoluto: no había asaltos fijos, no había límites en la técnica excepto para agarrar o para clavar los dedos en zonas sensibles. Un modesto boxeador llamado Andróleo se inmortalizó a sí mismo y a su violento mundo combativo con estas solemnes palabras: "Ahora Pisa tiene una de las orejas de Androleo y Platea uno de sus ojos; en Pytho pensaron que estaba muerto". Los combates podían durar muchas horas, hasta que uno de los boxeadores caía inconsciente, o abandonaba, o quizás moría —lo que se consideraba más honorable que abandonar. La cúspide del éxito en boxeo era ganar sin recibir un sólo golpe de tu rival, pero Dio Chrystostom recuerda una historia que va incluso más allá —la del invicto Melankomas de Caria, ganador de la Olimpiada 207, en el año 49 a.C. Melankomas nunca lanzó un puñetazo, ni tampoco lo recibió. Combinaba el ingenio y las tretas de Odiseo con las tácticas y la técnica del joven Muhammad Ali, y así derrotaba a sus oponentes, esquivando sus golpes constantemente, exasperándoles con su resistencia. Chrystostom creía que Melankomas enfocaba el boxeo de forma artística y filosófica; Melankomas no quería forzar la decisión, ni deseaba quedarse pasivo y dejarse herir. En cambio, cultivó una antigua versión griega de judo, en la que rendirse al espíritu del momento se consideraba fuerza y la suave determinación sobrevive a la fuerza bruta.

El *Pankration* era literalmente un combate de "todo fuerza", y en sentido figurado era un combate del "todo vale". Combinaba boxeo y lucha, y se permitía pelear con las manos, los pies, los codos, las rodillas e incluso con las cabezas, lo cual fomentaba la técnica de clavar los dedos, el estrangulamiento o ahogamiento. El objetivo era la completa sumisión y rendición del oponente. Los aspectos más espeluznantes de la competición quedaban eclipsados por lo que sus partidarios consideraban sus cualidades más radiantes. Ludwig Dreeds explica: "Los atletas que optaban por el pankration necesitaban una gran fuerza de voluntad; no podían mostrar miedo". El campeón más admirado fue Teágenes de Tasos. Pausanias escribió sobre él: "Su ambición fue, creo, competir con Aquiles, ganando un premio por correr en la patria del más veloz de aquellos a los que llamaban héroes. El número total de coronas que ganó era de mil cuatrocientas".

De todas las pruebas de los Juegos, la que mejor evoca sus orígenes marciales sería el *hoplitodromos*, la carrera con armadura. Ver a los atletas vistiendo cascos de metal y blandiendo escudos de bronce mientras corrían dos veces el largo del estadio —casi cuatrocientos metros —bajo el calor abrasador de la tarde debe haber sido un duro recordatorio del propósito original del atletismo —la preparación para la batalla. Pausanias incluso asegura que el evento se realizó por primera vez en 520 a.C., en la Olimpiada 65, bajo la apariencia de un ejercicio militar.

EL QUINTO DÍA: ACLAMACION AL VALIENTE GANADOR

Según el antiguo dicho griego, "si un hombre es bueno, es feliz; si es feliz, es bueno". En la atmósfera sublime de las antiguas Olimpiadas los vencedores eran hombres buenos y muy felices, y eran renombrados como corresponde. Así, el último día lo pasaban haciendo banquetes y divirtiéndose.

A los ganadores les llevaban en procesión hasta el antiguo olivo sagrado de Zeus, donde, siguiendo la antigua tradición, un chico cuyos padres estuvieran todavía vivos cortaba una rama frondosa del olivo con una hoz de oro. Las hojas se entretejían formando coronas que se entregaban a los vencedores en frente de la estatua de Zeus. Estos daban gracias al dios, y después se anunciaban sus nombres a la gran multitud. Finalmente, a cada vencedor se le entregaba una hoja de palma, un antiguo símbolo de victoria. Después de coronar a todos los vencedores, los padres, hermanos, amigos y demás invitados corrían a felicitarles, y los espectadores entusiasmados arrojaban puñados de hojas y pétalos de flores al aire.

Durant escribe, "Aquí bajo la rúbrica de juegos atléticos, encontramos la verdadera religión de los griegos —el culto a la salud, la belleza y la fuerza". Hoy en día, cuando los comentaristas se refieren a los deportes como nuestra "religión" no están esclareciendo únicamente un fenómeno moderno sino que están evocando las raíces de la civilización occidental. En la antigua Grecia, el deporte era una de las muchas formas veneradas de crear comunidad una y otra vez. De una forma muy parecida, nuestra cultura moderna del deporte también es una experiencia comunitaria sentida con pasión, una de las pocas que nos permite sentir nuestros valores compartidos, las emociones comunes y los sueños colectivos.

LAS MUJERES OLÍMPICAS

Una de las historias más antiguas de la fundación del santuario Olímpico, el enlace divino entre el rey Pelope y la reina Hipodamia, incluye una simetría diferenciada por sexos inusual en la antigua Grecia. Mientras que los

Juegos Olímpicos fueron establecidos por Pelope en agradecimiento a Zeus por su victoria sobre el rey Oinómaos, Hipodamia inició los juegos de mujeres, los Heraea, en honor de Hera, la esposa de Zeus.

De acuerdo con el profesor de clásicos Thomas F. Scanlon, el festival de mujeres se celebraba un poco antes de cada Olimpiada. El evento central era un conjunto de tres carreras para mujeres organizadas por la mujer más destacada de la cercana Elis. Sólo han sobrevivido tres relatos que nos dan una idea del papel que representaron las mujeres en el atletismo griego, la más importante es la descripción que hizo Pausanias del Heraea: "La competición consiste en tres carreras para doncellas de varias edades: en la primera carrera están las más jóvenes, en la siguiente aquellas un poco más viejas, y en la última de todas las más viejas. Todas corren con el pelo suelto por la espalda, con una túnica corta que les cubre justo por debajo de las rodillas, y con el hombro descubierto hasta el pecho. Usaban el hipódromo oficial de Olimpia, pero le acortaban una sexta parte de un

Mujeres velocistas corriendo en el Heraea, o las Olimpiadas Femeninas. Cerámica griega de arcilla roja, finales del s.VI a.C.

estadio (160 metros). Las vencedoras recibían una corona de hojas de olivo y parte de la vaca sacrificada a Hera."

Las ganadoras del Heraea tenían el privilegio de inmortalizar su victoria Olímpica con una obra de arte. Pero en lugar de erigir estatuas como los hombres, las mujeres encargaban pinturas de ellas mismas, las cuales se colgaban en las columnatas del templo de Hera, cerca del lugar donde reside encendida la antorcha hoy en día.

Las estrictas reglas contra la participación de las mujeres en la principal competición Olímpica, y las críticas incluso contra su participación como espectadoras, son parte de un problema más amplio sobre el lugar que ocupaban las mujeres en la antigua sociedad griega. Richard Woff, profesor de la Universidad de Londres, atribuye su exclusión a la asociación que se hacía entre el atletismo y la guerra. "Como eran los hombres los que libraban las batallas, el atletismo estaba conectado con la idea de ser y de convertirse en hombre. Por esta razón, habitualmente no había lugar para las mujeres en el atletismo de la antigua Grecia."

Sin embargo había algunas excepciones, que conocemos por la evidencia de "una sola piedra", citando la inolvidable frase de H. A. Harris, ávido deportista y profesor de clásicos en St. David's Collage en Gales. Una sola inscripción en Delfos describe con orgullo las victorias de tres hermanas que ganaron corriendo, y las carreras de carros en eventos atléticos de mujeres en Delfos, Nemea, Sición y Epidauro. Aparte de este trocito de evidencia en piedra, sólo tenemos las recomendaciones de Platón, en *La República*, de que las mujeres deberían recibir entrenamiento atlético en el estado ideal, además de escritos históricos en los que se habla de que las mujeres de Esparta eran animadas a entrenar vigorosamente en atletismo. También hay algunos informes aislados de mujeres luchando contra hombres en la isla de Chios y en lo que ahora es Italia, como certifican Suetonio y Juvenal. Aparte de esto, sólo hay un largo silencio sobre las oportunidades de las mujeres en la vida deportiva del mundo clásico.

EL DECLIVE Y LA CAÍDA

Irónicamente, hacia la mitad del siglo V a.C., durante la llamada edad dorada de Grecia, la esencia de los Juegos comenzó su lento declive. La razón de que se diera esta paradoja se puede atribuir al incremento de la riqueza, la prosperidad y el poder de razones que se suelen citar es el debilitamiento del fervor religioso, sugiriendo que los Juegos habían mantenido su vitalidad mientras tuvieron ese alto propósito espiritual –honrar a Zeus. Hubo otros factores como el cambio de enfoque de los atletas a los espectadores y un aumento del énfasis en los premios y las recompensas que se daba a los atletas en sus lugares de origen, lo cual llevaba a todo tipo de engaños, como el soborno de entrenadores y de jueces. Más adelante, comentaristas como Epicuro y el físico Galeno –al igual que algunos intelectuales de hoy en día que se sienten eclipsados por el culto a las celebridades del deporte– criticaban el interés que se ponía en los Juegos.

Después de que se prohibiera el festival en el año 393, y los templos fueran arrasados en los años siguientes, una serie de terremotos (en los años 522 y 551) y varias inundaciones sepultaron el lugar bajo doce pies de fango. El santuario quedó oculto y olvidado durante los siguientes doce siglos. Aun así todavía se podían oír reminiscencias de los antiguos juegos, como los gritos de la diosa Eco, que se quedaba atrás cuando los otros dioses huían al venir el nuevo dios y la nueva religión. Sus gritos pueden ser percibidos todavía por aquellos que han aprendido a escuchar. De la misma forma el espíritu Olímpico continuó viviendo, preservado en las crónicas y en ollas, vasijas y murales, entretejido entre la poesía clásica, la filosofía y el teatro. Los eruditos del renacimiento escucharon estos ecos al traducir a los autores clásicos, y también los arqueólogos alemanes del siglo XVIII que excavaron entre las silenciosas piedras de Atenas, Olimpia, Delfos y otros lugares. Estas traducciones y estos descubrimientos llamaron la atención de

Soutsos en Grecia, de Brookes en Inglaterra y de Coubertin en Francia. Al igual que el joven Pericles había reprendido a los ciudadanos de Atenas por su "inferioridad respecto a los espartanos en la excelencia física", estos tres hombres regañaron a sus compatriotas por su falta de forma física, y después ofrecieron la visión del restablecimiento de la competición atlética para que los hombres del mundo moderno, y también las mujeres, puedan volver ganar su honor, dignidad, salud y espíritu. Sus funciones superpuestas en cuanto a la reactivación del espíritu de las antiguas Olimpiadas son una evocación de la historia de Píndaro sobre Alkimedon de Algina, campeón de lucha en los Juegos del año 460 a.C., que "insufló vida en las narices de su anciano abuelo". De la misma forma, estos tres visionarios, buscaban insuflar un nuevo hálito de vida en los viejos Juegos y reavivar la llama sagrada que había ardido durante tanto tiempo en Olimpia. Haciendo esto, ayudaron a reavivar el mito del deporte, el sueño colectivo de que las formas nobles de jugar —el juego serio —pueden renovar el cuerpo, la mente y el alma. Sus esfuerzos también reavivaron nuestra antigua capacidad de experimentar lo que Michael Murphy llama "el éxtasis esencial del deporte". Hemos estado, desde entonces, "más allá de nosotros mismos" —significado original de *ecstasy* —con emociones enfrentadas de orgullo y dolor, amor y pesar, mientras los festivales Olímpicos representan para nosotros el sueño universal de superar las grandes luchas de la vida con coraje y determinación.

CAPÍTULO IV

LA LUCHA POR RENACER
Y EL PASO DE LA ANTORCHA
1896-1980

Lo más importante en los Juegos Olímpicos no es
ganar sino participar; lo más importante en la vida no es
el triunfo sino la lucha.

El Credo Olímpico

Una cierta imaginación mítica, impregnaba los antiguos Juegos. Los mitos se veían como historias sagradas de cómo surgían las cosas, y los que se referían a las Olimpiadas elevaban la importancia del festival conectando el lugar, los eventos y los atletas con lo sagrado. Los mitos se reforzaban con la pasión de los griegos por los rituales y las ceremonias, lo que acentuaba sus deseos de agradar a los dioses con muestras de piedad religiosa, poesía, música y baile, además de destreza deportiva.

Lo que el psicólogo y humanista Rollo May llama "el llanto por el mito" es el anhelo que hay en toda generación por historias que nos guíen, "pautas de intenciones" comunes, que nos mantengan unidos en comunidades. May descubrió, en sus cincuenta años de trabajo como psicoanalista, que la mayoría de los mitos están profundamente conectados con "la pasión por encontrar nuestro sitio". Este es el tema principal del padre de todos los mitos, la Odisea —el largo y difícil viaje para volver a nuestro hogar o para crear uno.

Los mitos que se difunden por las Olimpiadas modernas consisten en historias, sueños, rituales e imágenes de las dimensiones profundas de la vida deportiva, y estos finalmente nos enlazan con la historia general del mundo moderno. La relación entre los mitos antiguos y los mitos modernos de los Juegos es una relación íntima; ambos responden al deseo sagrado de historias que nos conecten con los dioses y con el espacio sagrado, y ambos nos proporcionan un sentido colectivo. En nuestra propia época, esas historias narran la ferviente búsqueda de nuestras raíces, la búsqueda de la historia que nos arraiga. Los deportes en general, y las Olimpiadas en particular, nos enraízan individual y colectivamente a una época y a un lugar mágicos. Por esta razón han sido elevados a un lugar de importancia mítica en la imaginación cultural como una de las experiencias de mayor poder de comunión y por eso los deportes tienen un poder de absorción sobre nosotros que a veces parece irracional, tenaz y extático.

Según me dijo la mitóloga Rebeca Armstrong en una entrevista reciente, "Los deportes nos llevan justo al corazón del mito y el ritual. ¿Dónde más podemos sentir la exaltación del hombre en su momento desafiante del triunfo temporal –donde la fragilidad y el carácter mortal del cuerpo humano son vencidos por unos maravillosos segundos y podemos ver a nuestros compañeros mortales brillando con el poder de los dioses? Los juramentos de honor, los desfiles, los uniformes, las medallas, todo es análogo a las mitologías del guerrero. Estos son los héroes que nos hacen creer que el abismo entre la tierra y el cielo no es tan grande como parece".

Desde su resurgimiento en 1896, las Olimpiadas han estado rodeadas por tantos mitos como remolinos de polvo bajo los pies de los velocistas de clase mundial. Como hemos visto, hubo una considerable controversia sobre quién se llevaba el crédito de la fundación o restablecimiento de los Juegos modernos, así como hubo multitud de historias pugnando por la distinción de ser la historia oficial de la fundación de los antiguos Juegos. La creencia popular mantiene que los Juegos modernos nacieron de la robusta imaginación del barón de Coubertin, tal y como Atenea salió a borbotones de la cabeza de su padre, Zeus. Pero, como descubrió David C. Young, los primeros resurgimientos fueron celebrados décadas antes –en 1859 en Grecia, en 1866 en Londres, y en 1870 de nuevo en Atenas. Young escribe: "El hecho de que no fueran internacionales no les excluye de ser Olímpicos, tenían el espíritu y el nombre".

Después estaba el malintencionado mito del amateurismo, una fantasía del siglo XIX, destinada a recordar a los atletas modernos las puras intenciones de los atletas de la antigua Grecia pero lo que realmente pretendía era impedir la participación de las clases bajas en los Juegos, muchos aristócratas pensaban que los Juegos eran sólo para ellos. Young escribe en *The Olympic Myth of Greek Amateur Athletics*, "El amateurismo era un concepto estrictamente moderno nacido en Inglaterra no hará más de un siglo. Comenzó como un medio ideológico de justificar un sistema atlético elitista que buscaba eliminar a las clases trabajadoras de las competiciones. La mayoría de la gente hoy en día cree que el amateurismo de alguna manera era el estado original de nuestros deportes organizados, y que los deportes profesionales invadían un sistema amateur más antiguo. Lo contrario es la verdad".

La repentina explosión de deportes competitivos al principio del siglo XIX, experimentada en Inglaterra, Escocia, y en los Estados Unidos, desembocó en el "profesionalismo". Salarios y asalariados iban unidos –unidos como un guante de béisbol –evocando exactamente el significado original de la palabra griega *athlete*, "competidor por un premio", que deriva de *athlein*, "competir", y *athlon*, "premio". Era tan estimulante la incursión de las pruebas en todo desde boxeo hasta las carreras de caballos, de remar a correr, que los atletas de la clase trabajadora podían vivir de ello viajando de un lugar a otro, al igual que hacen los atletas de hoy en día. También precipitó una feroz resistencia de la recientemente formada clase amateur, principalmente miembros de la aristocracia terrateniente que estaban muy dispuestos a competir sólo con aquellos de su propia clase. Así, se sembró la semilla para la mitificación de la idea.

En 1931, Coubertin escribió en sus *Olympic Memoirs* que él había "usado un pequeño engaño", una romántica estratagema, una maniobra nostálgica, para atraer la atención que creía necesaria para reavivar los antiguos Juegos: "¡Amateurismo, una momia admirable que se podía llevar al museo…como un espécimen del arte moderno de embalsamar! Ha pasado medio siglo y parece que no han sufrido las manipulaciones constantes de las que había sido objeto. Parecen intactos. Nadie contaba con que iban a durar tanto…Esto me proporcionó una valiosa pantalla para convocar el Congreso de la Restauración de los Juegos Olímpicos. Viendo la importancia que otros le otorgaban en el mundo del deporte, yo mostraré el correspondiente entusiasmo en esa misma dirección, pero sería un entusiasmo sin verdadera convicción".

La frase "momia admirable" refleja que Coubertin comprendía el poder del mito del amateurismo, el cual creía que era realmente antiguo, noble y griego. Algunos podrían cuestionar esto, pero no lo suficiente como para cambiarlo en otros cincuenta años.

Otro poderoso mito que reside en el corazón de las Olimpiadas es el tema perenne del paraíso. Como el rey Ifito antes que él, y como Bart Giamatti, autor de *Take Time for Paradise*, después que él, Coubertin estaba bastante convencido de que los cuestionados Juegos podrían ayudar a traer una era de armonía global, llegando a afirmar: "La paz sólo podría ser el producto de un mundo mejor, un mundo mejor sólo puede ser construido por mejores individuos; y sólo se pueden desarrollar mejores individuos mediante el toma y daca, el amortiguar y golpear, el esfuerzo y la fatiga de la libre competición". Para Giamatti, todo juego, incluidos los deportes organizados y profesionales, "aspira a la condición de paraíso". ¿Y qué es paraíso? Es el sueño de un lugar fuera del tiempo y dentro de un espacio sagrado donde de nuevo somos libres; esta libertad es la que se refleja, "aunque sea fugazmente", en el juego o el deporte.

El afianzamiento de los Juegos Olímpicos al principio del siglo XX significó que una de las tramas más venerables desde la antigüedad –el mito del deporte –había vuelto para renovar los tiempos, y el tiempo a su vez la había reformado. Coubertin y el floreciente movimiento olímpico propusieron una visión mítica del atletismo y el racionalismo como influencias positivas en la juventud del mundo. Sin embargo, esta visión se vio forzada a competir con las abundantes visiones nacionalistas de países orgullosos luchando por el prestigio y el dinero que conlleva el derecho de organizar los juegos.

Los autores de *Selling the Five Rings*, una exposición sobre la comercialización de los Juegos Olímpicos, escriben, "Cuando las nobles cualidades del movimiento Olímpico moderno surgieron a finales del siglo XIX y principios del XX, los fundadores no eran conscientes de las implicaciones de imagen, al menos respecto al mercado de consumo. Sin embargo, las imágenes de paz, tolerancia, buena voluntad, y la participación deportiva del noble amateur –todo ello dentro de una atmósfera de ceremonias y rituales solemnes –llegaron finalmente para dar sus beneficios."

El genio del atletismo clásico era su literal encarnación de la filosofía de la vida bien vivida, la persecución de la excelencia, y el amor a la competición por la competición en sí. Pero sólo lo practicaban hombres jóvenes de familias aristocráticas que no necesitaban trabajar para vivir, esa puede ser la razón por lo que Píndaro y otros idealizaban a los atletas por no tener "motivaciones mercenarias", sólo "amor puro" hacia el entrenamiento y la competición.

El genio del atletismo moderno es el salto espectacular hacia delante hacia la verdadera competición internacional con acceso para las mujeres y para todos los grupos étnicos y raciales –incluso para los discapacitados físicos, los cuales tienen sus propias olimpiadas especiales.

En 1996, el alcalde de Tesalónica, Konstantinos Kosmopoulos, escribió: "Las Olimpiadas modernas, que resurgieron en Atenas, simbolizan la aceptación por toda la comunidad internacional de los valores con profundas raíces inherentes al espectáculo de la competición individual o por equipos, como adaptados a las necesidades de los hombres y mujeres modernos… Son una expresión del deseo de los políticos europeos de establecer una esencial y duradera unidad en nuestra cultura, y de fundar una institución permanente y rotativa que mantendría vivas estas aspiraciones".

Los últimos cien años han puesto a prueba a esta noble fe en los poderes redentores de las Olimpiadas, ya que el itinerante festejo de los Juegos modernos ha puesto en escena banquete tras banquete al que el mundo ha sido invitado. Si seleccionamos lo más valioso de la sabiduría de las Olimpiadas modernas, según el historiador de religión Huston Smith, hay mucho que aprender de cada una de las cuarenta y tres Olimpiadas de verano y de invierno que se celebraron —pero no sólo técnica y estilo. Si miramos más allá del glamour, los escándalos, la violencia y los boicots, podemos descubrir huellas del espíritu antiguo, destellos del fuego clásico, indicios de las nobles cualidades que mantuvieron con vida a los antiguos Juegos durante doce siglos. Pero también podemos descubrir otra pauta, una clase de movimiento cambiante, igual que la antigua forma de jugar y competir cambiaba a una forma más cercana a nuestro mundo.

Para apreciar completamente el continuo cambio —aunque aparentemente eterno— de la representación humana de los deportes Olímpicos en nuestra época, necesitamos la búsqueda por unos momentos en cada Olimpiada que personifique lo que esto implica para un atleta, según las palabras de Bud Greenspan, "entrar en la arena, hacer un intento, y buscar la excelencia". Esos momentos de impresionante belleza, coraje desafiante, y feroz determinación nos recuerda cómo se pasa la antorcha, cómo se cuida del fuego, cómo se elogia al mundo herido. Esto ha proporcionado esperanza e inspiración a millones de personas y lo que el entusiasta deportivo James Michener llama una "extensión de la aventura humana". Es hacia esta gran aventura donde ahora nos dirigimos.

LA GRAN CANCIÓN DEL DEPORTE

Píndaro preguntaba hace unos dos mil años, "¿A qué dios, a qué héroe o a qué hombre debemos cantar?" Todavía nos preguntamos quién es merecedor de que le cantemos, a quién debemos alabar, si merecen una canción, una historia, o una película. Esta pregunta es el largo eco de nuestra búsqueda de las pruebas de la dimensión trascendente de la vida y de nuestra celebración universal cuando lo descubrimos.

Como un chico joven, me quedaría despierto por la noche sosteniendo un transistor en la mano, jugueteando con la antena de metal, colocándome bien los auriculares para poder coger la emoción de los partidos jugados por mis equipos locales de béisbol, fútbol, baloncesto y jockey. Y volaba sobre las alas de esas voces de la WJR de Detroit, y mientras oía el desarrollo de aquellos partidos el amor por mi ciudad crecía y la identificación con ella se intensificaba.

En ese simple acto de apoyo por los equipos de mi ciudad estaba involuntariamente participando en una tradición que se remonta al menos hasta la antigua Olimpia. Así como los espectadores animaban a los atletas de su propia ciudad durante el festival Olímpico, también los campesinos, los residentes de las ciudades y los miembros de las cortes reales a lo largo de los siglos se han identificado con corredores, conductores de carros de carreras, o con equipos y vivían o morían con ellos. Al animar a mis equipos locales yo estaba hundiendo mis raíces espirituales, y profundizando mi devoción al espíritu de la tierra en que nací.

Hoy en día, la fuerza gravitacional de mi afecto por esos equipos de Detroit todavía atrae mi atención hacia las tablas de resultados de las páginas de deportes del *International Herald Tribune,* incluso aunque me encuentre fuera del país. Mi corazón se acelera siempre que veo la palabra Detroit, pero mi alma se agita cuando vislumbro la palabra

Olimpiadas —como si mi sentido de identificación con una ciudad, un estado o un país se ensanchara hasta abarcar el mundo entero.

Mi primer recuerdo de haber leído algo sobre los antiguos Juegos se remonta a una tarde de primavera de 1967, mi primer año en la enseñanza secundaria, cuando durante la cena masculié a mis padres algo sobre irme con el equipo de atletismo.

"Hmm", mi padre refunfuñó y siguió comiendo su filete de Salisbury. "Está bien", dijo finalmente. "Puede que te dé algo de disciplina". Arqueó sus cejas y me preguntó, "¿Conoces el origen de la palabra *atleta*?"

Giré la vista hacia mi hermano pequeño, Paul, reconociendo el habitual preludio de nuestro padre a una charla sobre el genio de los antiguos griegos. Aunque esta vez me sorprendió al pedirme que le siguiera al piso de abajo donde me hizo sentar en una silla junto a la mesa de ping pong. Unos minutos después arrojó sobre la mesa un diccionario y algunos ejemplares pasados del *National Geographic* y empezó a hojearlos.

"Ah, sé que está en alguna parte de esta", dijo cuando encontró el ejemplar de octubre de 1964. Pasaba las páginas mofándose de las pinturas excesivamente idealizadas de los antiguos Juegos en Olimpia y recordándome las brillantes pinturas de las vasijas que me había señalado en el Museo de Arte Metropolitano de Nueva York unos años antes. Aún puedo recordar el retrato de Filípides, el legendario primer corredor del maratón, que cayó muerto de cansancio cuando llegó a Atenas, después de pronunciar su famosa y última declaración: *¡Nenikikamen!* "¡Hemos vencido!" Finalmente encontró lo que estaba buscando.

"Mira, está justo ahí", dijo con orgullo, señalando al diccionario. "Atleta viene de athlon, la antigua palabra griega utilizada para 'lucha'". Después se giró hacia el artículo de la revista sobre los entonces próximos Juegos de Tokio. Su voz se volvió seria como si estuviera a punto de meterse a jugar un gran partido de fútbol. "Esto es, aquí es donde te vas a meter, hijo, un mundo donde el pez grande se come al chico, donde todo es una lucha constante. Pero si aprendes a competir, te irá bien. Por eso los deportes son importantes, te enseñan a tratar con el adversario, a superarte a ti mismo, a creer en ti".

Ese momento brilla en mi memoria. Recuerdo el deseo en la voz de mi padre de que entendiera que hay una gran historia noble detrás de casi todo lo que hacemos. Por eso leemos los clásicos juntos en familia, y por eso él pasaba las tardes de invierno en el sótano haciendo álbumes para su familia, rellenándolos con recortes de artículos de viajes y con revistas de arte, además de fotografías de trenes, aviones, y barcos, estrellas del cine, inventores y héroes del deporte.

Mirando atrás, estoy convencido de que mi padre estaba intentando, a su manera, pasarme la antorcha de la inspiración. Recientemente he pensado en sus esfuerzos mientras leía sobre Sydney Mills, un pobre Sioux Oglagla de la reserva de Pine Ridge en Dakota del Sur, que estaba decidido a que su hijo encontrara y siguiera su sueño de una vida mejor que la suya propia. Para hacer esto, Mills preparó un álbum de recortes para su hijo, con pinturas e historias del gran guerrero *Caballo Loco* y con trozos de periódicos sobre los campeones olímpicos.

Sydney dijo a su hijo Billy, "Los Olímpicos son elegidos por los dioses", y aquellas palabras calaron en el chico durante el resto de su vida mientras luchaba duro para vencer el prejuicio racial, la pobreza, la oscuridad, y la muerte de sus padres.

Sobre la introducción de Mills en el Humanitario Salón de la Fama del Mundo de los Deportes, el autor Nicholas Sparks dijo, "Se echó a correr para escapar del dolor y el vacío que sentía dentro. Como dijo él una vez, 'yo era mestizo y huérfano. Nadie podría sentir más soledad que esa.'"

Cuando Billy Mills descubrió el atletismo, descubrió su sueño. Después de establecer varios records en carreras de larga distancia en la Universidad de Kansas, se unió a los marines y comenzó a entrenarse para la carrera de 10.000 metros de las Olimpiadas de Tokio de 1964. Reflejó el espíritu del ideal Olímpico en su cuaderno de entrenamiento al escribir: "¡Ten fe! ¡Ten fe! ¡Ten fe!" Después realizó su sueño Olímpico cuando corrió (con zapatillas prestadas) como un virtual desconocido en una de las carreras más ilustres de la historia de los Juegos.

Su historia es la esencia del mito moderno: la entrega de la antorcha de la inspiración de generación en generación, el fuego feroz que arde en el corazón para probarnos a nosotros mismos ante un mundo indiferente, y después el deseo de nuevo de pasar la antorcha.

QUE SE REANUDEN LOS JUEGOS

Después del sorprendente éxito de los Juegos de Atenas de 1896, el movimiento olímpico se dirgió hacia el siglo XX. Se adoptaron los ideales del juego limpio y también la democratización del terreno de juego, como refleja la gran variedad de profesiones de los atletas olímpicos. El experto Olímpico David Wallechinsky enumera un amplísimo campo de profesiones: pintor de señales, dentista, albañil, aprendiz de carnicero, maestro de escuela, oficial de artillería, carpintero, fontanero, mecánico, funerarios, rancheros, enfermeros, tenderos, hilanderos, ingenieros de aviación, buceadores, policías, conductores de autobús, y —mis favoritos— un mecánico de máquinas de escribir y un sexador de pollos.

Sin embargo, el antiguo sueño de la hermandad internacional conseguida a través de la competición atlética, y la creencia en que los juegos serían una fuerza que llevaría a la paz, fueron desafiados por la realidad beligerante de su explotación política y comercial. Fue en parte para contrarrestar estas fuerzas frenéticas de nacionalismo por lo que Coubertin había buscado la restauración del programa atlético de la antigua Grecia y la recuperación del natural sentido de orgullo por la propia nación. Su visión era análoga a la de los dirigentes de la antigua Grecia. Soñó con fomentar la identificación de los Juegos con la tierra de uno –pero no a expensas de la tierra de los demás– y con demostrar una y otra vez (cada cuatro años) que el ser humano puede ser pacíficamente competitivo. Su insistencia en que los Juegos deberían representarse en diferentes lugares de todo el mundo era para fomentar el sentido de igualdad entre todas las naciones, y también para estimular la curiosidad por otras gentes. Pero su visión era tan profunda como amplia, tan espiritual y artística como práctica y política.

Susan Wels escribe en *The Olympic Spirit*, "Él también buscó reavivar la conexión espiritual griega entre el arte y el deporte. Los mensajes universales de los Juegos, según vio Coubertin, se debían comunicar a través de símbolos y ceremonias artísticas, como el espectacular vuelo de las palomas que inauguró los primeros Juegos modernos en Atenas en 1896. Con ese espíritu, llegaron otros iconos y rituales".

Para llevar a cabo este sueño, Coubertin incluyó una cláusula en los estatutos Olímpicos sugiriendo que los eventos culturales "de un mismo nivel" se ofrecieran junto con los eventos atléticos. También organizó una conferencia en París en 1906 para llevar a cabo un acercamiento enciclopédico a los antiguos griegos. Dil escribió, "La conferencia recomendó…que las Olimpiadas deberían incluir competiciones oficiales en cinco áreas estéticas: arquitectura, pintura, escultura, música y literatura. Cada cuatro años serían premiados los mejores trabajos que fundaran su inspiración en el deporte."

La visión panorámica de Coubertin se puso en práctica en los juegos de Estocolmo de 1912 y continuó hasta los juegos de Londres de 1948, donde se suspendieron las competiciones oficiales en campos artísticos. Sin embargo, continuaron representándose pero sólo como exposiciones de arte, composiciones musicales, o como ceremonias de apertura o clausura, y también algunos trabajos arquitectónicos que han complementado muchos festivales Olímpicos modernos.

Huston Smith me dijo en una reciente entrevista, "Cuando las ceremonias funcionan de verdad, es por hacer algo más que celebrar, y esto es *descubrir* y *conseguir*. Lo que descubren es la dimensión sagrada que a menudo está escondida; lo que consiguen es un momento de trascendencia. Esto es, la ceremonia señala lo que es divino en el mundo". Fue en este espíritu ceremonial de celebración y trascendencia de las tensiones políticas que invadieron la Europa del siglo XIX donde se reactivaron los Juegos; pero manteniéndolos por encima y más allá del alcance de los políticos, resultaron ser un suplicio, una prueba de resistencia, y un examen de ética para cada ciudad anfitriona durante los siguientes cien años. Sin embargo, el principal sueño de Coubertin de un "renacimiento atlético" puede verse ahora como lo que él audazmente predijo que sería: uno de los hitos del siglo XIX.

A pesar del decidido esfuerzo de los griegos por erigirse en sede permanente para los Juegos Olímpicos modernos, Coubertin pudo persuadir al naciente Comité Olímpico Internacional para establecer las segundas Olimpiadas en su propio país. Se celebraron en 1900, pero con poco entusiasmo, ya que estuvo a la sombra de la Exposición Universal de Paris. Se añadieron nuevos eventos, como el boxeo, el polo, tiro con arco y fútbol, pero estos fueron eclipsados por la peculiar inclusión de más de veinte pruebas de tiro —incluso una con palomas vivas— una prueba de tiro de la cuerda, y una variada prueba de pesas. Ésta fue la única vez que hubo una prueba de croquet en la historia de las Olimpiadas, contemplada por un solo espectador, un inglés que vio cómo los franceses se llevaban las medallas.

La parte positiva es que el ideal Olímpico incluía a las mujeres por primera vez. Charlotte Cooper de Gran Bretaña sustenta el mérito de ser la primera mujer coronada como campeona Olímpica. El 11 de julio de 1900, derrotó a la francesa Helene Prevost en el campeonato de tenis. Pero como los Juegos se prolongaron durante cinco meses y estuvieron tan mal organizados, algunos atletas ni siquiera se dieron cuenta de que estaban participando en una competición Olímpica. La ganadora del campeonato de golf de mujeres, la americana Margaret Abbott, creyó hasta su muerte en 1955 que simplemente había competido en un campeonato local.

Si tiene que haber una recompensa al espíritu Olímpico ese año, tiene que ser para un americano que venció en la prueba de salto sin impulso, el cual había pasado su niñez en una silla de ruedas, parcialmente paralizado por la polio. Afortunadamente para el chico, Ray Ewry, el doctor que le cuidó le recomendó agonizantes pero efectivos ejercicios de salto para fortalecer sus piernas, y él lo llevó a cabo sin fallos. Le apodaron "Deac" porque estaba estudiando para ser diácono, también "el Hombre de Goma" debido a su flexibilidad, y finalmente "la Rana Humana" por su extraña habilidad para saltar desde una postura agachada; Ewry venció en tres pruebas en París: el salto de altura sin impulso, salto de longitud sin impulso, y triple salto sin impulso. En el transcurso de tres Olimpiadas (en 1900, 1904 y 1908) Ewry ganó ocho medallas de oro en pruebas de salto sin impulso. Ewry se llevó algunas medallas más en las Olimpiadas Adicionales de Atenas de 1906 (no oficiales). Nadie ha ganado nunca más medallas, así que Ewry sigue teniendo el record, por así decirlo. Las pruebas de su especialidad se desarrollaron de forma discontinua después de los Juegos de Estocolmo de 1912. Las fotografías de sus impresionantes saltos le muestran como un muelle enroscado con pantalones de gimnasia. Son retratos de coraje y determinación —y del imparable deseo humano de *saltar*.

Las conmovedoras imágenes de Ewry nos recuerdan la maravillosa colección de *¡Jump!*, fotografías de actores famosos, diplomáticos, y comediantes hechas por el famoso retratista Philippe Halsman. Escribe en el relato adjunto, "En un salto, el sujeto, en un repentino estallido de energía,

Ray Ewry mostrando su famoso salto de altura, estilo tijera. Londres, 1908.

supera a la gravedad. No puede controlar simultáneamente sus expresiones, sus músculos faciales y de sus extremidades. La máscara desaparece. Y aparece el auténtico 'yo'". Al igual que el mito supone enmascarar y desenmascarar a los dioses, así el deporte Olímpico supone enmascarar a los excelentes atletas a través de la cobertura de los medios, y ocasionalmente desenmascararlos durante el momento álgido de la competicón, o bajo la luz del flexo de la entrevista posterior a la competición, cuando emerge el auténtico "yo" y captura los corazones de todo el mundo. Con este espíritu, cuando se le preguntó a la estrella de baloncesto

Julius Irving por el secreto de sus saltos desafiando a la gravedad, dijo que él "saltaba por Dios".

La Exposición Universal de San Luis de 1904 es famosa por haber introducido el perrito caliente, el cono de helado, y la canción más tarde inmortalizada por Judy Garland "Meet Me in Saint Louis". La describieron como "una exposición donde también había deportes", una arrogante referencia a los Juegos Olímpicos que ayuda a explicar la desventurada planificación y la poca asistencia de atletas. Sólo trece países enviaron a su equipo. Los otros decidieron no arriesgarse a enviar a sus atletas a cruzar el ancho océano para luego continuar en tren durante otros mil quinientos kilómetros a través de las llanuras en las que muchos pensaban que todavía había indios peligrosos.

Una vez que los Juegos se pusieron en marcha, los atletas americanos lo hicieron bien. Estos iban liderados de nuevo por Ray Ewry; Archie Hahn, "el meteoro de Milwaukee", que ganó los 60 metros, los 100 metros y los 200 metros esprint; el literalmente llamado James Lightbody, que estableció el record mundial en los 800 metros y en los 1.500 metros; y un veterano de la guerra civil de 68 años, Samuel Dubai, que ganó una medalla de bronce como miembro del equipo americano de tiro con arco.

Sin embargo, la reputación de los Juegos de 1904 estará siempre deslucida por haberles llamado los Juegos Antropológicos. Con el pretexto de llamarlo ciencia, se examinó a "grupos étnicos exóticos", o a los llamados gentes primitivas, como Pigmeos, Patagónicos, Filipinos, Moros, Sioux Oglala, Cocopan o Ainus. El engreimiento concernía a si los "salvajes" podían competir con los Europeos y Americanos en carreras y salto de vallas, o en lanzamiento de pesos, lo que un pigmeo africano fue obligado a hacer. Y además se incluyeron deportes nativos como la lucha en el barro, lanzamiento de dardos, escalada de un poste engrasado, y prueba de disparo con arco y flecha.

Coubertin, que no asistió, comentó que tal espectáculo sólo podía haberse producido en América. "Semejante evento, tan contrario al ideal Olímpico, raramente podía haberse desarrollado en algún otro lugar en el mundo que no fuera en esta frontera de los estados del sur…En cuanto a esa escandalosa farsa, por supuesto, perdería todo su atractivo en cuanto los hombres negros, los rojos, y los amarillos aprendieran a correr, saltar y lanzar, y dejaran atrás a los hombres blancos".

Prueba del tiro de la cuerda entre las tribus Sioux Oglala y Arapahoes, como parte de los infames "días antropológicos", competición incluida dentro de las Olimpiadas de 1904.

Sin embargo, si las crónicas de los Juegos de 1904 se leen detenidamente, aun es posible descubrir muestras del espíritu Olímpico durante los cinco meses de competición en San Louis. Según el historiador Olímpico Tom Ecker, un mensajero cubano y corredor de maratón llamado Félix Carvajal reunió el dinero para viajar a Missouri "con una rutina diaria de correr dando vueltas alrededor de la plaza de la ciudad de La Havana… pidiendo contribuciones para poder mandarle a las Olimpiadas". Cuando llegó a Nueva Orleans, perdió todo el dinero para el viaje y los bártulos de atletismo jugando a los dados, así que el resto del camino hasta San Louis lo hizo corriendo o haciendo autostop. Aun así consiguió competir, corriendo con unos pantalones destrozados y zapatos de calle, parándose para charlar con los espectadores y practicar su inglés". Imprudentemente, cogió algunas manzanas verdes de un huerto y después de comérselas le produjeron terribles retortijones –pero con una admirable perseverancia continuó adelante y consiguió un cuarto puesto.

Ya en las primeras Olimpiadas se estableció un notable "patrón de significado". Fue el equivalente moderno a la antigua búsqueda de la excelencia –lo que el nadador Olímpico John Naber llamaría más tarde el cariño de los aficionados por "las historias de determinación". O como solía recordar Vince Lombardi a sus jugadores, "la verdadera gloria está en ser golpeado hasta caer, y después volver. Esa es la verdadera gloria. Ahí está la esencia."

RESTABLECIENDO LOS RITUALES

El Comité Olímpico Internacional (COI) aceptó el plan de Coubertin de reforzar la atmósfera mítica que rodea a los Juegos estableciéndolos en Roma para el año 1908, "como un homenaje internacional al pasado glorioso de Roma". Después de la reciente debacle Coubertin dijo: "Yo deseaba que fuera Roma porque quería que el Olimpismo, después de su regreso de la utilitarista América, se vistiera de nuevo con la toga suntuosa, tejida con arte y filosofía, con la que siempre le he querido vestir". Sus grandes planes para resucitar la decadente fortuna de los Juegos incluían la erección de estatuas de atletas por toda la ciudad; organizar carreras de coches en Milán, combates en el Coliseo, y batallas náuticas en la bahía de Nápoles; y reanudar los concursos de arte y teatro. Desafortunadamente, la erupción del Vesubio en 1906 sumió a Italia en el caos económico, y el COI se vio forzado a cambiar la sede de los Juegos.

Sorprendentemente, Londres aceptó el cambio de sede de los Juegos. Se desarrollaron en el estadio de Shepherd Bush, y a pesar de la presencia de otra exposición universal en los alrededores y la profusión de protestas contra la calidad de los jueces, las Olimpiadas celebradas por los británicos fueron impresionantes.

En contraste con lo que fueron los antiguos Juegos, que rara vez incluían innovaciones, Coubertin promovió la modernización de los Juegos modernos. Pero los cambios que propuso surgieron de la profunda creencia de que el ritual y la ceremonia eran indispensables, si los Juegos querían sobresalir de las competiciones atléticas ordinarias y al final tenerles tanto respeto y reverencia como al festival de Olimpia.

En Londres se entregaron por primera vez las medallas de oro, esto era mucho más ceremonial que la entrega de paraguas, libros y tazas de porcelana a los vencedores de los Juegos de París. Los Juegos de Londres pusieron de relieve la publicación del Credo Olímpico, y un cambio en la ceremonia de apertura que suponía un cambio significativo con el pasado. Durante el desfile de los atletas delante del rey Eduardo VII, los portadores de las banderas de cada nación debían inclinar sus enseñas como un acto de respeto ritual. Sin embargo un atleta rehusó hacerlo. Un campeón americano de lanzamiento de peso, Ralph Rose, ganador de tres medallas de oro, dos de plata y una de bronce a lo largo de su espectacular carrera Olímpica, no bajó las barras y estrellas. Su rechazo no fue un acto de menosprecio al rey sino que fue por respeto a los ideales democráticos y Olímpicos de que todos son iguales a los ojos de Dios. Su compañero de equipo y también de modalidad en lanzamiento de pesos, Martin Sheridan, medalla de oro en los Juegos de Atenas de 1906, pronunció más tarde las legendarias palabras: "La bandera no se inclina por ningún rey terrenal".

Desde entonces nadie lo ha hecho.

Los Juegos de Londres también supusieron el establecimiento de una distancia oficial para el maratón, una de las pruebas modernas más atractivas y populares. La historia es que el COI estableció una distancia exacta de 26 millas, en homenaje a la carrera triunfante de Filípides a lo largo de la carretera desde Maratón hasta Atenas. Pero el rey Eduardo solicitó que el maratón comenzara en la carretera que pasaba por la guardería del castillo de Windsor, para que sus nietos pudieran ver la salida de la carrera, y que terminara en frente de la tribuna real del estadio Olímpico de Londres, para que la reina Alexandra pudiera ver la llegada. La solicitud del rey es la razón de que se añadieran 385 yardas a las 26 millas. El COI se lo concedió.

En la lista oficial de records figura Johny Hayes como el primer vencedor de esta distancia ahora universal. Pero fue Dorando Pietri, un joven fabricante de caramelos de Capri, Italia, que captó el interés del mundo. Las dramáticas fotografías, y las ásperas imágenes televisadas de Pietri terriblemente agotado entrando primero en el estadio, después volviéndose en sentido contrario, parecían confirmar la idea preconcebida del público de que el esfuerzo valeroso es el corazón de la competición Olímpica.

Según la descripción de un periodista británico "mareado de excitación, devastado por las mayores atrocidades de la fatiga, pero indomable, aun así…el desdichado cayó al suelo incapaz de terminar los ciento ochenta metros que le separaban de la victoria frente a la tribuna real. Lo levantaron, y volvió a caer. Luchó dramáticamente durante cuarenta y cinco metros y se desplomó."

En ese momento le agarraron y le pusieron en la dirección correcta, después fue literalmente arrastrado hasta cruzar la línea por bien intencionados hombres, incluido el encargado de la carrera y Sir Arthur Conan Doyle, famoso por escribir las noveleas de Sherlock Holmes. Un oficial justificaba la intromisión diciendo, "Era imposible dejarle allí, porque parecía que podía morir ante la presencia misma de la Reina".

Su gesto espontáneo puede que hubiera salvado la vida de Pietro, al que describieron estando al borde de la muerte con el corazón desplazado media pulgada. Pero la compasión por su estado no llegó a flexibilizar las reglas. Así que fue descalificado por haber recibido ayuda para cruzar la línea de meta; sin embargo, la reina le recompensó al día siguiente con una copa especial de oro por su espíritu y coraje. La combinación del reconocimiento real y la fascinación pública con los actos de indomable fuerza de voluntad convirtieron a Pietri de la noche a la mañana en una noticia sensacional y desencadenó la moda de correr maratones por todo el mundo.

Sin embargo, las cosas no son siempre como parecen. El cineasta Olímpico Bud Greenspan añade un extraño epígrafe a la historia de Dorando. Un miembro del equipo de relevos ganador de la medalla de oro en los Juegos de Londres, Joe Deakin, reapareció a los 91 años para decir que él había visto el final controvertido de la carrera. Dijo, "El problema fue que la gente que estaba apostada a lo largo del camino le iban dando vasos de Chantilly en lugar de agua. Pietri no estaba exhausto, estaba borracho."

Para muchos, los Juegos de Estocolmo de 1912 fueron la salvación del movimiento Olímpico, de tal manera que Coubertin los declaró una "fascinación". También pusieron de relieve innovaciones tecnológicas, como la cobertura mundial de los medios de comunicación, un sistema de megafonía y cronometraje electrónico. Tres de los atletas más populares eran nativos americanos. El legendario nadador hawaiano Duke Kahanamoku se trajo su crol hawaiano y su patada continua y constante, y ganó los cien metros en estilo libre. El orgullo de los Hopos, Lewis Tewanima, ganó una medalla de bronce en la carrera de los 10.000 metros. Pero fue Jim Thorpe, el jugador de fútbol americano del All-American, y estrella del atletismo, por su parte india descendía de los Fox y de los Sac, y por su parte europea descendía de irlandeses y franceses, el que sorprendió al mundo del deporte. Primero, Thorpe, al que llamaban Wa-Tho-Huck, o Camino Soleado, los de su propia tribu, ganó el duro pentatlón; al día siguiente hizo un cuarto puesto en el salto de altura, y quedó séptimo en el salto de longitud; al siguiente día ganó el pentatlón –una hazaña sin precedentes.

Cuando el rey Gustavo V de Suecia entregó a Thorpe sus medallas, dijo, "Señor, usted es el atleta más grande del mundo".

Thorpe replicó simple y humildemente, "Gracias, Majestad".

Al volver a casa después de su espectacular triunfo, le recibieron como un héroe nacional, le honraron con un desfile triunfal en la ciudad de Nueva Cork. Poco después, se formó un comité del COI para tratar las violaciones del cumplimiento arbitrario de las leyes amateur. Cuando se descubrió que Thorpe había jugado al béisbol semiprofesional durante un verano, lo consideraron como una violación de su condición de amateur. Fue rápidamente despojado de esa condición, y confiscaron sus medallas y premios, y anularon sus records.

El inmortal Jim Thorpe, votado mejor atleta masculino de la primera mitad del siglo XX.

La autodefensa de Thorpe sobrevive en forma de carta dirigida a los oficiales internacionales: "Podría ser en parte disculpado por el hecho de que solo era un indio en edad escolar y no sabía nada de este tipo de cosas. No jugué por el dinero. Jugué porque me gustaba el béisbol".

Cuatro décadas después, en 1950, Thorpe fue elegido como el mejor atleta de la primera mitad del siglo por sus impresionantes actuaciones en las Olimpiadas y por sus hazañas en el fútbol profesional y en el béisbol, pero también por su famosa autodefensa que subrayaba la pureza de sus motivos. En la película de 1941, *The Jim Thorpe Story*, fue retratado por el inquietante joven actor Burt Lancaster.

El gran jugador de béisbol Ed Roush relató una conversación que tuvo una vez con Thorpe: "'¿Jim, en esos Juegos Olímpicos alguien te hizo correr a tu más alto nivel?' 'Todavía no he conocido al hombre a quien no pueda ver a mi espalda', me dijo. Yo le creí."

La fuerza sutil de aquellas palabras va al corazón del mito de Jim Thorpe. Su historia revela nuestra ambivalencia hacia el crudo y puro talento, la gran motivación que impulsa a los grandes atletas. Y de una manera más conmovedora, muestra el daño que puede causar el pensamiento mitológico malinterpretado —como el forzoso ideal del amateurismo como estándar de participación en las Olimpiadas, aunque nunca existiera en la antigua Grecia. A Thorpe le quitaron las medallas, un busto del rey Gustavo y un cáliz de plata con la forma de un barco vikingo, y lo enviaron a Lausanne, en Suiza, allí lo dejaron en las estanterías del cuartel general del COI. Según las palabras del historiador Olímpico William Oscar Jonson, estos objetos se convirtieron en "un símbolo de lo que le ocurrió a un ingenuo nativo americano que cayó en las garras de los puritanos santurrones que por aquel entonces corrían en competiciones amateur."

Uno de los más firmes defensores del amateurismo fue Avery Brundage, presidente del COI desde 1936 hasta 1972, quien rechazó repetidos esfuerzos de restablecer los records de Thorpe. Sus críticas reivindican un serio conflicto de intereses, ya que Brundage había competido contra Thorpe en el decatlón y en el pentatlón en Estocolmo, y había perdido.

Finalmente en 1982, el Comité Olímpico Internacional restableció los records de Thorpe, aunque sólo le declararon "co-ganador" del decatlón y del pentatlón. Las medallas se devolvieron a sus hijos; él había muerto muchos años antes, en1953, sólo y amargado, en una caravana en Lomita, California.

RECUPERANDO EL HECHIZO DE LOS JUEGOS

Debido al estallido de la primera guerra mundial, se canceló la sexta Olimpiada, que estaba planificada para Berlin. Wallechinsky se fija en la trágica ironía: "En la época clásica, todas las guerras se suspendían durante las Olimpiadas. En la época moderna pasa justo lo contrario".

En reconocimiento a los sacrificios que habían hecho los belgas durante la primera guerra mundial, los Juegos de 1920 fueron entregados a Amberes. La reanudación de los Juegos fue un adusto recordatorio del fallo del movimiento Olímpico como árbitro en el asunto de la guerra y la paz. Los poderes del eje –Alemania, Austria, Bulgaria, Hungría y Turquía– fueron rechazados y no se les permitió participar, pero otras veintinueve naciones sí tomaron parte con la esperanza de conseguir la alegría de sus ciudadanos.

De acuerdo con el imparable idealismo del movimiento Olímpico, Coubertin añadió varias innovaciones ceremoniales en los Juegos de Amberes. La primera fue la bandera Olímpica con sus cinco anillos entrelazados, la cual, según el barón, estaba basada en una inscripción que él mismo descubrió en un bloque de piedra entre las ruinas de la antigua Delfos. Los cinco círculos, anunció, representaban la unión entre las Olimpiadas antiguas y las modernas a través de la unión en hermandad de todas las naciones de los cinco continentes. Estos estarían representados por los colores de los anillos —rojo, azul, amarillo, verde y negro —al menos uno de estos se puede encontrar en la bandera de todas las naciones del mundo. El barón también señaló que el alcalde de la ciudad anfitriona debería entregar la bandera al alcalde de la siguiente ciudad anfitriona, esto durante la ceremonia de clausura del festival.

Sin embargo, Young cree que esto no era más que un "mito extraordinariamente atractivo", perpetrado por Coubertin. En un artículo de 1996 para la revista *Archaeology*, expone que Coubertin en un principio pretendió que cada anillo representara a una de las cinco primeras Olimpiadas —las que precedieron a las de Amberes —añadiendo otro anillo con cada nueva Olimpiada. Cuando la Primera Guerra Mundial llevó a la cancelación de los Juegos de 1916, Young escribe: "Coubertin le dio al símbolo un significado oficial diferente". Otra de las innovaciones de Coubertin de 1920 que ha perdurado hasta nuestros días, fue el juramento Olímpico, que un atleta del país anfitrión recitaba mientras agarraba una esquina de la bandera Olímpica, durante la ceremonia de apertura. El primer atleta en tener ese honor fue el belga esgrimista Victor Boin. El juramento original decía:

En nombre de todos los participantes prometo que tomaremos parte en los Juegos Olímpicos, respetando y honrando las reglas que los gobiernan, con verdadero espíritu de deportividad, por la gloria del deporte y el honor de nuestros países.

Escarmentado por las dos guerras mundiales y por la naciente guerra fría, el COI eliminó en los años cincuenta la referencia al "honor de nuestros países" por la preocupación de que pudiera fomentar el nacionalismo en los Juegos.

La tercera innovación de Coubertin en los Juegos de Amberes fue el lema Olímpico: *Citius, altius, fortius*, que significa "más veloz, más alto, más fuerte". Más tarde él atribuyó el lema al padre Henri Martin Didon, un fraile dominico francés. Él había oído a Didon usar esta frase latina con sus estudiantes en Arcueil Collage con la esperanza de que despertara el "espíritu deportivo de sus alumnos". Más allá de esta pompa, los Juegos de 1920 dispusieron de un colorido elenco de personajes, incluido el velocista americano Charley Paddock, famoso por sus extravagantes embestidas al llegar a meta, el primer corredor al que llamaron "El ser humano más rápido del mundo". El campeón italiano de maratón Valerio Arri estaba tan exultante por llegar en tercer lugar, detrás de Hannes Kolehmainen ("el veloz finlandés"), que llegó en primer lugar y de Juri Lossmann de Estonia en segundo lugar, que hizo tres volteretas nada más cruzar la linea de meta. El británico Albert Hill, un veterano de la Primera Guerra Mundial, se llevó el oro en los 800 y en los 1.500 metros, mientras que la plata en los 1.500 se la llevó su compatriota Philip Noel-Baker, quien más adelante sirvió en el parlamento durante unas tres décadas. Baker recibió el Premio Nobel de la Paz en 1959 por su apasionada dedicación a la causa del desarme nuclear. En estos Juegos también destacó el inexorablemente resuelto Finn Paavo Nurmi, ganador de los 10.000 metros y la carrera de campo a través. En ausencia de cualquier información fiable sobre él, abundaron los rumores, incluida la prodigiosa historia de que había aprendido a correr compitiendo con el tren local del correo, o el rumor de que subsistía con una dieta de harina de avena, pan negro y pescado. Su propia innovación –la táctica de cronometrarse a sí mismo– inspiró a la vez que molestó a alguna gente en una era en la que el robot se estaba convirtiendo en símbolo del ser humano desalmado. Un periodista contemporçaneo escribió, "Es un Frankenstein mecánico creado para aniquilar al tiempo".

Como filamentos flotantes de metal atraídos por un imán, de la misma forma las leyendas de los deportes absorben los trocitos de verdad que van a la deriva. La época necesitaba un mito para expresar la tensión que acompañaba a la inclusión gradual y a veces humillante de las clases bajas en las competiciones de las clases altas como las Olimpiadas. La historia de Jack B. Kelly cumplía esa función. Esta historia describía a Kelly como un hombre de Filadelfia extraño, pobre, y muy trabajador que fue rechazado por la Regata Henley Royal al intentar competir en la carrera de K1 de remo. En realidad, Kelly era propietario de una compañía de ladrillos, y también era el primer remero de su época, pero sin duda fue rechazado por el club Henley. A pesar del rechazo, Kelly continuó ganando 126 carreras, incluyendo una carrera Olímpica en K1 –venciendo a Jack Beresford, el campeón de Henley. Tiempo después, Kelly formó una familia de la que surgió la futura princesa de Mónaco, Grace Kelly, y un hijo Jack Jr., quien consiguió una medalla de bronce en los Juegos de Melbourne de 1956.

La leyenda dice que después de su victoria en Amberes, envió su gorra verde de carrera al rey Jorge V, junto con una carta que decía solamente "saludos de un albañil".

Como dijo el periodista en el sombrío final de *¿Quién mató a Liberty Valance?* "Cuando tengas dudas, publica la leyenda".

Para orgullo del barón de Coubertin y de sus compatriotas que apoyaron el movimiento Olímpico, los Juegos volvieron a París en 1924. La mitad de los años veinte fueron *les annees folles*, "los años locos" de París, la era del jazz, y el mundo parecía preparado para celebrar un verdadero festival internacional de deportes. Hubo un record de asistencia, cuarenta y cuatro naciones, pero las competiciones estuvieron plagadas de quejas de los visitantes por el provincialismo de los aficionados locales –un eco distante del clasismo de la antigua Grecia. Además de sus groseros abucheos sobre otros himnos nacionales, los espectadores franceses agredieron a un estudiante de arte americano por sus "raíces", un expresivo comportamiento ruidoso que encontraron incivilizado.

Cualquier reportaje fotográfico sobre la historia Olímpica revela que la estrella de los Juegos de París fue el joven nadador Johnny Weismuller. Como inmigrante rumano, se vio forzado a aprender a protegerse en el salvaje mundo de las bandas de Nueva York. Según *El Hijo de Tarzán*, (la autobiografía de Johnny Weismuller escrita por su hijo), Weismuller utilizó los deportes como medio de entrenamiento para ser duro. Decía, "mi padre dijo una vez, 'por encima de la natación, no había nada... sólo sobrevivir'.

En los Juegos de París, el futuro Tarzán de las películas nadaba hacia tres victorias doradas, los cien metros estilo libre, donde superó a su principal rival, Duke Kahanamoku "el invencible"; los 400 metros estilo libre, donde batió el record mundial por 40 segundos; y en los 4x200 relevos estilo libre, como miembro del equipo ganador. También ganó una medalla de bronce como parte del equipo americano de water polo. Finalmente, Weismuller conseguiría sesenta y siete records mundiales diferentes; aun así siempre permaneció imperturbable por la fama y el glamour que venía con sus logros. Weissmuller dijo: "Nunca me he puesto tenso, ni incluso de niño; ni siquiera las Olimpiadas me desconcertaban".

Otros dos Olímpicos de 1924 fueron más tarde mitificados por su actuación en París: el irresponsable inglés Harold Abrahams y el afable campeón americano Jackson Scholz. Los dos esprinters terminaron primero y segundo, respectivamente, en la carrera de los 100 metros. Junto con el campeón de los 400 metros Eric Liddell, fueron glorificados en la película *Carros de Fuego*. El título de la película se tomó de un poema místico de William Blake:

> ¡Tráeme mi arco de oro ardiente!,
> ¡Tráeme mis flechas de deseo!,
> ¡Tráeme mi lanza!, ¡Oh nube, ábrete!
> ¡Tráeme mis carros de fuego!

A pesar del aire festivo, de los numerosos records mundiales, y de la expectación entusiasta del público, hubo algunos abucheos melodramáticos de la prensa de Europa y de Estados Unidos, diciendo que los Juegos de 1924 fueron un fraude y burdamente nacionalistas. Sin embargo, Coubertin se retiró al año siguiente con un humor optimista. Alegremente expresó su confianza en el futuro de los Juegos. "Yo ya he hecho mi trabajo", dijo. "La institución mundial que hemos construido está preparada para afrontar cualquier contratiempo".

En 1928 se celebraron las primeras Olimpiadas de invierno, en Chamonix, Francia, con el nombre de "Semana Internacional de Deportes de Invierno". Los Juegos presentaron competiciones en jockey sobre hielo, patinaje artístico, patinaje de velocidad, salto de esquí, esquí de fondo. Un atleta sobresalió sobre todos los demás: la noruega diminuta de quince años Sonja Henie, cuyo programa de ballet con saltos, giros y una atrevida minifalda no sólo la llevó a la primera de sus tres medallas de oro en patinaje artístico sino que además revolucionó este deporte. Henie se hizo profesional después de los Juegos de Berlín de 1936 y se hizo popular por sus espectáculos sobre hielo y por sus películas, convirtiéndose, según Greenspan, en "la campeona Olímpica de más éxito comercial en la historia". Pero como suele pasar con los campeones olímpicos, el verdadero legado de Henie está más allá de todo eso. Su regalo al mundo del patinaje fue la tremenda alegría que desplegaba cuando estaba sobre el hielo, su orgullosa exposición de la belleza erótica, y su fuerza femenina, que inspiró a millones de jóvenes mujeres para calzarse los patines y seguir sus pasos deslizantes.

Seis meses más tarde, tuvo lugar la novena Olimpiada en Ámsterdam. Se añadieron más rituales y ceremonias para profundizar en el énfasis del verdadero espíritu de los Juegos y para fortalecer el sentido de hermandad internacional mediante el juego limpio y la competición.

La primera llama Olímpica se encendió para que ardiera durante la duración del festival; y a pesar de las objeciones de Coubertin y del Papa Pío XI, las atletas femeninas aparecieron por primera vez en las pruebas de atletismo. Las mujeres habían competido anteriormente en tenis, golf, tiro con arco, patinaje artístico, vela, natación y esgrima, pero se suponía que no podrían resistir los rigores de las carreras. Cuando varias mujeres se desplomaron exhaustas al final de la carrera de los 800 metros, el COI, malinterpretándolo, prohibió correr a las mujeres en esa distancia. La prueba no se restableció hasta treinta y dos años después.

Allen Guttman explica en *The Olympics,* la peculiar proyección de la debilidad en las mujeres y la gran predisposición contra ellas: "el miedo histérico de las 'Amazonas' con el 'desarrollo masculino' era una pesadilla que atormentaba al siglo XIX y principios del XX. Un miedo relacionado con el otro era que las competiciones de deportes intensos ciertamente destruirían la salud de una chica y además podría quedar incapacitada para tener hijos. En definitiva, el criterio para la actividad física de las mujeres de clase media era higiénico y estético más que atlético".

A pesar de las oscuras sombras lanzadas sobre la competición de las mujeres, una joven mujer brilló intensamente. El entrenador de la escuela secundaria de Riverdale en Illinois, había reclutado a Betty Robinson para el equipo de la escuela después de verla correr para alcanzar un tren en el que él mismo se encontraba. "Él sugirió que debería desarrollar mi talento. Hasta entonces yo ni siquiera sabía que existían carreras para mujeres. Robinson de dieciséis años batió a la canadiense Fanny Rosenfeld en los 100 metros –siendo, oficialmente, la primera mujer en conseguir el oro en la pista de carreras– también consiguió una medalla de plata en los 800 metros, y más adelante otra de oro en los 4x400 relevos.

Robinson no sólo desafió a los condescendientes expertos del deporte, tres años después también desafió a la misma muerte. En 1931, casi muere en un accidente de avión. Estuvo varias semanas en coma debido a una conmoción cerebral, laceraciones graves, y una pierna rota. Le llevó dos años volver a caminar. Aún así se convirtió en uno de los encantos del destino al volver a entrenar con tenacidad y finalmente volver a competir. En los Juegos de 1936 ganó otra medalla de oro como parte del equipo americano de relevos en la prueba de 4x400 relevos.

Otra atleta femenina que conmovió los corazones de los espectadores en los Juegos de Ámsterdam fue "La Margarita de Saskatoon", la joven de dieciocho años Ethel Catherwood, una canadiense que hacía salto de altura y que ganó la medalla de oro con un salto de un metro y 56 centímetros. La combinación de un talento excepcional con una deslumbrante belleza se convirtió en un eco del antiguo ideal griego, como refleja la estatua del campeón Olímpico en su inscripción: "Donde se unen la belleza y la fuerza". En el mundo moderno esa combinación es también irresistible para los expertos en marketing de Hollywood, quienes rápidamente fueron a llamar a su puerta. Ella rehusó todas sus ofertas declarando: "Antes pruebo el veneno que dedicarme al cine". Su regreso triunfante a Saskatoon fue tan heroico como el de aquellos atletas de la antigua Grecia, desencadenando la fiesta más grande desde el final de la Primera Guerra Mundial.

Las competiciones de los hombres en Ámsterdam estuvieron dominadas por el infatigable Paavo Nurmi y por el hombre que decía que nunca había perdido una carrera de natación, "ni siquiera en el YMCA[14]", Johnny Weissmuller. Nurmi venció en los 10.000 metros y consiguió el segundo puesto en los 5.000 metros y en los 3.000 obstáculos. Weissmuller consiguió un nuevo record Olímpico en los 100 metros crol y ganó también en los 200 metros relevos. Juntos parecían representar las dos caras del teatro clásico, Dionisos y Apolo —Nurmi como el dios de la muerte agonizante y el renacimiento triunfante, y Weissmuller nadando sin esfuerzo aparente como algo divino, irradiando una luminosa desenvoltura.

---

[14] Young men´s Christian Association (asociación de jóvenes cristianos).

Viendo a Johnny Weissmuller en los documentales clásicos me recuerda los maravillosos versos del poeta Robert Francis en *Swimmer*: "Observa cómo remonta su camino/ Con confianza y la menor violencia, haciendo/ Del amigo extraño, el enemigo aliado." Juntos, el atleta y el poeta evocan el espíritu Olímpico de purificar la vena violenta de la naturaleza humana mediante un aprovechamiento pacífico de la energía del cuerpo y convertirla en armonía con el ritmo de la naturaleza, y así revelar el punto inmóvil dentro del movimiento.

La depresión de 1929 provocó un desastre voraz tanto económica como espiritualmente en todo el mundo, y por eso aumentó la necesidad de diversión e inspiración. En Hollywood se pusieron de moda las películas de evasión de la realidad y las de la lucha de clases, mientras que la atención hacia las estrellas del deporte alcanzaba un nuevo nivel de intensidad y expectación. Las líneas entre el entretenimiento popular, el mundo del espectáculo, y el deporte comenzaron a difuminarse. Al principio de los años treinta, la combinación de las tragedias económicas y los tambores de guerra provocaron demandas de cancelación de las siguientes Olimpiadas en 1932. Se trataba del antiguo tira y afloja entre "realistas", que veían las Olimpiadas como algo trivial o una disipación de las energías nacionales, y los "idealistas", que veían los Juegos como un ritual de afirmación de vida, una fuente de optimismo y un posible defensor de la paz.

El Comité Olímpico de Los Ángeles no iba a ser rechazado. Según escribe Tom Ecker, "Prevalecieron el espíritu y la tenacidad de William May Garland y sus colegas organizadores de los Juegos de Los Ángeles, además del apoyo de los Comités Olímpicos mundiales. Los Ángeles se las arregló para organizar los primeros de entre los espectáculos caros y sumamente organizados que desde entonces se han tipificado como Olimpiadas". Las presiones económicas de la Depresión, ahora a pleno rendimiento, significaba que muy pocos atletas podían viajar para competir. Pero como espectadores lo vieron muchos más que antes, en parte porque los Juegos tuvieron lugar en el bien denominado Coliseum, en el cual cabían hasta 100.000 espectadores.

Los Juegos de Los Ángeles de 1932 se conocieron como los "Juegos de Hollywood", con tantas estrellas del cine en las gradas, Clark Gable o Jean Harlow, como leyendas Olímpicas, Jim Thorpe o Duke Kahanamoku, lo cual dio a las Olimpiadas un nuevo caché. Evelyne Hall, corredora de obstáculos de Chicago, suspiraba, "Era como una tierra de fantasía, nadie pensaba en sus problemas".

El nivel de la competición era excelente, destacando la espectacular actuación de Babe Didrikson y la aparición de otro futuro Tarzán en las pruebas de natación, Buster Crabbe, que ganó los 400 metros en un tiempo record. El gran ciclista italiano Attilio Pavesa se llevó dos medallas de oro, envalentonado por un abundante almuerzo de pasta, bollos, y bocadillos guardados dentro de su camiseta de ciclista. No obstante, una competición especialmente enérgica en el lanzamiento de disco, encabezada por el lanzamiento John Anderson de 49 metros y 40 centímetros, dejó una impresión más profunda que el conjunto de las medallas americanas.

Como los Juegos tuvieron lugar durante la Prohibición, no se permitió el alcohol en la villa Olímpica. Sin embargo el equipo francés presionó para que hicieran una excepción con ellos ya que el vino, argumentaban, formaba parte de la dieta de sus atletas. Su lanzador de discos, Jules Noel, se aprovechó del permiso especial y fue visto repetidas veces "bebiendo champagne con sus compatriotas" en los vestuarios. Bajo la influencia mítica de Dionisos, el dios del vino, Noel puso toda su atención en hacer un lanzamiento aparentemente merecedor de medalla en su cuarto intento —pero los jueces no estaban prestando la misma atención. Estaban atendiendo la competición de salto con pértiga y se perdieron el lanzamiento. Permitieron al francés realizar un lanzamiento extra pero fue incapaz de llegar a la marca de su lanzamiento anterior y terminó cuarto, por detrás de los sobrios americanos.

La persistencia de los organizadores de Los Ángeles pudo ser justificada ya que se convirtieron en el primer festival Olímpico rentable. Aunque también los Juegos de 1932 fueron lo suficientemente satisfactorios en cuanto a la estética como para inspirar al legendario escritor de deportes Grantland Rice, que les llamó "el mayor desfile deportivo en la historia del mundo".

LA PUESTA A PRUEBA DEL ESPÍRITU OLÍMPICO

El biógrafo Milly Mogulof, escribió, "en Alemania el espíritu Olímpico estaba demostrado". Adolf Hitler al principio se resistió a organizar los Juegos de Berlín de 1936, asegurando que la visión Olímpica no era más que "una invención de los judíos y de los francmasones". Pero cedió —y después intentó usar los Juegos como un "festival virtual de propaganda" de sus teorías sobre la supremacía de la raza aria. Las inquietantes noticias de las persecuciones nazis a los judíos encendieron apasionadas llamadas al boicot, basándose en que establecer los Juegos en un país con esa política significaría "ofender el verdadero espíritu de los Juegos", según dijo literalmente un juez americano. Más aun, como dice David B. Kanin, el movimiento de boicot desdeñaba la postura nazi de que "la caballerosidad, la deportividad, y el juego limpio son los vicios del débil más que las virtudes del fuerte y lo que rechazaba a la cristiandad por el paganismo y repudiaba el principio de igualdad, sobre los cuales esta basado el deporte y la política, por el dogma de la superioridad de los arios sobre toda la gente."

Sin embargo, los oficiales alemanes persuadieron al presidente del COI Avery Brundage para que dejara que los Juegos siguieran adelante, aunque les puso la condición de que se permitiera participar a los judíos. "No creo que tengamos ningún derecho a intervenir en esta cuestión," dijo Brundage, razonando su decisión de seguir adelante. "Somos un grupo deportivo, organizado y comprometido para promover la competición limpia y la deportividad. Cuando dejamos que la política, las cuestiones raciales o religiosas, o las disputas sociales se mezclen en nuestras acciones, nos metemos en un gran problema".

Con el malogrado Hindenburg volando por encima de cientos de miles de espectadores cantando "Deutchland über alles"[15], comenzaron los Juegos de un modo inolvidable. La única innovación importante fue la inauguración de los relevos de la antorcha Olímpica –por inspiración de Carl Diem, organizador de los Juegos, quien pretendía "embellecerlos con un aura antigua". La antorcha la construyó la empresa Krupp, la encendieron en el templo de Hera en Olimpia, y tres mil corredores fueron los encargados de transportarla, mediante el sistema de relevos, hasta el estadio de Berlín. La subieron por la empinada escalinata hasta un caldero inmenso, donde estuvo ardiendo durante la duración de los Juegos.

Fue tan emocionante, que el fuego real de los Juegos demostró estar en los corazones y las almas de los atletas que compitieron con el espíritu de los antiguos, creyendo que las Olimpiadas podrían trascender momentáneamente los disparates de la política. Esta esperanza y determinación estuvieron representadas por Jesse Owens. Aunque apenado por el espectro de Berlín, al que llamó "una ciudad sin dios", y ofendido cuando los nazis le llamaron uno de los "auxiliares negros" de los americanos, Owens estaba decidido a competir.

Owens escribió tiempo después: "El propósito de las Olimpiadas era, en cualquier caso, hacerlo lo mejor posible. De acuerdo con lo que aprendí del entrenador Charles Riley, la única victoria que cuenta es la de superarte a ti mismo."

También atrapada en las garras de la política estaba la judía esgrimista Helene Meyer, ganadora de la medalla de

---

[15] "Alemania sobre todo" Himno nacional de Alemania.

oro en los Juegos de Ámsterdam en 1928. Milly Mogulof la describió como una belleza rubia vista como la personificación de la feminidad alemana. Fue tan querida que se vendieron millones de estatuas de porcelana con su figura para adornar las casas de muchos alemanes. Después de conseguir la medalla de bronce en los Juegos de Los Ángeles, se dejó llevar por un deseo incontenible de volver a ganar el título de la mejor esgrimista del mundo y fue atraída a casa por los nazis como su "simbólica atleta judía". Sin embargo el regreso de Meyer se convirtió en un relato sórdido. Mogulof escribió que "ella anhelaba su propio renacimiento como una verdadera alemana y una esgrimista por excelencia". Pero ninguna de las dos cosas ocurrió. Meyer perdió la final y quedó en segundo puesto, por detrás de otra judía, Ilona Elek, de Hungría. Nunca se recuperó de lo que consideró un fracaso. Vivió el resto de su vida en el exilio en California, un símbolo de las fuerzas enfrentadas que llevan al alma de un atleta a volver a nacer a través del deporte.

Una de las lecciones más luminosas de la deportividad en la historia Olímpica fue captada por Leni Riefenstahl en la secuencia del salto con pértiga de su legendaria película sobre los Juegos de Berlín, *Olimpia*. Las brillantes imágenes en blanco y negro muestran una serie de saltadores arrojándose a lo largo de la oscurecida tarde como una tirada de cartas manejada con rapidez. Uno a uno van siendo eliminados mientras la oscuridad va cubriendo lentamente el estadio, hasta que sinuosamente sólo quedan tres saltadores. Bajo la espeluznante iluminación de un puñado de focos, un americano, Earle Meadows, y dos buenos amigos de Japón, Shuhei Nishida y Sueo Oe, continúan valientemente volando cada vez más alto hacia el cielo oscurecido. Finalmente, la barra se coloca en 4 metros y veintisiete centímetros. Meadows planea sobre ella en su segundo intento, pero ni Shugei ni Sueo consiguen superarla en sus tres intentos. Con espíritu de buena deportividad, los tres se apresuran para estrecharse las manos.

Sin perder la compostura, sonrientes y orgullosos, continuaron saltando por la medalla de plata y la de bronce hasta que los jueces suspendieron la competición debido a la oscuridad y a lo tarde que se estaba haciendo. Por razones desconocidas, al siguiente día Nishida recibió la medalla de plata (la segunda) y Oe la de bronce, que llevaron puestas en el podio de la victoria.

Cuando volvieron a Japón, sin embargo, decidieron que no estaban contentos con la decisión arbitraria de los jueces. Así que encargaron a un joyero que cortara las dos medallas longitudinalmente, cambiara las piezas y las volviera a soldar para que cada uno de ellos tuviera una medalla que fuera mitad de plata y mitad de bronce. Las medallas han llevado una vida por sí mismas; ahora se encuentran custodiadas por el Estadio Nacional de Tokio con el nombre de "Las Medallas de la Eterna Amistad".

Como decía el letrero de la oficina de Einstein, "No todo lo que tiene importancia importa, y no todo lo que importa tiene importancia". Lo que le importaba a Nishida y a Oe era compartir la gloria y la larga amistad; lo que no les importaba era permitir que la oportunidad determinara su fama y su fortuna.

Después de doce años de interrupción de los Juegos debido a los horrores que devastaron el continente durante la II Guerra Mundial, las Olimpiadas se volvieron a celebrar en Londres en 1948 "los Juegos de la austeridad". Los países agresores, Alemania y Japón, no fueron invitados, y las competiciones Olímpicas de arte se representaron por última vez. Una excelente atleta que llegó para personificar el espíritu de aquellos Juegos fue Francina Blankers-Koen, "Fanny", o "la voladora ama de casa" procedente de Holanda. Aunque había competido en los Juegos de Berlín con dieciocho años en salto de altura, su carrera casi se extingue por la larga interrupción. Entre tanto se había casado con su entrenador y había criado a dos niños. Cuando se acercaban los "Juegos de la austeridad" en Londres, ella tenía treinta años y mantenía el record en todas sus pruebas. Pero sus compañeros holandeses, en lugar de alabarla por su talento y determinación, la ridiculizaron por evadir sus responsabilidades como madre. Aún así ella tenía las ideas claras, y su corazón estaba lleno de determinación para hacerlo bien; desafió el protocolo y compitió en Londres. Con su padre encantado de cuidar de los niños —y prometiendo bailar alrededor de la mesa de la cocina si triunfaba—Blankers-Koen corrió hacia la victoria en sus dos primeras pruebas, los 100 metros y los 80 metros vallas.

Pero la competición le estaba pasando factura. Momentos antes de la semifinal de los 200 metros, ella le dijo a su marido que iba a abandonar. Él replicó, "si no quieres correr, está bien, pero me temo que después te arrepentirás".

"Fanny le miró", según describe el escritor deportivo Ron Fimrite, "sus característicos ojos azul grisáceos se pusieron rojos. De repente se dio cuenta de que toda su vida había querido ser la mejor en todo. Correría." La "Magnífica Mamá" holandesa, como se la llamó después, ganó esa carrera en tiempo record, y también la final, después consiguió vencer en la carrera de relevos de 4x100 metros sumando un total de cuatro medallas de oro en cinco días. Después de esto, llamó a casa a través de la radio holandesa y dijo: "¡Papá! Ya puedes bailar alrededor de la mesa".

El otro momento memorable de estas Olimpiadas llegó en la competición de tiro con pistola modalidad de tiro rápido. El sargento Karoly Takacs del ejército húngaro había sido un campeón mundial y experto en la prueba de tiro rápido con pistola al final de la década de los treinta, pero perdió su mano derecha en la explosión de una granada. Después de un mes solamente de recuperación, estoicamente comenzó a entrenar de nuevo —en secreto— cambiando de mano. A su llegada a Londres se encontró con el campeón del mundo y gran favorito Carlos Valiente de Argentina.

"Valiente se sorprendió mucho al verme", le dijo Takacs a Bud Greenspan en una entrevista para *The Greatest Moments in Olympic History.*[16] "Él pensaba que mi carrera había terminado. Me preguntó que por qué estaba en Londres. Le dije 'estoy aquí para aprender'. Me miró extrañado".

Disparando con su mano izquierda, Takacs asombró a la multitud batiendo el record mundial de Valiente por diez puntos completos, ganando la medalla de oro. En el podio de la victoria Valiente fue la personificación de la deportividad, felicitando a su contrincante, y diciendo: "Capitán Takacs, ya has aprendido bastante".

Después de la guerra, la competición Olímpica se intensificó por las tensiones de la guerra fría. Lo que debería ser una competición pacífica entre jóvenes atletas con talento comenzó a tener tintes de antagonismo político entre el Este y el Oeste. Estas presiones se reflejaron en los Juegos de Helsinki de 1952, los cuales estuvieron muy bien dirigidos pero plagados de metáforas de guerra, como el discurso de Pjotr Sobolev, secretario general del Comité Olímpico Soviético: "Los deportes serán un arma para la defensa de la paz y la promoción de la amistad entre los pueblos".

Según señala Dave Anderson en *The Olympics*, "ahora que los soviéticos finalmente compiten en las Olimpiadas, lo conseguido por los equipos extraoficiales empezaba a eclipsar a lo conseguido por los atletas individuales". La extraoficial competición nacional puede haber atraído mucha atención en aquellos tiempos, pero en el espejo retrovisor de la historia lo que vemos es un puñado de espléndidas competiciones, que vale la pena recordar, entre atletas individuales.

El oficial de policía checo Emil Zátopek y su esposa, Dana, se convirtieron en héroes nacionales por su enérgica actuación, la cual llegó a personificar la pura determinación atlética. El columnista de deportes del *Nueva York Ti-*

---

[16] Los Mejores Momentos de la Historia Olímpica.

mes Red Smith le describió así: "Corría como un hombre con la soga al cuello", y Ron Fimrite del *Sports Illustrated* le describió de esta otra forma: "Corría como si estuviera soportando la tortura de los condenados". Zátopek parecía estar siempre con un dolor extremo y al borde del colapso; él decía que eso le ocurría inconscientemente, aunque podría haber sido una de sus patentadas estratagemas psicológicas. Consciente o no, nadie parecía correr más duro o con un deseo tan profundo, y de esta forma se hizo querer por los espectadores y puso el temor de los dioses en sus oponentes. Su modesta explicación simplemente daba más lustre a su leyenda, "no tenía el suficiente talento como para correr y sonreír al mismo tiempo".

Incluso con tan enormes expectativas, Zátopek todavía consiguió hacer uno de los más impresionantes barridos de medallas la historia de las Olimpiadas. Primero consiguió ganar la carrera de los 10.000 metros, unos días después unió esa victoria a la conseguida en los 5.000 metros. Mientras abandonaba el podio de la victoria vio a su esposa dando zancadas a lo largo del estadio para hacer su lanzamiento en la competición de jabalina de mujeres, y se apresuró para mostrarle su medalla de oro. "Emil, déjamela, la llevaré para que me dé buena suerte".

Greenspan escribió, "En su primer lanzamiento Dana batió el record Olímpico y su marca se mantuvo durante toda la competición. Los Zátopek fueron el primer y único matrimonio que ganó medallas de oro en el mismo día y en diferentes pruebas".

Pocos días después, Emil asombró a la gente con la noticia de que iba a correr el maratón, una prueba en la que nunca había competido. Cuando le preguntaron el porqué, dijo en broma: "De momento la puntuación en la competición interna dentro de la familia Zátopek es de 2-1 (en medallas). La diferencia es muy corta. Para restablecer el prestigio intentaré mejorarlo, en el maratón. En realidad, se estaba empezando a aburrir con la competición, y quería un nuevo desafío. Siguiendo la gran tradición de los héroes como Odiseo, que usó ambos el ingenio y la treta, la cabeza y el corazón, Zátopek enfadó al favorito, Jim Peters de Gran Bretaña, manteniéndose a su altura durante la primera mitad de la carrera, y después con astucia preguntándole, en un perfecto inglés: "Nunca antes había corrido un maratón, ¿no crees que deberíamos ir un poco más rápido?" El truco funcionó. Peters se quedó tan desalentado que Zátopek pegó un acelerón y nadie pudo ya alcanzarle. Años después él mismo describió su estrategia en el maratón: "Yo simplemente seguí corriendo y cuando entré en el estadio las 80.000 personas comenzaron a gritar '¡Zátopek, Zátopek, Zátopek!' y gané mi tercera medalla en Helsinki".

Su bravuconería era un elemento esencial de su máscara mítica. Así como los antiguos admiraban a los atletas que sabían cómo transformar "el dolor en fama", según escribió Píndaro, así también nosotros nos deslumbramos al presenciar a los atletas modernos hacer lo mismo. Detrás de la máscara de Zátopek se escondía un secreto: el esfuerzo que tuvo que hacer fue tal que no pudo andar durante una semana después del maratón. Pero dijo: "Fue el agotamiento más placentero que haya conocido".

El espíritu Olímpico de deportividad y admiración de Zátopek por la competición valerosa fue corroborado años después cuando recibió la visita de Ron Clark, el gran corredor australiano. Clark había establecido varios record del mundo pero nunca había salido victorioso de sus carreras Olímpicas. Cuando Clark estaba apunto de marcharse, el campeón checo le dio una pequeña caja como obsequio y le dijo que no la abriera hasta que estuviera en el avión de vuelta a casa. Cuando la abrió, Clark se quedó atónito al encontrar una medalla Olímpica y una nota que decía: "Querido Ron, yo he ganado cuatro medallas de oro (además de una medalla de oro en los 10.000 metros en Londres). Lo cierto es que tú deberías tener una de ellas. Tu amigo. Emil".

CAMINANDO JUNTOS COMO UNA SOLA NACIÓN

En 1956, las Olimpiadas de Melbourne se vieron afectadas por el boicot de Egipto, Irak y Líbano debido a la invasión del Canal de Suez por parte de Israel, y también por el boicot de Holanda, España y Suiza debido a la invasión de Hungría por la Unión Soviética. Pero estas pérdidas fueron parcialmente compensadas por la inclusión por primera vez de un equipo combinado de las dos Alemanias. De nuevo, la prensa mundial obsesionada por la cuenta de puntos nacional, amargando a miles de atletas y a docenas de equipos de las naciones que no estaban involucradas en las tensiones de la Guerra Fría.

En la equivalencia de la justicia poética al mundo Olímpico, Australia consiguió ocho medallas de oro en su deporte nacional, natación, además de otras tres ganadas por Betty Cuthbert, en atletismo. El americano Bobby Joe Morrow ganó tres oros, la carrera de 100 metros, la de 200, y los relevos de 4x400. El régimen de entrenamiento de Morrow incluía dormir once horas por la noche, lo que le aseguraba la oportunidad de competir con una calma extraordinaria. Él mismo dijo, "Todos los éxitos que he tenido, se deben a haber estado tan perfectamente relajado que incluso podía sentir el movimiento de los músculos de mi mandíbula".

Pero la gran historia fue la de un marinero de Nueva Jersey de veintidós años, Milt Campbell, que se había entrenado para la carrera de vallas pero no se había clasificado. Dijo, "Me sentía aturdido, pero después Dios pareció penetrar en mi corazón y me dijo que no quería que yo compitiera en las vallas, sino en el decatlón".

Con elegancia Olímpica, Campbell otorga el mérito a uno de sus oponentes de haberle impulsado hacia sus límites. Durante la dura carrera de los 1500, dice Campbell, oyó a uno de sus competidores instándole a correr más fuerte, para ir a por el record Olímpico.

"Me volví y pude ver que era Ian Bruce de Australia, que ni siquiera estaba entre los diez primeros. Y continuó gritándome… 'vamos chico…puedes hacerlo'. Así que empezó a esprintar y yo empecé a esprintar con él. No podía creerlo. Ahí había un tipo al que no conocía de nada impulsándome hacia…Increíblemente adelantamos al ruso (Kuznyetsov) y Bruce y yo nos quedamos solos llegando hacia la meta. Y justo en la línea me adelantó… pero nunca le olvidaré".

Aunque Campbell llegara en segundo lugar, su tiempo de 4:50:6 le valió para conseguir el record Olímpico en el decatlón. "Pueden reírse lo que quieran del verdadero espíritu Olímpico", dijo tiempo después, "pero Ian Bruce me demostró que ciertamente existe".

Una atrevida innovación para la ceremonia de clausura en Melbourne que se convirtió en modelo para futuras Olimpiadas, fue sugerida por John Ian Wing, un chico de procedencia australiana y china de diecisiete años, en una carta dirigida a Sir Wilfred Kent Hughes del Comité Organizador de las Olimpiadas de Melbourne:

Queridos amigos:

Soy un chico chino de diecisiete años. Antes de los Juegos pensé que todo sería un embrollo. Sin embargo, me equivoqué. Son las Olimpiadas más exitosas de todas… Señor Hughes, creo que se ha sugerido un desfile para la ceremonia de clausura y usted dijo que no se podía hacer. Yo creo que sí se puede… el desfile que yo tengo en mente es muy diferente del que se hizo en la ceremonia de apertura… Durante el desfile sólo habrá una nación… ¿qué más se puede pedir si todo el mundo puede convertirse en una sola nación?

John Ian Wing

Más tarde, Shirley Strickland, medallista australiana que participó en tres Olimpiadas, describió sus sentimientos sobre desfilar con amigos de diferentes países del mundo en lugar de desfilar clasificados por equipos nacionales. "La mezcla de atletas en el desfile simbolizaba la hermandad del deporte que los Juegos Olímpicos habían desarrollado. La llama se apagaba, los atletas partían, pero el espíritu y la armonía de esta Olimpiada permanecerá con nosotros para el resto de nuestras vidas."

Cuatro años más tarde, Roma, finalmente, organizó sus primeros Juegos Olímpicos. Originalmente programados para 1908 pero aplazados debido a la erupción del Vesubio, se celebraron de forma flamante en 1960 con las antiguas ruinas romanas de fondo. Las pruebas de gimnasia se desarrollaron en los Baños de Caracalla, los luchadores combatían en la basílica de Majencio, y el maratón, donde venció el etíope que corría descalzo Abebe Bikila, comenzaba en la colina Capitolina, transcurría a lo largo de la vía Apia iluminada con antorchas, y finalizaba en el arco de Constantino. Después de la carrera, Bikila intentó desmitificar su logro diciendo: "Podría haber hecho de nuevo el recorrido sin ninguna dificultad".

Dos atletas de estos Juegos sobresalieron como los últimos en personificar los ideales Olímpicos de perseverancia y coraje a la hora de superar un enorme desafío. La eterna fascinación humana por superar los tiempos difíciles la resume Doc Young, un periodista afro-americano, en el documental *Stride for Glory*: "Nada perfecciona tanto a un campeón Olímpico como una dura trayectoria". El talento y la técnica son admirables, pero según escribe Susan Wels, "es la belleza de la forma humana y la lucha, y la elegancia de la competición los que forman el fondo emocional del arte de los Juegos."

Wilma Rudolph, nacida en la Tennesse rural, había sufrido neumonía y escarlatina cuando era una niña. Estas afecciones la dejaron lisiada, y sujeta a aparatos ortopédicos y a dolorosos masajes diarios en las piernas que le tenían que dar sus padres, hermanos y hermanas hasta que cumplió los doce años. "Mi madre me enseñó a creer que yo podía conseguir todo lo que me propusiera. Lo primero era aprender a andar sin los aparatos". Ella aprendió a hacer algo más que eso. Cuando tenía dieciséis años ya se había convertido en una estrella del baloncesto y en una experta corredora, y se había clasificado para los Juegos de Melbourne con el equipo americano. Pero no fue hasta los Juegos de Roma cuando empezaron a llamarla afectivamente *la Gazella Nera*, "la gacela negra", eso la convirtió en una de las favoritas internacionales, y no sólo por sus talentos innatos. El día anterior a su primera carrera tropezó con un tubo de desagüe cuando estaba entrenando y se hizo un esguince en el tobillo. El día de la carrera se vendó el tobillo fuertemente y corrió de todas formas soportando el dolor, consiguiendo el record del mundo en los 100 metros. Después ganó los 200 metros y corrió la última de las cuatro en los 100 metros relevos.

Cerca de la línea de meta de una de sus carreras, alguien preguntó a un fotógrafo francés que quién había llegado primero. "¿Quién ha ganado? *La Gazella, naturellement. La Chattanooga choo-choo* ».

Con su coraje Olímpico se hizo querer por todo el mundo, y también por su sentido del humor y su generosidad. Cuando le preguntaron cómo llegó a ser tan rápida, ella replicó: "Soy la número diecisiete de diecinueve hermanos. Tenía que ser rápida para poder comer algo". Cuando le preguntaron cuál había sido el momento más importante de su experiencia Olímpica, dijo: "Oh, sin ninguna duda fue los relevos. Porque ahí es cuando pude estar en el podio celebrándolo junto a mis compañeras Tigresas a las que quería mucho."

Los Juegos de Roma también fueron testigos del ascenso espectacular de un joven boxeador de los pesos ligeros, el "Insolente de Louisville", Cassius Clay, que deslumbraba a los medios con ingenio, poesía, y un total entusiasmo tanto como deslumbraba a sus colegas boxeadores con su movimiento de pies y sus puñetazos. Al ganar el oro, Clay era la personificación del *entusiasmo*, que según los antiguos, significaba "dios dentro", o la bendición de los dioses. Su completa alegría antes y después de sus combates era un

Wilma Rudolph, ganadora de dos medallas de oro en las Olimpiadas de Roma del 1960.

contraste drástico con la fiereza de su conducta en el cuadrilátero, donde demolía a sus oponentes.

Sin embargo la gloria de la antigua Roma, no se sostenía en casa. Para su punzante decepción, Clay se dio cuenta rápidamente de que nada había cambiado para él en los Estados Unidos. Según cuenta Wallechinsky, "un propietario de un restaurante de Louisville se negó a servir a Clay porque era afro-americano. Después, una banda de motociclistas persiguió a Clay y a un amigo, lo que terminó en pelea. En cuatro años se desilusionó tanto que cogió su medalla de oro (anteriormente muy apreciada por él) y la arrojó por un puente al río Ohio, y además cambió su nombre a Muhammad Ali, se hizo objetor de conciencia, y ganó el título mundial de los pesos pesados tres veces. Según escribió en su autobiografía, 'yo quería algo que significara más que eso. Algo que se enorgulleciera de mí al igual que yo me enorgullezco de ello.'"

"Quién lo hubiera pensado", se preguntaba el novelista Norman Mailer en un reciente documental sobre Ali, "que este insolente boxeador llegaría a ser posiblemente la cara más conocida del mundo. Y eso es lo que ocurrió, dijo Mailer, porque nadie había traído tanto gozo al mundo del deporte". Sin duda al fusionar el arte del ballet y el boxeo, la poesía y el deporte, evocaba el recuerdo del poema inmortal de W.B. Yeats:

> Oh cuerpo balanceado por la música
> Oh mirada brillante
> ¿Cómo podemos conocer al bailarín
> desde la danza?

Cambiando de tono, el saltador de pértiga Don Bragg cumplió un sueño que tenía en su vida al hacer una prueba ante el mundo para el papel de Tarzán mientras permanecía en el podio de la victoria. Ahuecando las manos en la boca como Johnny Weismuller y otros antes que él, Bragg gritó como el querido hombre de los monos, y la multitud internacional rugió con reconocimiento.

Más tarde, consiguió el trabajo.

LOS JUEGOS FELICES

Los primeros Juegos Olímpicos que se iban a desarrollar en Asia fueron programados para 1940 en Tokio, pero la invasión japonesa de China llevó a su cancelación. Diecinueve años más tarde, Tokio hizo otro intento para llevarse los Juegos y ganó imponiéndose a Detroit, Bruselas y Viena. El premio se consideró como un gesto de conciliación por parte de la organización Olímpica que reconocía la vuelta de Japón a la comunidad internacional.

Los Juegos de Tokio de 1964 comenzaron con un apunte sombrío y conmovedor, cuando la antorcha Olímpica fue transportada hasta el estadio por Oshinoro Sakai de diecinueve años, nacida a las afueras de Hiroshima el 6 de agosto de 1945. El significado de esta elección no pasó desapercibido a nadie; Sakai nació una hora antes de que lanzaran la primera bomba atómica sobre esa ciudad. La decimoctava Olimpiada significaba el resurgimiento de Japón y la contribución Olímpica a contrarrestar la competición bélica con la competición pacífica.

El civismo y la hospitalidad de los japoneses tuvieron su contrapunto en algunas prácticas indecorosas, incluido el primer caso conocido de doping con esteroides anabolizantes, y los dos primeros contratos de zapatillas. Aunque también hubo destacados ejemplos de atletas que llevaron la antorcha de la inspiración. El boxeador de los pesos pesados Joe Frazier de alguna forma pudo ignorar el agonizante dolor de una mano rota para continuar peleando y finalmente vencer al alemán Hans Huber. El ganador del maratón en los Juegos de Roma, el etíope que corría descalzo Abebe Bikila, corrió esta vez con calzado pero también tuvo que superar el dolor de una operación reciente de apendicitis para ganar su segundo título consecutivo. En natación, la australiana Dawn Fraser se hizo con el título de los 100 metros estilo libre a pesar del dolor debilitante que tenía en el cuello por heridas causadas en un accidente de coche. La extravagante Fraser grabó su nombre en los anales Olímpicos de la infamia cuando fue excluida de las competiciones internacionales durante diez años por robar una bandera de la tierra imperial. Ella insistió en que todo fue una broma inocente llevada a cabo durante la incontenible celebración de su victoria Olímpica.

Para el lanzador de discos americano Al Oerter, los Juegos de Tokio fueron una oportunidad para ganar su tercera corona consecutiva. Pero durante un entrenamiento la semana antes de los Juegos, se desgarró un cartílago de su caja torácica. Oerter se sometió a un tratamiento de hielo, aspirinas y novocaína, y aun así tenía un dolor agónico. Él afirmó tiempo despúes, "Pero así son las Olimpiadas, te mueres por competir en las Olimpiadas". Competir es lo que hizo, "envuelto en vendas como una momia" y tomando cápsulas de amoníaco para poder pensar con claridad. En su quinto y último lanzamiento, batió el record Olímpico y ganó su tercer título consecutivo (de cuatro), y se llevó la admiración de todo el mundo deportivo por su capacidad para competir a través del dolor.

Pero quizás el momento Olímpico más brillante se proyectó en la carrera de los 10.000 metros, que fue agraciada con el más glorioso elenco de corredores de la historia. El que ostentaba el record mundial Ron Clarke de Australia y el tunecino Mohammed Gammoudi eran los dos grandes favoritos, mientras que el nativo americano Billy Mills fue prácticamente ignorado. Tal y como se esperaba, Clarke lideraba la carrera hacia la mitad del recorrido, pero a falta de una vuelta Mills ya estaba corriendo a su lado, y Gammoudi justo detrás. De repente Clarke se quedó atascado detrás de uno de los doblados y fue engullido por la nueva estrella, Mills. El australiano intentó persuadirle para que se moviera, después le apartó de un codazo, echando a Mills de la pista por un breve momento –en ese momento Gammoudi se abrió paso entre los dos y se puso a la cabeza.

En la última curva, Mills estaba en un colapsado cuarto lugar. Por un brevísimo momento, dijo él más tarde, pensó en abandonar; después recordó que tenía un compromiso y que de ninguna manera podía abandonar. En ese momento es cuando escuchó una voz interior que le decía que todavía tenía una oportunidad.

A sólo trece metros de la meta, Mills hizo su movimiento milagroso y pudo salir del apiñado grupo lleno de sacudidas de brazos y piernas, corriendo con una zancada tan inesperada y feroz que dejó atónitos a todos los que estaban en el estadio Olímpico. Mientras corría, se susurraba a sí mismo, "puedo ganar, puedo ganar, puedo ganar" —entonces esprintó pasando a Clarke y a Gammoudi, quienes después dijeron que ni siquiera habían oído hablar de él. La fotografía de Mills cruzando la línea de meta con sus manos levantadas hacia el cielo de forma triunfal es una de las imágenes más radiantes tomadas de un atleta.

Avery Brundage, presidente del COI, denominó a esta asombrosa victoria "la más grande exhibición de correr bajo presión que nunca haya visto en un americano". Mills no sólo batió su marca personal, por una diferencia asombrosa de 46 segundos, sino que además batió el record Olímpico por casi 8 segundos. "No puedo creerlo", dijo después de la carrera, "supongo que yo era la única persona que pensaba que tenía una oportunidad".

El biógrafo de Mills, Nicholas Sparks, escribió: "Lo gracioso del caso es que un juez se aproximó a él después de la carrera y le preguntó, '¿Quién eres?' Bill había estado corriendo toda su vida en busca de esa respuesta, y ahora, por primera vez, sabía lo que tenía que decir".

Cuando le preguntaron tiempo después qué era lo que le había pasado por la mente en ese momento álgido sobre el podio de la victoria, Mills dijo que deseó haber llevado una pluma de águila junto con la bandera americana que estaba sosteniendo. Después añadió que había echado una mirada al estadio y había visto la pista de atletismo como "el gran círculo del ser", una asombrosa referencia a la imagen Sioux del círculo sagrado de la creación. Esto significa que durante su momento triunfal, sus pensamientos cambiaron desde el logro personal hacia lo que su victoria podría significar para su gente, quienes pensaban que el gran círculo estaba roto pero que algún día sería reparado.

Fuera de las pistas, Mills continuó siendo fiel a sus principios, dedicando su vida a su organización para la ayuda de jóvenes indios denominada "Running Strong", animándoles a creer que los verdaderos campeones son aquellos que persiguen sus sueños con dignidad y orgullo. Él decía a sus protegidos, "cualquier día en cualquier lugar, puede ocurrir algo mágico. Esta es una creencia que compartía cada uno de los atletas que participó en el Desfile de Naciones de la Ceremonia de Apertura de las Olimpiadas".

El brillante momento de gloria de Mills fue fruto de su entrenamiento constante y de su resuelta dedicación; este compromiso de pasar la antorcha de la inspiración muestra su don de personificar el equilibrio entre el ideal de la antigua Grecia de una mente sana en un cuerpo sano y el ideal de los indios americanos de cuidar el fuego que hay en el alma de los jóvenes de la nación.

Mostrando el valeroso corazón de un verdadero campeón, Billy Mills sobrepasa a su rival ganando la carrera de los 10.000 metros en los Juegos Olímpicos de Tokio de 1964.

Los Juegos de Ciudad de Méjico de 1968 comenzaron pocos días después de la brutal masacre de cientos de estudiantes por las tropas del gobierno en la plaza de las Tres Culturas de Ciudad de Méjico. Este trágico comienzo establece el escenario para las tristemente célebres protestas del Poder Negro por el ganador de los 100 metros Tommy Smith y por el ganador de la medalla de plata John Carlos; también se introdujeron pruebas para las atletas femeninas (usadas por primera vez en lo Juegos de Invierno de Grenoble en 1968). Aun así, más allá de las adustas realidades políticas y sociales de estas Olimpiadas, hubo también un gran número de actuaciones espectaculares. Se batieron treinta y cuatro records mundiales, y treinta y ocho records Olímpicos en una altitud de 1600 metros, Ciudad de Méjico. El veloz americano Lee Evans batió el record del mundo en los 400 metros, Al Oerter ganó su tercer oro consecutivo en lanzamiento de disco, y otro yanqui, Jim Hines, batió el record de los 100 metros por 10 segundos, equivalente a batir la barrera de los cuatro minutos en la milla.

En el maratón, Abebe Bikila intentó ganar su tercer título consecutivo pero tuvo que abandonar por una lesión, y el oro fue para su compañero de equipo Mamo Wolde. Sin embargo la atención del mundo se centró en el ensangrentado y fuertemente vendado corredor que entraba tambaleándose en el estadio Olímpico una hora después de que lo hicieran los demás, "el último hombre del maratón". Un escritor deportivo describió su esfuerzo de esta forma: "Hoy hemos visto a un joven corredor africano que simboliza lo mejor del espíritu humano… una actuación que da un verdadero significado al deporte…una actuación que eleva el deporte muy por encima de la categoría de hombres maduros jugando… una actuación que da significado a la palabra coraje… Todo el honor para John Stephen Akhwari, de Tanzania".

El impacto visual del esfuerzo de Akhwari fue impresionante, pero fue su respuesta elocuente a las preguntas de los reporteros sobre por qué quería terminar lo que verdaderamente cimentó su leyenda. "¿Por qué resistir tanto?" preguntó él de forma retórica. "No creo que lo comprendáis. Mi país no me envió a Méjico para comenzar una carrera. Me enviaron para terminarla."

De todos los records que se establecieron en los Juegos de Méjico, el que mejor se recuerda es el "salto al siglo veintiuno", el salto de longitud de Bob Beamon que aniquiló el record mundial.

En su primer salto, Beamon se elevó casi seis pies mientras volaba por el aire con sus brazos y piernas estirados como un pájaro prehistórico. Aterrizó con tanta fuerza al final de la zona de arena –y más allá del marcador de medir– que rebotó fuera del foso. Mientras alguien buscaba una vieja cinta de medir, los demás saltadores ya tenían claro que había establecido un nuevo record.

El atleta soviético Igor Terovanesyan lanzó un suspiro: "Comparado con este salto nosotros somos unos niños". El saltador galés Lynn Davies le dijo a Beamon: "Has destruido esta prueba". El esprínter Ron Freeman murmuraba para sí mismo: "Espero que no cometiera falta en ese salto". El compañero de equipo de Beamon, y anterior poseedor del record, Ralph Boston, le dijo tranquilamente: "Bob, creo que está por encima de los 8,83". Beamon replicó, "¿qué pasó con los 8,53?"

Recuerden las palabras de Billy Mills: "Cualquier día, en cualquier lugar…"

Ese día Beamon de algún modo tuvo acceso al poder fundamental de las Olimpiadas –la posibilidad de lo imposible. En una prueba donde los records se batían por diferencias de una o dos pulgadas, había destrozado el record del mundo por veintidós pulgadas, y ganó la medalla de oro por una diferencia de cerca de setenta centímetros. Estaba tan aturdido que se desmayó en el estadio, sufriendo un ataque cataléptico. Tiempo después él diría que estaba abrumado de pura alegría y de las lágrimas de felicidad.

Los Juegos de 1968 vieron otra clase de barrera psicológica traspasada, pero de una forma sorprendente y, para

Ganador del primer premio al espíritu Olímpico en las Olimpiadas de Méjico de 1968, Bob Beamon batió el record del mundo en salto de longitud por casi sesenta centímetros.

muchos, humorística. Hasta que llegó Dick Fosbury, el salto de altura era una prueba conservadora en la que los atletas saltaban por encima de la barra como unas tijeras, la cabeza hacia delante, seguido de un balanceo sobre la barra y después las piernas. Esto no era suficiente para Fosbury, quien aspiraba a ambos el record mundial y el Olímpico. Sus primeros intentos de innovación sólo encontraron burla, pero él aprendió a seguir su corazón, lo que significaba saltar sobre la barra de espaldas en lo que ahora se conoce universalmente como "el Fracaso de Fosbury".

"Comencé a confiar en mis instintos cuando se trataba de saltar", dijo. "Dentro de cada uno de nosotros hay una forma, un talento, un don que podemos desarrollar si prestamos atención". Incluso aunque esto a veces supone volver las cosas del revés.

Fosbury dijo que en Ciudad de Méjico, a sus primeros saltos le seguían exclamaciones sobre el *loco americano*[17], pero con cada salto superado las aclamaciones se tornaban más vigorosas. Finalmente, la barra se colocó en 2 metros y 23 cenrtímetros. Se hizo el silencio en el inmenso estadio cuando falló los dos primeros intentos.

"El silencio era estremecedor", le dijo después a John Naber, "pero yo estaba totalmente concentrado y me tomé mis dos minutos casi al completo. Corrí hacia la barra, lancé mi cuerpo al aire y vislumbré la barra deslizándose detrás de mí. Miré arriba desde la colchoneta, y vi que era válido. La multitud irrumpió con *¡Olé, olé!* Y reboté fuera de la colchoneta". Fosbury había establecido un nuevo record americano y Olímpico con su nueva técnica. Él continúa sacando lecciones de vida de ese esfuerzo con el que ganó el oro.

"Para despertar el interior Olímpico" dice, "tenemos que mirar a lo que funciona ahora, no a lo que funcionaba en el pasado…Así es como sacas una victoria de un 'fracaso'".

Los alemanes esperaban que la hermandad y la belleza de los Juegos de Munich de 1972 borrarían los recuerdos de las tensiones que acompañaron a los Juegos de Berlín de 1936. Estas esperanzas quedaron frustradas cuando terroristas palestinos secuestraron a once miembros del equipo de Israel, los retuvieron como rehenes en la villa Olímpica, y después los ejecutaron durante el intento de huida.

Sin embargo, el COI decidió que los Juegos debían continuar. El presidente alemán Gustav Heinemann habló de la terrible violación del santuario Olímpico y evocó el antiguo espíritu de Olimpia cuando pidió a todos los países "que superaran el odio" y "que allanaran el camino de la reconciliación".

---

[17] En español en el original.

Con la esperanza de que la competición resultara un bálsamo curativo para el sufrimiento, y después de un período de luto de menos de veinticuatro horas, se retomaron los Juegos. Aunque muchos países, como Israel, Noruega, Holanda, Egipto, Siria, Kuwait, o Filipinas, quedaron tan descorazonados que volvieron a casa.

Entre los atletas que permanecieron hasta el final estaba el nadador americano de 22 años y estudiante de odontología Mark Spitz, que nadó como un loco para conseguir siete records del mundo y ganar siete medallas de oro. Pero tan importante como el logro personal fue el hecho de que sintió la presencia del espíritu Olímpico cuando sus compañeros de equipo le honraron después de su última victoria llevándole en hombros. El momento triunfal fue inmortalizado en una famosa fotografía. Spitz declaró más tarde: "El momento que muestra esa fotografía con mis compañeros sosteniéndome por encima de ellos, lo disfruté más que ese otro momento también retratado en que yo estaba con las siete medallas de oro alrededor de mi cuello. Recibir el tributo de tus compañeros es un sentimiento irrepetible".

La alemana Ulrike Meyfarth de dieciséis años se convirtió en la medallista más joven en pruebas de atletismo individuales, al saltar 6 pies y 3,5 pulgadas en el salto de altura de mujeres. El favorito de los espectadores Kip Keino, de Kenia, consiguió el primer puesto en la carrera de obstáculos, por delante de su compañero de equipo, Benjamín Jipcho y de Tapio Kantanen de Finlandia.

Pero fue Olga Korbut, la "Munchkin de Munich"[18], una gimnasta de diecisiete años, y de 1,50 metros de altura, procedente de Grodno, Bielorrusia, que llegó para personificar el espíritu Olímpico de esos Juegos. Su vale-

---

[18] Munchkin: era la gente que vivía en la tierra del este, donde reinaba la bruja mala en la película "El Mago de Hoz". También es una raza de gatos originaria de Louisiana. También es un juego de rol en el que hay que matar a los monstruos e incluso a los amigos (N. del t.).

rosa recuperación de un error humillante en las paralelas asimétricas cambió la cara de los Juegos. Mientras las miradas del mundo la veían por televisión Korbut competía con una elegancia que transcendía a la técnica. Con una sonrisa radiante que contrastaba dramáticamente con años de expresiones sombrías y actuaciones sin alegría por parte de los atletas de la Europa del Este, no sólo enmascaraba su decepción, sino que además ganó medallas de oro en la barra de equilibrios y en el ejercicio de suelo –también se ganó los corazones de los aficionados Olímpicos de todo el mundo. Y al igual que Dorando Pietro popularizó el maratón, decenas de miles de jovencitas querían emularla. Los alistamientos en programas de gimnasia de mujeres aumentaron considerablemente durante unos años.

Después de esto, llevaron a Korbut a la Casa Blanca de forma ceremonial para entrevistarse con el presidente Nixon. Él le confió a la pequeña atleta unas pocas palabras que se remontaban al espíritu original de las Olimpiadas y a la alegría verdadera del deporte. Según contó ella: "Me dijo que mi actuación en Munich hizo más por reducir la tensión política durante la Guerra Fría entre nuestros países de lo que serían capaz de conseguir las embajadas durante cinco años."

Los Juegos de Munich fueron inmortalizados de otra forma en el emocionante documental, *Visions of Eight*[19] –actualmente una colección de ocho cortos dirigidos por diferentes directores. En la secuencia titulada "Los Perdedores", el director francés Claude Lelouch hizo un montaje profundamente conmovedor de aquellos que en el último momento no pudieron hacerse con la victoria. Estaba fascinado con cómo los atletas altamente competitivos tenían que lidiar con el inevitable fracaso. "En un momento determinado todo el mundo debería aprender a vivir con el fracaso", escribió. "Me gustaría ver cómo afronta ese hecho

---

[19] Visiones de ocho.

cada persona, cómo se encuentran los perdedores con la repentina soledad".

Los Juegos de Montreal de 1976, se establecieron con grandes expectativas. El alcalde Jean Drapeau declaró: "Es hora de recuperar la auténtica verdad de las Olimpiadas. Estas serán modestas, y autofinanciadas." Pero en cambio probaron ser una pesadilla para la economía de la ciudad y de toda la provincia. Además los Juegos estuvieron marcadas por el boicot de los atletas africanos que protestaban por la participación de Nueva Zelanda, a la que acusaban de haber jugado un partido de rugby con Sudáfrica, y también estuvieron plagadas de descalificaciones en masa de atletas que dieron positivo en esteroides.

La competición destacó por el impresionante logro denominado "double-double"[20] de Lasse Viren de Finlandia, que ganó la carrera de los 5.000 y la de los 10.000 metros en la segunda Olimpiada consecutiva. El americano Bruce Jenner ganó el decatlón, un logro marcado por la impresionante realización de ocho mejores marcas personales en diez pruebas.

Jenner dijo en esos días: "Empecé a sentir que no había nada que no pudiera hacer si tenía que hacerlo, fue un sentimiento de impresionante poder, excepto por el hecho de que me sentía intimidado por mí mismo… que estaba elevándome por encima de mí, haciendo cosas que no tenía derecho a hacer".

Los Juegos de Montreal fueron "perfectos" en al menos un aspecto, la competición de gimnasia femenina. Fue ahí donde emergió la indiscutible estrella de los Juegos. La hija de un mecánico rumano, la encantadora Nadia Comaneci de catorce años se convirtió al instante en una estrella de la televisión de todo el mundo. Su actuación en las paralelas asimétricas en la competición por equipos desafió a la historia y a la tecnología simultáneamente. Fue la primera gimnasta en ganar un "10", lo cual significaba la perfec-

---

[20] Doble-doble.

ción, un logro que se consideraba tan improbable que el marcador no estaba preparado para representar la puntuación con doble dígito. Después de la maravillosa actuación de Comaneci sólo salió un "1" en la pantalla, dejando el "0" para la imaginación de la audiencia. Reinó la confusión hasta que el juez de la arena declaró la correcta puntuación a los atónitos espectadores.

De su imponente actuación, ella dijo, "Sé que mi ejercicio fue perfecto, lo he desarrollado muchas veces de la misma forma". Su valentía y excelencia la llevaron a seis puntuaciones perfectas más, haciendo un total de siete, y un recuento final de tres medallas de oro, una de plata y una de bronce.

Frank Deford escribió en *Sports Illustrated* que "su precisión y atrevimiento en gimnasia no se habían visto nunca antes en una Olimpiada, y pocas heroínas de cualquier deporte habían cautivado tanto en los Juegos. Ella estaba inmaculada por el momento, irrumpiendo en el mundo con la primera puntuación perfecta en gimnasia Olímpica, un 10,0, en el primer día de competición, librando de ese modo a Montreal de gran parte del rencor y el desorden de la política internacional. Era brillante y seductora, y debido a su juventud se le atribuyó un gran sentido de esperanza e historia. Por un momento teníamos la oportunidad de ver la grandeza. Por el extraño privilegio de ser testigos del nacimiento de una leyenda, la gente llegaba a pagar 100 dólares por un asiento que valía 16". Años más tarde, le preguntaron por el verdadero espíritu del deporte, y dijo: "Nunca reces por llevar una vida sencilla. Reza para ser una persona fuerte".

El americano John Naber se convirtió en el primer nadador en estilo espalda que rompió la barrera de los dos minutos al ganar la medalla de oro en la carrera de 200 metros. Consiguió otras dos medallas de oro en carreras de relevos, y una de plata en los 200 metros estilo libre. Naber se convirtió en comentarista deportivo en las siguientes seis Olimpiadas y después presidente del Comité Olímpico de Estados Unidos. También realiza una incansable tarea como orador para inspirar a los demás, donde su objetivo es ayudar a la gente en el deporte y en la empresa mundial a "despertar al Olímpico interior".

Naber escribió, "*Citius, altius, fortius* significa 'más rápido, más alto, más fuerte', no el más rápido, el más alto, el más fuerte. Es el deseo de mejorar –la búsqueda de la grandeza que hace mejores personas a los atletas que compiten por sus países". Dentro de la gran tradición de pasar la antorcha de la inspiración, Naber anima a otros atletas a compartir sus historias y a convertirse en embajadores de "las eternas verdades" de los Juegos. Dejando su legado y su espíritu, "los grandes motivadores Olímpicos nos enseñan a superar los obstáculos, a concentrarnos en lo que realmente importa, a eliminar el pensamiento negativo, nos enseñan que las innovaciones y el pensamiento creativo es lo que marca la diferencia, y nos enseñan a estar pendientes de los detalles y cómo trabajar duro."

Los Juegos de Verano de Moscú de 1980 estuvieron estigmatizados por el boicot liderado por Jimmy Carter como respuesta a la invasión Soviética de Afganistán. Algunos gobiernos permitieron a sus atletas competir por iniciativa propia, pero los Juegos estuvieron marcados por las extrañas precauciones de seguridad, la poca deportividad de los aficionados soviéticos, y por las decisiones cuestionables de los jueces rusos.

Un rayo de luz fue Daley Thompson, de Gran Bretaña, que ganó su primer título en el decatlón. En una entrevista de 1984, describía su pasión por la antigua competición de diez pruebas, profundamente arraigada en la política de los Juegos, y la importancia de competir contra uno mismo:

Al final del día todo es una prueba, y la filosofía Olímpica consiste en entrar en la arena, intentarlo y hacerlo lo mejor posible. Es uno de esos ideales utópicos que no debería perderse en el mundo. Podría ser que no ocurriera realmente, pero no hay nada malo en intentar esforzarse por lo que a uno le interesa —y eso supone que la juventud del mundo debería juntarse y pasarlo bien y puede que cuando sean mayores y estén al cargo de sus países o sus empresas se les pegue un poco de esa experiencia Olímpica y todos estaremos mucho mejor. No creo que ese ideal esté fuera de lugar. Yo siempre lo intento y me esfuerzo para sacar lo mejor de mí mismo, y en ese aspecto probablemente estoy desfasado. Pero quizás necesitamos algunos más como yo.

CAPÍTULO V

LA APASIONADA BÚSQUEDA
DE LA EXCELENCIA
1980-2000

¿Por qué tienes que exigirte tanto a tí mismo? La
respuesta: Porque las recompensas por alcanzar
la excelencia son realmente profundas. No estoy
hablando de un aumento de sueldo, una placa o
una medalla de oro. Es vivir para un propósito o una
llamada que da vida incluso a las tareas más rutinarias.
Es un profundo orgullo en la vida que vivimos.

Nancy Hogshead
ganadora de la medalla de oro en Los Ángeles 1984

Afilando (como sobre una piedra de afilar) a alguien
nacido para la excelencia, un hombre puede, con la
ayuda divina, alcanzar una fama prodigiosa.

Píndaro
Décima Oda a las Olimpíadas

Y al décimo día de su peregrinar, después de diez años
de guerra ante las murallas de Troya, el cansado pero astuto "hombre de las muchas aventuras", Ulises de Ítaca, fue
arrastrado por las aguas a la isla de Escheria, hogar de los
famosos constructores de barcos, los feacios. La encantadora hija de rey, Náusicaa, jugaba a la pelota con sus doncellas
cuando descubrió a Ulises en la playa y le llevó a la corte de
su padre. De acuerdo con la costumbre de aquella época,
el desconocido fue tratado con suma hospitalidad. El rey
Alcino le prometió uno de sus mejores barcos para acelerar
su vuelta a casa, ordenó preparar un banquete para él y pidió al heraldo que convocara a Demodokos, el bardo ciego,
para que les divirtiera con sus canciones. El poeta, "el más
querido por la musa," tocó su lira y cantó las hazañas del
mismo Ulises durante la guerra troyana. Ulises las escuchó
y lloró cuando oyó los nombres de sus amigos perdidos,
aunque nadie a su alrededor sabía porqué se apenaba, pues
no había revelado su identidad.

Cuando terminó el banquete y las canciones, el rey
dijo a los que se congregaban en el salón real: "Salgamos
a divertirnos con diversas competiciones atléticas para que
cuando nuestro huésped se vaya a casa cuente a sus amigos
cómo superamos a otros en boxeo, lucha, salto y carreras
pedestres".

Después el rey abrió el camino hacia el estadio, donde
los cortesanos miraban a los jóvenes de la isla mientras estos
corrían, luchaban, saltaban, boxeaban y lanzaban el disco.
Pero Ulises estaba distraído pues su corazón estaba lleno de
nostalgia por su hogar. El hijo del rey, Laodamo, se sintió
conmovido por la soledad del extranjero. Así como hoy un

joven muchacho en un campo de fútbol, o una adolescente jugadora de baloncesto en Vernon, Ontario, o un jugador de hockey de unos veintitantos años en Wisconsin, podría invitar al nuevo chico de la ciudad a dar patadas al balón, a lanzar unas canastas o a correr detrás de un disco de hockey, así el príncipe invitó a Ulises a jugar con ellos con estas palabras ya famosas ahora: "Puedes, señor, también probar tu mano en alguna contienda si es que conoces alguna. Tienes una apariencia de atleta. No hay mayor fama para un hombre que la que alcanza con la habilidad de sus manos. Prueba ahora y deja a un lado tus preocupaciones. Tu viaje de vuelta está cerca y ya te hemos preparado un barco y una tripulación."

Al principio Ulises se negó, diciéndoles que su corazón estaba lleno de pena y que pensaba más en volver a casa que en jugar a juegos. Su rechazo fue mal interpretado como un acto de miedo o cobardía por Euríalo, que aún estaba lleno de orgullo tras vencer en el combate de lucha. El imprudente joven pronunció las que serían palabras de lucha en la antigua Grecia y que aún lo son en la mayor parte del mundo hoy: "Tu no eres un atleta."

Furioso, Ulises replicó que el luchador era la prueba de que los dioses nunca conceden a una persona todos los dones. "Tómate como ejemplo", bramó, "una obra maestra de cuerpo que ni un dios podría mejorar, pero en una cabeza vacía. Tu sonrisa de desprecio hizo que mi corazón latiera más rápido. No es que no me interesen los deportes como piensas. De hecho creo que estuve entre los mejores en mi época, pero ahora vivo en dolor y miseria, tras haber arriesgado y soportado tanto en las guerras de los hombres y los arduos trabajos del mar. Aún así y a pesar de los estragos causados por estas cosas funestas intentaré vuestras pruebas de fuerza."

Ulises agarró el disco y, como Homero describe vivazmente, "girándose, lo lanzó con su poderosa mano y la piedra silbó por el aire… voló tan libremente desde la mano del héroe que sobrepasó las marcas de todos los demás."

Misteriosamente, apareció la sabia diosa Atenea disfrazada de juez que marcó la distancia y dijo: "Incluso un ciego podría juzgar a tientas tu lanzamiento, no se confunde con los otros sino que está mucho más lejos. Puedes considerarte el campeón de esta contienda, pues ningún feacio se acercará a tu marca y mucho menos te vencerá."

Con su pesado corazón aligerado por el prodigioso esfuerzo realizado, Ulises dijo a la multitud: "Me habéis estimulado hasta tal punto que no retrocederé ante nada." Tal era su pasión que nadie se atrevió a moverse, nadie osó decir palabra. En su lugar esperaban que su rey les hablara.

Alcino entonces declaró: "Señor, lo que has dicho no es inoportuno, pues es natural que quieras mostrar tu destreza tras ser enojado por aquel hombre que permanece entre la multitud y que se ríe de ti y de tu valor, aunque ningún hombre en sus cinco sentidos lo haría."

El rey sabio suplicó al héroe que los recordara con benevolencia y convocó otro festejo. "Pero venid," dijo a los presentes, "hagamos que los mejores bailarines feacios bailen para nosotros, para que cuando nuestro invitado vuelva a su casa les cuente a sus amigos cómo superamos a otros en navegación, en las carreras, en el baile y en la canción."

LA VIDA EXCELENTE

Este glorioso relato de lo que se ha llamado atletismo homérico es como una vidriera de colores en la que podemos ver retratado el esplendor colorista de los antiguos juegos. Es en la *Odisea* y la *Iliada* donde descubrimos por primera vez el profundo espíritu de los Juegos, el deseo de competir en las carreras, la lucha, el lanzamiento y el boxeo —no por el dinero ni por los premios sino por el reto de la competición, y el éxtasis que produce hacerlo bien.

Mirando más allá a través del cristal, podemos reconocer el origen de nuestro deseo de ocasionalmente "mostrar nuestro arete[21]", nuestra excelencia al mundo, especialmente cuando uno es desafiado. Como dijo una vez Joseph Campbell, "el milagro de los mitos" es la manera en que nos vemos reflejados en ellos, la manera en que nos muestran reflejos de "nuestra propia vida interior". La escena en la isla de Esqueria es sorprendentemente familiar porque las chispas del fuego competitivo, los destellos de orgullo y los alardes apasionados de gracia y destreza se encuentran hoy en estadios de todo el mundo.

Pericles, en uno de los famoso discursos que pronunció como líder de Atenas, dijo: "Y no nos hemos olvidado de proporcionar a nuestros espíritus cansados, muchas distracciones del trabajo arduo; tenemos juegos regularmente y sacrificios a lo largo del año; en casa nuestra vida es refinada y el placer que sentimos diariamente con todas estas cosas nos ayuda a desterrar la melancolía." Estas fascinantes líneas sugieren una de las funciones trascendentes de los deportes, animar nuestras oprimidas vidas.

El historiador William J. Baker especula en *Deportes en el Mundo Occidental*, sobre la universalidad del impulso competitivo: "Los seres humanos no pueden vivir sólo de pan. Sueñan y luchan. No sólo toman fuego del altar de los dioses por su calor; la curiosidad es su gloria y su dolor. Escalan montañas, cruzan mares inexplorados e investigan el espacio exterior por otras razones que no son el beneficio material. Prosperan en sus retos. Buscadores de laureles, especialmente se miden en competición con otros seres humanos. Donde no hay competición, crean una. Desde lo más profundo de nuestro ser y desde hace milenios, nos viene el impulso por la competición atlética... Poco sorprende que el impulso competitivo prospere más en sociedades donde los logros son la manera de alcanzar el éxito y el elogio."

Bernd Heinrich está de acuerdo con que este impulso tiene miles de años. Ha pasado su vida tratando de encontrar un vínculo entre la necesidad innata de correr como

---

[21] destreza.

aparecía expresado en el antiguo arte sobre la piedra y la necesidad de correr duramente, de entrenar con dolor, como expresaban sus compañeros corredores de larga distancia. "No hay nada tan apacible, profundo y irracional como nuestra carrera –y nada tan salvaje y feroz", escribe. "Para mí, la pintura de Bushman (de antiguos corredores) encarna la personificación entre las carreras, la caza y la lucha de la humanidad hacia la excelencia."

La dimensión trascendente de los deportes ha fascinado durante mucho tiempo al autor, profesor y corredor de larga distancia, Michael Murphy, que ha pasado las últimas cinco décadas documentando rigurosamente los paralelismos entre la disciplina atlética y la religiosa. En su libro sobre la cara mística del deporte, con Rhea White, *In the Zone*, él comenta: "Esta buena voluntad para sufrir tanto por el deporte puede entenderse como una expresión concentrada de nuestra necesidad por expresar una perfección más profunda y una belleza que sentimos secretamente. Esa perfección más profunda es más importante para muchos atletas que los premios y el aplauso." Esta necesidad, cree Murphy, refleja nuestro deseo de trascender a nosotros mismos, que desempeña un papel activo en la evolución de las especies. Para él "los deportes son nuestro yoga Occidental, un vehículo para elevar la vida ordinaria a alturas divinas." Y el sentimiento o sensación de esa altura, de ese ascenso, se conoce como el fluir, el estar en ello, en ritmo, en sincronización, "en la zona".

Dan Millman, el anterior campeón mundial de trampolín y gimnasta del Salón de la Fama, también está fascinado con la visión y la dedicación de los atletas que aspiran a extremar la excelencia en su campo. La constante pregunta de cómo lo alcanzan le inspiró a escribir varios libros sobre el tema, incluyendo *The Inner Athlete*. "Los atletas que acaparan atención exclusiva", comenta, "se sienten totalmente encendidos", completamente entregados. Ese estado ha sido denominado el "fluir", también ha sido denominado "la zona".

El "estado de fluir" es una manera de describir la excelencia sin esfuerzo. Nos hace sentirnos como de vuelta a nuestro cuerpo, como que estamos, aunque sea por un momento, completos. Este fluir no es accidental o mera suerte; es el fruto de la práctica, la claridad de propósito, la devoción intensa y el enfoque. La superestrella del baloncesto Michael Jordan se ha referido a este estado de elevación como la recompensa a años de duro trabajo, enfoque y preparación. Cuando ocurre, "proporciona una visión breve de la perfección", en palabras del investigador Mihaly Csikszentmihalyi. Es el resultado de la excelencia y tiene poco que ver con las medallas, trofeos o fama. Es el oro interior. La maravilla de las maravillas. Es el momento perfecto cuando todo encaja. Como solían decir los antiguos griegos, es el instante cuando Afrodita– diosa de la belleza, madre de Eros el amor mismo, y abuela de Júpiter– envía su bendición sobre el mundo, incluyendo sus atletas. Esto es por lo que la belleza, la fuerza y el placer –lo erótico de los deportes– han sido siempre cualidades inseparables del nivel de élite. Lo cual quiere decir que el fluir no puede asirse y no puede fingirse. Como el amor, debe de ganarse; como la gracia, sólo puede ser concedida, como la inspiración, llega sólo después de intenso trabajo interior. Y nada grande se puede conseguir sin ello.

En el más grande juego de la vida, el sentimiento de "fluir" recuerda el sentimiento de volver a casa de nuevo, que es por lo que la búsqueda de la excelencia no es un viaje corriente sino una odisea. Los viajes cortos no nos enseñan nada, dicen los poetas y los atletas comprometidos; los viajes largos nos enseñan lo que podemos usar cuando llegamos a casa. El viaje sin rumbo hacia la excelencia, nos cuentan los atletas excelentes, es una oportunidad para "elevar nuestro juego a otro nivel," una oportunidad para mejorar, para aprender cómo lidiar con la derrota y cómo trabajar y jugar con otros como equipo

El calor blanco del deseo que impulsa aquel viaje revela la dimensión existencial del deporte, la creencia profundamente sentida de que su único sentido está en el momento, así pues debe ser vivido –o jugado– en extremo. Michael Jordán a menudo proclamaba que vivía por la oportunidad de ver lo que iba a ocurrir en la cancha, con qué movimientos iba a brillar, con qué defensas se iba a encontrar, y obviamente le encantaba sorprenderse incluso a sí mismo. "Cada vez que piso una cancha de baloncesto", dijo, "nunca sé lo que ocurrirá. Vivo el momento. Juego el momento."

Michael Jordán, considerado el portador oficial de la excelencia en baloncesto, dirigió el Dream Team en los Juegos de Barcelona de 1992.

Otro famoso pasaje que da luz al lado existencial del deporte viene de la mano de Yuri Vlasov, anterior campeón mundial ruso de levantamiento de peso, poeta y filósofo: "En el punto álgido del tremendo y victorioso esfuerzo, cuando la sangre palpita en tu cabeza, de repente todo se convierte en calma dentro de ti. Todo parece más claro y más blanco que antes, como sí grandes focos hubieran sido encendidos. En ese momento tienes la convicción de que posees todo el poder del mundo, de que eres capaz de todo, de que tienes alas. No hay momento más preciado en la vida que esté, el momento blanco, y trabajaras duramente durante años sólo para saborearlo de nuevo."

Desde Ulises en la antigua Grecia hasta Wilma Rudolph en la Italia moderna, los atletas juegan, compiten y luchan por sobresalir incluso cuando —incluso porque— sus corazones se están rompiendo de nostalgia o sus espíritus están a punto de hacerse añicos por la injusticia social o la agonía física. Lo que artistas, místicos y atletas demuestran es que pueden transformar sufrimiento en satisfacción, dolor en placer, a través de un intenso esfuerzo. Eso es lo que estimula nuestros espíritus.

El poder realizador de los deportes, especialmente en medio de la tragedia, se ha confirmado una y otra vez a lo largo de la historia, desde los juegos funerarios en honor de Patroclo en la Iliada, a los juegos de béisbol jugados los domingos por la tarde durante la guerra civil, o los partidos de fútbol entre británicos y alemanes en la Navidad de 1917, durante la primera guerra mundial. Esto es por lo que se elevó el grito apasionado de los ciudadanos de Nueva York unos días después de los ataques terroristas del 11 de septiembre del 2001, cuando Sarah Hughes recreo su inspirador espectáculo de patinaje ganador de una medalla de oro en el centro Rockefeller. Estos gritos surgen del espíritu cultural para que podamos decir, junto con el cantautor Van Morrison, "La cicatrización ha comenzado."

Seguimos jugando por razones que van más allá del escapismo. Seguimos jugando para volver de nuevo a la vida, para recrearnos a nosotros mismos, para recordarnos que podemos ser algo más que gente mediocre, que tenemos el coraje para ser extraordinarios, aunque sea por unos momentos en el campo, en el estadio, alrededor de una pista. Jugamos para reavivar el fuego que está continuamente en peligro de extinción.

Por está razón, muchos pueblos antiguos, tales como los mayas, los incas, los hopi, tenían ceremonias de fuego, tenían carreras de fuego en honor de sus dioses. Los antiguos griegos celebraban regularmente carreras de antorchas en honor de Prometeo, el dios cuyo nombre significa "previsión" por tener la previsión y el coraje de robar el fuego a Zeus y dárselo a los humanos, cuya tarea sagrada es mantener el fuego encendido. Pausanias escribe: "Hay un altar de Prometeo en la Academia (en Atenas) y corren desde este altar hasta la ciudad portando antorchas encendidas. La competición consiste en correr y mantener la antorcha encendida al mismo tiempo. La antorcha y la victoria del primer corredor se extinguen juntas, y la victoria pasa al segundo corredor. Pero si la antorcha de éste se apaga, el que llega en tercer puesto obtiene la victoria; y si las antorchas de todos se apagan, nadie gana."

La lección Olímpica que pervive hasta hoy es que ganar no es necesariamente una victoria; el laurel no es equivalente a la antorcha. El verdadero espíritu de los deportes es el fuego en nuestros corazones– simbólicamente, la antorcha que cada uno lleva en la carrera, el juego, la competición. Si ese fuego, esa antorcha se extingue —es sofocado, reprimido, aplastado— entonces nadie gana.

EL FUEGO GRIEGO

"El fuego interior es lo más importante que el hombre posee", escribe la poetisa danesa Edith Södergran, una convicción compartida por Mary Lou Retton, gimmnasta ganadora de una medalla de oro en 1984, que dijo tras su victoria: "Cada uno de nosotros tenemos un fuego en nuestros corazones para algo. Es nuestra meta en la vida encontrarlo y mantenerlo encendido." En la brillante novela de Nikos Kazantzakis *Zorba el Griego*[22], el incontrolable héroe grita a los vientos de la montaña que golpean su isla y su hogar, Creta, "¡No extinguiréis mi fuego!" En las palabras finales del libro, el narrador, maestro de escuela inglés, describe el inspirador efecto del fuego de Zorba sobre él: "Mi vida con Zorba ha agrandado mi corazón; algunas de sus palabras han calmado mi alma. Este hombre con infalible instinto... sin perder aliento, había alcanzado el nivel máximo de esfuerzo y había llegado incluso más lejos."

Lo que Kazantzakis llama "el fuego griego" aparece descrito en Ulises como una llama lenta que gradualmente revela su verdadera personalidad. Se ha cuestionado su honor, se ha dudado de su valor, está en peligro su prestigio, incluso se ha desafiado su propia identidad como guerrero griego y como atleta campeón. Su respuesta es primero una furia de palabras, luego una exhibición magnífica de destreza. Defiende su honor, desvaneciéndose momentáneamente su melancolía.

Una inesperada penetración en el alma griega nos viene del comentario del rey de que el deseo de Ulises de revelar su *arete* —su excelencia, virtud, destreza, valor— es normal. "Pues es natural," nos dice el rey, "mostrar nuestro *arete*." No es vanagloria, elitismo o un mero producto de testosterona masculina, sino algo natural y admirable.

Mencionando el *arete* de Ulises, el rey reconoce a su invitado como un hombre de honor e integridad. Además, un detalle sorprendente de la historia nos revela que el rey está en íntimas relaciones con la cualidad. El nombre de su mujer es Arete.

Las siguientes palabras del rey revelan su deseo de que los feacios sean conocidos como gente que sobresale no sólo al timón de un barco y en el estadio sino también en el

---

[22] editorial Círculo de Lectores (1986).

escenario, en otras palabras, en mente, cuerpo y alma. Esta visión refleja la insistencia de los griegos, expresada una y otra vez en tiempos clásicos, de que no eran "bárbaros" sino gente civilizada. Y lo que les convertía en civilizados a sus propios ojos en todo lo que intentaban —desde la adoración a sus dioses, a su arte y arquitectura hasta su destreza militar y atlética— era su lucha por la excelencia.

El ideal griego, que nos ha llegado en la frase "mente sana en cuerpo sano," se ilustra maravillosamente en esta escena. Y no es sólo que se hable de ello, sino que es representado, lo cual es la definición de drama mismo. Ulises actúa y así se define a sí mismo. No sólo exhibe una destreza atlética excepcional, sino que además lo hace como hombre de espíritu, corazón, orgullo y coraje, que es por lo que se le llama "ese hombre de sabiduría" en las líneas del comienzo de la Odisea. No es un héroe ordinario. A lo largo de la historia, él no quiere huir, que es el sello distintivo de tantas otras historias, sino que desea sobre todas las cosas regresar. Los cuentos legendarios que describen sus esfuerzos fueron llamados los *nostoi*, "los regresos a casa", que cuando se unieron a *algos* o "el dolor" dieron lugar en el siglo XVIII a la palabra nostalgia, "dolorosa nostalgia".

Ulises tiene que ganarse su vuelta a casa, "el hombre astuto" debe probarse a si mismo una y otra vez, como en un mal sueño, en una competición en Esqueria que le defina como atleta, pero también como un buscador espiritual a lo largo de su viaje. Su descripción como "el hombre de lo inesperado" le separa de todos los demás guerreros de su época reconociendo su naturaleza compleja, la excelencia de su mente, cuerpo y espíritu. La atención que le presta a su vida interior y exterior es lo que le permite volver a casa como un marido, padre y rey más sabio.

De esta manera, Ulises se convirtió en el máximo ejemplo en la literatura clásica de lo que George Leonard llama "el guerrero supremo", el que se conquista a si mismo. Las cualidades que presenta Odiseo son, por supuesto, míticas, más amplias que la vida, que es la fuerza resistente del cuento épico de Homero. Es el modelo ideal. Sin embargo es tentador considerarnos a nosotros mismos en nuestra propia odisea, perdidos e incapaces de encontrar nuestro camino a casa a menos que aceptemos el reto final, hasta que nos probemos a nosotros mismos en el calor de alguna clase de competición.

El punto de yuxtaposición entre mito, drama y atletismo es la inevitable hazaña en el corazón de cada aventura, debemos superar pruebas y ensayos si queremos volver a nuestro verdadero hogar. Esta filosofía globalizadora impregnó los santuarios de toda Grecia, donde los santuarios, teatros y templos estaban unos al lado de los otros, subrayando la interrelación entre religión, arte y atletismo. Los griegos vieron que los tres aspectos de la vida necesitaban ser representados regularmente y ritualmente si este planteamiento iba a ser, como decimos hoy, impulsado desde casa.

Para aquellos de nosotros que buscamos indicios de los orígenes del espíritu Olímpico, el concepto clásico de *arete* explica el deseo ardiente de alcanzar o ser testigo de la excelencia. Y para aquellos de nosotros interesados en la condición de peligro en que se haya el espíritu Olímpico en medio de espectros como la ingeniería genética para los atletas del futuro y las exclusivas "Escuelas de Atletas" para entrenar adolescentes para la Olimpiadas, la noción de perseguir la excelencia porque sí puede ser un gran trago de agua fresca tras un duro esfuerzo. Un equilibrio bien aceptado.

La necesidad de discutir por el valor de la excelencia no es un fenómeno moderno. Su valor fue enunciado por Aristóteles en Política, en un pasaje que podía haber sido escrito ayer para una reunión de la junta de un colegio local: "No todo el mundo está de acuerdo con qué debería aprender un joven y si las metas deberían ser el *arete* o la buena vida, ni está claro si sus estudios deberían dirigirse hacia el desarrollo del intelecto o de la personalidad... Es necesario definir como vulgar cualquier actividad o destreza o ciencia que no utiliza el cuerpo o el alma o la mente de los hombres libres para la práctica del *arete*... Está pues claro que hay un aspecto de educación que debería ser enseñado a nuestros hijos no porque sea útil o necesario, sino porque libera el espíritu y ennoblece el alma."

Revigorizar nuestra definición de ganar con la antigua interpretación griega de *arete* puede ayudarnos, no porque nos conduzca a la gloria, la fama o a los contratos sino porque "libera el espíritu y ennoblece el alma." Llevados de esta manera, los Juegos Olímpicos iluminan la oscuridad más que quemar a aquellos que los tocan.

EL GRAN ESFUERZO

En su largo recorrido a través de la historia hasta llegar a nosotros, la palabra *arete* fue traducida por los académicos del latín como *excellere*, que viene a decir el esfuerzo para superarse uno mismo. *Excellere* es también el origen de exhilaration, una palabra relacionada con *hilaris*, alegre. Todas estas asociaciones juntas nos dan un claro, útil y sano ideal de excelencia para los deportes. La actuación excelente es el esfuerzo alegre que trae consigo buen humor o suprema satisfacción porque el atleta o el artista se ha superado a si mismo en el momento de la verdad a fuerza de esfuerzo, coraje y entusiasmo.

La teósofa Shirley J. Nicholson descubrió una referencia graciosa a la noción de atletas alcanzando su "máximo potencial" en la legendaria tira cómica de Garry Trudeau. Según escribe, "Un episodio de 'Doonesbury', muestra una adolescente en la playa con su novio que lleva puesto su casco de fútbol mientras permanece tumbado sobre la arena. Ella le dice que sus propias experiencias pasadas podrían tener más sentido para él si pudiera acceder a su karma. Todo lo que tiene que hacer es preguntarse a sí mismo quién es realmente en su actual reencarnación. El dice, 'Fácil, soy un quarterback[23] de tercera línea', Ella dice que está bien, pero que qué pasa con su ser más elevado y espiritual. 'Un quarterback de primera línea.' Ella le dice encantada, '¿Lo ves?, reconoces al dios interior.'"

"El dios interior", por supuesto, es el significado original del entusiasmo, y es también, observa Nicholson, "el origen de nuestros potenciales espirituales y habilidades especiales que tenemos sin explotar.

Artistas y atletas, preparadores y gerentes de negocios están íntimamente familiarizados con la conexión entre el entusiasmo y la excelencia. Emerson dijo, "Nada grande se consigue sin entusiasmo", lo cual fue repetido por el inmortal futbolista Pelé: "El entusiasmo lo es todo. Debe ser tan intenso y vibrante como las cuerdas de una guitarra."

El filósofo clásico, científico y entusiasta del deporte Aristóteles situó la excelente condición del cuerpo y el alma en el centro de su filosofía. En *De Anima* (sobre el alma humana), escribió una brillante sinopsis sobre la naturaleza lapidaria del *arete*, que él dividió en cuatro excelencias del alma y cuatro excelencias equivalentes del cuerpo. Escribe, en la traducción de Thomas Cleary, "La sabiduría del alma tiene su equivalente físico en la perfección. La justicia del alma tiene su equivalente físico en la belleza. El coraje del alma tiene su equivalente físico en la fuerza. La modestia en el alma tiene su equivalente físico en la salud. La observación de Aristóteles acerca de la interconexión de todos los aspectos de la naturaleza humana contrasta dramáticamente con nuestra propia desafortunada división artificial de mente, cuerpo y espíritu.

El énfasis griego en la excelencia puede haber sido una fuente de motivación para los atletas olímpicos, pero fue una fuente de consternación para muchos críticos. En el siglo II antes de Cristo, Lucian describió lo que debía ser una preocupación de la época por el mérito de los festivales atlé-

---

[23] Posición principal en el equipo de fútbol americano (mariscal de campo).

ticos en forma de diálogo entre Solón y el poeta Anacarsis. Solón dice al escéptico escriba que no estaría perdiendo el tiempo si acudiera a una de las pruebas en Olimpia, Nemea o Atenas: "Aprenderías por tí mismo, sentado en medio de la multitud, viendo el *arete* de los hombres y su belleza, su sorprendente condición física y la gran habilidad e irresistible fuerza y osadía, su determinación invencible y su pasión indescriptible por la victoria. Sé que no pararías de alabar, vitorear y aplaudir."

El poeta, como muchos intelectuales y clérigos de nuestro tiempo, no parecen muy convencidos, pero su escepticismo es sano, como lo son las quejas actuales entre los críticos modernos. "Ya veo", se mofa, "que todas estas cosas —*arete*, condición, belleza, osadía— son una pérdida de tiempo puesto que no hay ningún propósito en ellas." Entonces pregunta si todos los que compiten reciben premios, como si eso racionalizase todo el duro esfuerzo.

"Por supuesto que no", replica Solón, lacónicamente. "Sólo uno de entre todos ellos: el vencedor."

El poeta cínico se queda muy asombrado ante la manifiesta ausencia de una amplia recompensa. Para él, una corona de olivo, laurel, apio o pino, o posiblemente una jarra de aceite de oliva, no es suficiente para que merezca la pena el esfuerzo. Sin embargo la satisfacción básica por un simple premio era exactamente lo importante. Del mismo modo, Heródoto nos habla de un general persa, en la batalla de las Termópilas, que estaba sorprendido con los guerreros griegos, a los que habían preparado como atletas. Preguntó al griego Mardonio, "¿Qué clase de hombres son estos contra los que luchamos que no luchan por dinero sino simplemente por el deseo de sobresalir?"

La clase de hombres que creían que el gran esfuerzo era su propia recompensa. Esta noción trascendente del éxito —la opuesta a la que domina la cultura moderna— ha sido admirablemente descrita por el novelista, coleccionista de arte y entusiasta del deporte James Michener: "Uno de los más llamativos grupos de estatuas que nos llegaron desde los días de la antigüedad son aquéllas que muestran atletas exhaustos, tales como el auriga de Polyzalos. Cuando miras hoy a semejante estatua, no puedes decir si el hombre ha ganado o perdido; todo lo que sabes es que acaba de terminar una extenuante prueba de alguna clase y que se siente satisfecho. Estas estatuas representan el mejor aspecto de los deportes, el agotamiento al final del juego, el cansancio que conduce a la recreación. Esto es lo que busca el que compite."

Escribiendo en *Tierra, Aire, Fuego y Agua* sobre los paralelismos entre el arte griego y el atletismo, el crítico de arte y mitólogo Alexander Elliot dice:

Sus estatuas de atletas fueron pensadas para honrar no sólo a los hombres, sino a los dioses. De hecho el arte y el atletismo no eran sino dos caras de un único resplandor, el brillo del sol del alma griego: arete. La palabra se traduce como excelencia pero implicaba mucho más que ser el primero y el mejor. Arete, en cualquier esfuerzo, conllevaba un inconfundible florecimiento de la perfección. Quería decir "agarrando firmemente la belleza," como dijo Aristóteles. Representaba lo que es veloz, poderoso, apasionado, brillando con la luz de la gracia eterna. La divinidad era el objetivo real del atleta y la victoria era su prueba… La clave para los antiguos griegos es el arete: luchaban para actuar como dioses. Y la clave en la escultura griega también es el arete. La gracia y la fuerza terrenal así modeladas para ensalzar un lugar sagrado.

Creación y recreación están unidas por el deseo de expresarse uno mismo y el esfuerzo excelente. El esfuerzo excelente, la lucha para vencer las adversidades, la determinación para vencer, es lo que más se admira. El don de los Juegos es su representación de la creencia significativa de que es posible y deseable superarse uno mismo a través de la pasión por la competición. Y como David C. Young escribe "Las competiciones físicas permanecieron como la competición humana ejemplar *por excelencia*. Representan básicamente y en pequeño la lucha griega por elevarse por encima de la condición miserable, esencialmente efímera del hombre y de lo que éste no puede normalmente hacer. Competir desnudo subrayaba esta prueba física del individuo. El hombre y todo lo que él podía hacer eran puestos al descubierto delante de todos. Sólo contaba la ejecución y el éxito."

La excelencia en la lucha es la esencia del genio griego. Sin embargo, los antiguos griegos también entendían la naturaleza efímera del éxito, que es por lo que Niké, su diosa de la victoria, aparece representada con prendas movidas por el viento, alada y siempre fugaz. Su homóloga romana era Victoria, que era adorada en su propio templo por soldados y atletas. Con una rama de palma o una guirnalda en la mano, ella está siempre en movimiento, el recuerdo consumado de la fugacidad del triunfo. William Blake expresó el mítico momento de esta manera:

> El que se une a una alegría
> destruye el fluir de la vida.
> Pero aquel que besa la alegría mientras vuela
> vive en el amanecer de la eternidad.

¿Que significan estas imágenes inmortales para nosotros aquí y ahora? ¿Qué nos dicen de nuestra obsesión por el oro, ganar y el éxito?

RECONSIDERAR EL VALOR DEL ORO

¿Dónde está el oro? O como grita el agente en la película *Jerry Mcguire*, "¿Dónde está el dinero? ¡Enséñame el dinero!" *¡Enséñame el dinero!* ¿Es esta la manera de medir nuestros más grandes esfuerzos, nuestra lucha por la excelencia? ¿No hay ningún propósito ni satisfacción, en la plata o en el bronce, en el segundo o el tercero, o el último puesto? "Si no hay oro, no hay gloria, no hay firma de contrato," tal y como un reciente medallista de plata olímpico se quejó amargamente.

Creer en la ecuación exacta de oro y éxito es cometer lo que el psicólogo James Hillman llama "el pecado del literalismo." ¿Cómo pueden nuestros atletas y preparadores escapar de la trampa de concretizar la mítica imagen del oro que conduce inexorablemente a ganar a toda costa, y a la vergüenza debilitadora para cualquiera que no sea coronado campeón? ¿Hay otra imagen del oro que pudiera conducirnos de vuelta al verdadero espíritu de los Juegos?

Una alternativa ingeniosa ha sido sugerida por el filósofo moderno aristotelista Ronald Gross. En sus seminarios por todo el mundo, deleita a la audiencia con relatos de los sentimientos ambiguos que Sócrates despertaba en los ciudadanos de Atenas. Los amigos de Sócrates no sabían cómo presentar al desaliñado y poco atractivo filósofo a otros. "Explicaron que Sócrates era como las pequeñas estatuas del (sabio sátiro) Silenus, que los artesanos atenienses vendían en la plaza. Estas estatuas en yeso representaban una figura fea, borracha, disoluta y barriguda. Pero dentro de estas pequeñas estatuillas, los escultores introducían una maravillosa estatuilla dorada. El problema era que para descubrir el posible premio dentro de tus Silenus tenías que romperlo, haciendo añicos el molde exterior para acceder al tesoro del interior. Llegar a conocer a Sócrates era así, decían sus amigos. Necesitabas estar dispuesto a pasar de su apariencia exterior, para apreciar el alma que había en su interior."

Sócrates disfrutaba de su papel de criticón social. A los políticos, generales, atletas y tenderos les daba las malas noticias y no eran tan sabios, ni exitosos como pensaban. Nuestras vidas tienen un propósito más profundo, insistía, y para descubrirlo debemos rascar un poco bajo las apariencias superficiales y descubrir lo que realmente importa, el oro interior. Para hacer esto él defendía el fortalecimiento del cuerpo y del alma.

Un portador de la antorcha socrática en nuestros días es John Wooden, el entrenador de baloncesto más exitoso de la historia. Raramente hablaba a sus jugadores o a los medios de comunicación de ganar; en su lugar enfatizaba los deportes como una forma de fortalecer la personalidad y prepararte para el más grande juego de la vida. Similarmente, Vince Lombardi enfatizaba: "El espíritu, el deseo de ganar, y el deseo de sobresalir son las cosas que perduran. Estas cualidades son mucho más importantes que las pruebas que tienen lugar. Tan jocosamente como siempre, la cómica Mae West estaba de acuerdo: "Nunca me interesó el resultado, sólo el juego."

Para aquellos que sostienen que no darle importancia a ganar puede conducirnos a una actitud de perder, los anales de la tradición olímpica están llenos de pasajes de campeones que afirman lo contrario. "El lema del movimiento Olímpico no idolatra al excelente, anima al leal…Sus historias maravillosas y aclaradoras traen a la vida las verdades eternas inherentes a la búsqueda de la excelencia a través de duro trabajo, la disciplina y un carácter fuerte. El mensaje que permanece oculto justo debajo de la superficie…es que los campeones olímpicos no son gente extraordinaria, más bien son gente corriente que simplemente han sido capaces de realizar cosas extraordinarias."

La gimnasta favorita del público, ganadora de la medalla de oro en los Juegos de Atlanta, Kerri Strug, ha hablado abiertamente sobre la necesidad de ver más allá del glamour superficial de los Juegos Olímpicos para descubrir su significado más profundo. "Todo el mundo se centra en 'Eres un campeón Olímpico', pero es mucho más que eso," dijo ella. "Estamos representando a nuestro deporte. Tenemos un papel más amplio que representar…La gimnasia me enseñó a estar centrada y disciplinada, lo cual me ayudó a prepararme para la vida."

¿Qué significado tiene una mítica lectura de la excelencia en el mundo actual de altas apuestas, donde ganar una medalla de oro puede llevarnos a millones de dólares en promociones?

¿Quiénes son los portadores de antorchas de la excelencia en las Olimpiadas recientes y qué lecciones de vida podemos aprender de ellos? Para encontrarles, Naber escribe en *Awakening the Olympian Within*, necesitamos sólo buscar "historias de determinación, donde los olímpicos tenían una razón para abandonar, pero nunca lo hicieron." Como locutor Olímpico descubrió que los espectadores recordaban las actuaciones de aquellos más que otras. "¿Qué tienen en común estos olímpicos además de sus medallas? Comparten una fe imperecedera en el resultado final positivo y un empeño en no abandonar.

EL FLUIR DE LA EXCELENCIA

Al comienzo de 1980, el espíritu olímpico se encontraba tan bajo como las estatuas de antiguos atletas en el fondo del "mar oscuro como el vino" de Homero. La unión Soviética había invadido Afganistán, lo cual instigó una actitud belicosa y un movimiento de boicot en contra de los próximos juegos de verano de Moscú. Pero durante unos pocos días a finales de febrero, en los juegos de invierno de Lake Placid, el espíritu olímpico se vio reforzado cuando un grupo de desconocidos jugadores americanos universitarios de jockey sobre hielo se enfrentaron a un equipo veterano de profesionales soviéticos en las semifinales.

Los jóvenes americanos habían sido puestos en forma tras meses de duros entrenamientos, que fueron aligerados por horas de carreras arriba y abajo por el hielo que los jugadores burlonamente llamaron "Herbies", por el entrenador, Herb Brooks. Descrito como una combinación de Vince Lombardi, Bobby Knight, y Knute Rockne, Brooks era partidario de la disciplina despiadada –pero en el fondo tenía un corazón de oro. Su método y su visión parecían pura locura: derrotar a los campeones del mundo soviéticos en su propia disciplina, su condición sobrehumana. En su camino hacía su clasificación, los jóvenes americanos habían empatado con Suecia, derrotado a Checoslovaquia, Noruega, Rumania, y Alemania Occidental. En el vestuario antes del enfrentamiento con los soviéticos, Brooks se emocionó tanto que tuvo que leer el inspirador discurso ritual a su equipo: "Nacisteis para ser jugadores. Nacisteis para estar aquí en este momento. Este es vuestro momento". El equipo estaba sorprendido pero poco a poco se dieron cuenta de por qué les había presionado tanto. No habían esperado ni siquiera llegar a la ronda de clasificación, y ahora estaban dispuestos a ir a por todas, ojalá pudieran vencer a los campeones del mundo soviéticos. La única oportunidad que tenían era estar en mejor condición que cualquier otro equipo, tener una disciplina más dura, y jugar con más corazón.

Los yankees se quedaron atrás pronto, pero aseguraron el empate, 2-2, cuando quedaba un segundo para el final del primer tiempo, La multitud estaba emocionada cuando un resultado inesperado surgió como una clara posibilidad. Llenaron el estadio con gritos eufóricos de "¡Estados Unidos! ¡Estados Unidos!". En los dos primeros minutos del segundo tiempo se quedaron atrás de nuevo, 3– 2, pero Jim Craig, su valiente portero, aguantó el resto del segundo tiempo. Sorprendentemente, en el minuto 8:39 del tercer tiempo, Mark Johnson marcó para empatar el partido, y lo imposible de repente parecía posible. Cuando sólo quedaban diez minutos, su capitán Mike Eruzione, robó el disco y tiró a gol desde una distancia de siete metros. "Pudo verse saltar el disco como si fuera un renacuajo", escribe Al Silverman, mientras pasaba brincando ante el asombrado guardameta soviético. Todo lo que los jóvenes americanos tenían que hacer ahora era evitar que los mejores jugadores de jockey del mundo marcaran gol durante 10 largos minutos, una eternidad en hockey. "¡Haced vuestro juego! ¡Haced vuestro juego!" gritaba Brooks. Eruzione entendió lo que eso significaba: "Se trataba de mantener la velocidad y la destreza y el movimiento del disco y usar la libertad que él nos había dado para ser creativos". Cosa que hicieron. Tenazmente mantuvieron a raya a la gran marea roja mientras los soviéticos intentaban desesperadamente empatar el encuentro. Cuando quedaban cinco segundos, el comentarista, Al Michaels, gritó exultante, "¿Creéis en milagros?" Entonces sonó el final del partido y así respondió a su propia pregunta gritando un triunfante "¡Sí! ¡El sueño imposible se hacía realidad!"

Unos pocos días después, E.M. Swift escribió un perspicaz artículo, "La Lección y el Mensaje de lo Que Podemos Ser", para *Sports Illustrated*, que es casi tan famoso en los anales del periodismo deportivo como la victoria lo es en la tradición Olímpica. Dice:

Para millones de personas, la única e inolvidable imagen de los Juegos de Lake Placid será la contagiosa alegría mostrada por el equipo de jockey de los Estados Unidos después de su victoria 4-3 sobre la Unión Soviética... Fue un momento Olímpico...de la clase que los creadores de los Juegos deben haber tenido en mente, uno que quería decir: Aquí hay algo que es más grande que cualquiera de vosotros. Fue extraño. Fue precioso. Palos de jockey lanzados hacia las vigas del techo daban vueltas en el aire lentamente...Los jugadores soviéticos, ligeramente asombrados, parecía que, ante el espectáculo de su derrota, permanecían apiñados cerca de la línea azul con sus brazos apoyados en sus palos...No había cabezas agachadas. Esto era mejor, incluso, que los rusos. "El primer ruso con el que estreché la mano tenía una sonrisa en su cara," dijo Mark Johnson, que había marcado dos de los goles norteamericanos. "No podía creerlo. Todavía no puedo creerlo. Vencimos a los rusos."

Y para muchos aquel día, el "momento infinito" fue ver al guardameta de los Estados Unidos Jim Craig patinando alrededor de la pista tras la victoria, la bandera sobre su hombro, moviendo los labios con las palabras, "¿Dónde está mi padre?"La total alegría de su cara cuando finalmente vio a su padre en la tribuna es un momento simbólico en la historia de las Olimpiadas. Esto nos recuerda que los antiguos atletas a menudo competían más por sus familias o por su ciudad-estado que por ellos mismos, y que la emoción de la victoria es incompleta a menos que se comparta con aquellos a los que queremos. ¿De que mejor manera podría haber acabado este cuento de hadas sobre hielo?

La sonrisa del jugador ruso a Mark Jonson refleja con seguridad el espíritu Olímpico de buena voluntad que ocasionalmente va más allá de las fronteras. Pero la imagen de los jugadores apoyados en sus palos, inmóviles pero dignos en su derrota, refleja la respuesta general de asombro ante la clase de juego en equipo desinteresado y el entusiasmo sin límites mostrado por sus oponentes. En momentos como este encontramos la capacidad para disfrutar, incluso en la derrota, si los jugadores, los entrenadores, y los espectadores reconocen que el deporte es más grande que cualquier equipo, cualquier jugador, que lo que hace posible un gran juego es la excelencia en la competición.

La belleza y el poder de este cambio de filosofía es que elimina la presión del atleta –una presión que produce narcisismo e incluso el reciente fenómeno del "furor de los aficionados"– y pone el énfasis de nuevo donde le corresponde, en el juego en si mismo.

Para que no olvidemos que este espíritu magnánimo puede también expresarse en el momento de mayor gloria, recordemos aquel día, en 1936, cuando Jesse Owens fue coronado con su primera corona de laurel. Nos enseñó una lección. En lugar de hacer hincapié en su propio éxito, miró directamente a las cámaras, sonrió, y devolvió la atención de nuevo a los otros atletas diciendo simplemente, "Gracias por una magnífica competición."

EL DESINTERESADO SECRETO DEL ÉXITO

Para la vigésimo tercera Olimpiada, en 1984, Los Ángeles trató de realizar uno de los sueños Olímpicos incumplidos de Coubertin. "Los Juegos deben ser más íntimos," dijo una vez, "y sobre todo…menos caros." Como el equipo de jockey de los Estados Unidos en 1980, los organizadores de los Ángeles lograron lo que la mayoría había creído imposible o improbable. Bajo la tutela de Peter Ueberroth, el comisionado de béisbol de Los Ángeles desde 1984 hasta 1989, convencieron a 30 corporaciones de pagar la suma de 4 millones de dólares para convertirse en patrocinadores oficiales, lo cual ayudó a construir nuevos complejos deportivos y a restaurar el Memorial Coliseum, y se recaudó una cifra record de 225 millones de dólares de la televisión ABC en derechos de exclusividad. Al mismo tiempo que se arriesgaban a sobre-comercializar los Juegos, los organizadores evitaron las monstruosas deudas en que incurrieron Montreal y Moscú. También se convirtieron en la primera sede que sacó beneficios, calculados en la formidable cantidad de 200 millones de dólares.

Una ingeniosa innovación que ayudó a contrarrestar la excesiva comercialización fue el festival Olímpico de Arte con una duración de 10 semanas. La feria magníficamente organizada mostraba 100 exhibiciones y espectáculos de casi 200 países, incluyendo la Compañía Nacional de Danza de Corea y la Royal Opera de Covent Garden, el circo Oz de Australia y el Conjunto de Música Nacional de la China Central. Las inolvidables ceremonias de apertura en el Coliseum presentaron un "hombre cohete" lanzado por un reactor y fueron coronadas por un coro de 960 voces acompañadas de 84 pianos de cola. Incluso así, el estilo de Hollywood no triunfó necesariamente por encima de la esencia Olímpica.

Los Juegos Olímpicos de Los Ángeles fueron realzados por el veloz corredor británico de media distancia, Sebastián Coe, que consiguió su segundo título en los 1.500 metros, y el incomparable Greg Louganis, que ganó títulos en saltos de plataforma y trampolín. El título de salto de altura femenino fue para la alemana Ulrike Meyfarth, que se había convertido en la campeona más joven de salto de altura en los Juegos de Munich de 1972. Doce años más tarde, a la edad de 28, superó a la italiana Sara Simeón saltando 2 metros y 80 centímetros, convirtiéndola esto también en

Greg Louganis en 1984. En los Juegos de Atlanta de 1996, ganó dos medallas de oro y un reconocimiento al espíritu Olímpico por su valiente actuación tras haber sufrido una seria lesión en la cabeza sobre el trampolín.

la campeona de más edad de salto de altura en la historia Olímpica. En los 400 metros vallas, Edwin Moses extendió su racha ganadora a 102 sorprendentes carreras. Canada ganó su primera medalla de oro en natación cuando Alex Boumann, con una hoja de arce rojo tatuada en su pecho, ganó en los 400 metros estilo individual.

La primera maratón Olímpica femenina fue ganada por la dos veces campeona del maratón de Boston. Joan Benoit, a pesar de que aún se estaba recuperando de una operación artroscópica de rodilla y de una operación en el tendón de Aquiles y de un tirón en un tendón. Benoit corrió con coraje, superando a una adversaria que la había vencido en diez de once carreras, la noruega Grete Waitz. Su marca ganadora fue la tercera más rápida hecha por una mujer, 2:24:52.

"Cuando entré en el estadio", recordaba, "y vi los colores y todo lo demás, me dije a mí misma, 'Escucha, sólo tienes que mirar hacia delante, porque si no lo haces te vas a desmayar.'"

La velocista Valerie Briscoe-Hooks se convirtió en una heroína de la gente de otro orden —una atleta-madre de talla mundial. Después de ganar tres medallas de oro en 200 y 400 metros y en 4x400 metros relevo, dijo a los futuros Olímpicos que es posible sobresalir en dos cosas al mismo tiempo: "Puedes hacer ambas cosas: ser un gran padre y un estupendo profesional. Implica más esfuerzo, pero créeme, merece la pena." Llevada por un verdadero espíritu Olímpico, ha hablado sobre su fama y sabiduría en un programa mentor de deportes de Los Ángeles llamado "Peer to Peer[24]."

Dos personas más expresaron las implicaciones más profundas del éxito atlético en estos Juegos: la estrella del atletismo Carl Lewis y el gimnasta Bart Connor. Lewis igualó las 4 medallas de oro de su héroe Jesse Owens ganando en los 100 y 200 metros, la prueba de relevos de 4x400 y en salto de longitud. Después Lewis dijo, "Bueno, siento que no hay límites si ensanchas tus horizontes. Si no triunfas no has fracasado, porque no puedes fracasar si has hecho todo lo que has podido. Así que espero que pueda ser solamente recordado como alguien que inspiró a la gente y les llevó a hacer cosas que nunca pensaron que podrían hacer."

Connor completó su larga odisea hacia la victoria Olímpica consiguiendo dos medallas de oro en el Pauley's Pavilion de UCLA. Su hazaña fue particularmente significativa

---

[24] Entre iguales.

para aquellos que recordaban que el boicot de los Juegos de Moscú casi había destruido su espíritu. En lugar de regodearse en auto compasión, entrenó más duramente que nunca para los Juegos de 1984, a pesar de las heridas debilitantes y una feroz competición, y apenas llega a formar parte del equipo Americano Olímpico.

Cuando el periodista deportivo Charlie Jones le preguntó dónde había encontrado la fortaleza para recuperarse, Connor dio el mérito a sus padres, pero no sólo por su apoyo.

"Recuerdo perfectamente que," dijo a Jones, "cada noche cuando me iba a dormir, mi madre o mi padre se sentaban conmigo y me preguntaban, '¿Qué has hecho hoy que fuera un éxito?'. Cuando era un niño tal vez era un dibujo, o quizás cuando me hice un poco mayor era el A-B-C, no el alfabeto completo, sino las tres primeras letras, A-B-C, o quizás fue cuando me hice un poco más mayor e hice mi primer salto hacia atrás desde el sofá del cuarto de estar, pero cada noche repasábamos el día y escogíamos una cosa en la que había triunfado. Así que cada noche de mi vida me he ido a la cama sintiéndome un hombre de éxito."

Conner usaba este método de refuerzo y visualización positivos mientras se rehabilitaba de sus heridas. En lugar de centrarse en su dolor y mala suerte, seleccionaba un detalle que revelara incluso un minuto de mejoría, un progreso. Después se recordaría a si mismo esta mejoría cuando se iba a la cama, asegurándose así dormir sintiéndose como un "hombre de éxito."

Charlie Jones comenta, "Qué gran lección es ésta, porque todos nosotros, cada día tenemos nuestros logros. Sólo necesitamos recordarlos y después llevarlos a dormir con nosotros cada noche para sentirnos personas de éxito."

Jones y Connor juntos nos recuerdan que el camino hacia la excelencia es lento, constante, incondicional, valiente. Aunque puede que no poseamos la rapidez de la fibra muscular de un velocista, la capacidad pulmonar de un nadador de larga distancia, o los flexibles tendones de un gimnasta, lo que los grandes relatos Olímpicos nos cuentan es que todos poseemos *genius*, un *daimon*, una fuerza o espíritu más elevado que nos habla, nos empuja, nos anima a hacer un esfuerzo excelente. Lo que motivó a los antiguos todavía nos mueve a nosotros la creencia de que nuestro honesto esfuerzo –no importa lo difícil que sea– se transforma en alegría por el deseo de sobresalir. Por encima del obvio y literal objetivo de ganar está la meta de la excelencia en si misma. Después de todo, dice John Wooden," ¿Quién puede pedir más de un hombre que da todo lo que está a su alcance? Darlo todo, me parece a mí, no está tan lejos de la victoria."

El entrenador Wooden ha pasado años puliendo su definición de éxito, dándole un caracter casi mítico en los mundos del deporte y los negocios: "El éxito es la tranquilidad conseguida sólo a través de la satisfacción de saber que has hecho el esfuerzo para hacerlo lo mejor que has podido."

Cuatro años después de obtener un cuarto puesto en la prueba de 500 metros patinaje de velocidad masculino en los Juegos de Invierno de Sarajevo en 1984, se esperaba que Dan Jansen, campeón mundial de patinaje de velocidad, se llevara a casa el oro en las pruebas de 500 y 1.000 metros en los Juegos de Invierno de Calgary. Pero la tragedia golpeó el día de los 500 metros. Su hermana, Jane Beres, murió de leucemia. Comprensiblemente desconcentrado, Jansen se resbaló en el hielo en las pruebas de tiempo y ni siquiera pudo terminar. Sin desanimarse, se preparó para las siguientes Olimpiadas, los Juegos de Invierno de Albertville, Francia de 1992. De nuevo se pronosticaba que ganaría Cansen, pero de nuevo un contratiempo fue su perdición. Terminó el cuarto, 32 centésimas de segundo del tercer puesto y el bronce.

En la conferencia de prensa antes de la cuarta aparición de Cansen en la competición Olímpica, en los Juegos de Invierno de Lillehammer, Noruega de 1994, un reportero mordaz declaró: "¿Se da cuenta de que si sale de estas Olimpiadas sin una medalla otra vez, probablemente pasará a la historia como el mejor patinador de velocidad sin ninguna medalla Olímpica en su haber?" Frío como el hielo sobre el que amaba patinar, Jansen replicó, "Esa es una manera de enfocarlo, pero yo prefiero verlo de otra forma. Siendo esta mi cuarta Olimpiada, también he tenido la oportunidad de convertirme en uno de los Olímpicos con más éxito de todos los tiempos."

Como tomando consejo de las *Mil y Una Noches*, de que "donde caes, ahí está tu oro," en su octava y última carrera Olímpica Dan Jansen dio un traspiés de nuevo, pero esta vez se recuperó. Patinando con todo su corazón en los 1.000 metros, obtuvo un primer puesto y estableció el record mundial en 1:12:43.

"Para mí, el éxito es algo muy privado y personal," él dijo a John Naber años después. "Significa ser capaz de mirar atrás después de una gran carrera, presentación… y saber que fuiste capaz de prepararte y que hiciste tu mayor esfuerzo. Ganar es fabuloso y es por lo que cualquier persona competitiva lucha, pero no debería ser la única medida del éxito."

Su propio criterio sobre el oro se resume en una extraordinaria filosofía estoica: "No intento ser mejor que nadie más. Sólo intento ser mejor que yo mismo."

En el paseo de la victoria, ante una multitud jubilosa de 10.000 personas, Jansen mecía a su hija en sus brazos. Su nombre es Jane, en honor a su hermana fallecida.

EL SEÚL DE LAS OLIMPIADAS

En los Juegos de 1988 de Seúl, Corea del Sur, se establecieron 26 nuevas mejores marcas y aparecieron nuevas estrellas espectaculares en el firmamento Olímpico. La alemana del Este Kristin Otto obtuvo 6 medallas de oro en natación, una menos que Mark Spitz en 1972 y una más que "el Gran Pez", el nadador Americano Matt Biondi, que consiguió cinco medallas de oro, una de plata y una de bronce en Seúl. La astuta explicación de Biondi para su segundo puesto después de Anthony Nesty de Surinam en los 100 metros mariposa subraya las medidas a menudo centesimales que marcan la diferencia en la competición Olímpica. "Supongo que no debería haberme cortado las uñas. Eso supone una centésima de segundo menos."

La atleta más glamurosa de los Juegos de Seúl fue una americana, empleada de banco, esteticista, y velocista, que atrajo la atención del mundo por correr con uñas largas pintadas y vestida con lo que ella llamaba sus "mallas atléticas"-deslumbrantes, y a menudo transparentes, uniformes atléticos. Sus talentos aparentemente sin límites eran parte de su mito personal. Siendo una colegiala, le preguntaron a Florence Griffith-Joyner, o "Flo-Jo", qué era lo que quería ser cuando fuera mayor. "Quiero ser una actriz, una diseñadora y quiero ir a los Juegos Olímpicos". Su maestra le dijo que sólo podía elegir una cosa, lo cual la irritó, puesto que su madre le había dicho que podía ser todo lo que quisiera. Flo-Jo dijo que en cuanto su madre supo lo ocurrido, "se enfrentó a la maestra y le dijo que ella no podía poner límites en mi vida."

En Seúl, todavía desafiante y decidida a vencer cualquier obstáculo que encontrara en su camino, incluyendo el asma producido por el ejercicio físico, ganó medallas de oro en los 100 y 200 metros y como parte del equipo en la prueba de relevos de 4x100 metros, además de una medalla de plata como parte del equipo en la prueba de relevos de 4x400 metros.

En sus memorias, el campeón Olímpico de baloncesto en 1956 y el 14 veces primera figura Bill Russell dice, quizás proféticamente, que "Si pudieras embotellar toda la emoción que se desata en un partido de baloncesto, tendrías suficiente odio para luchar en una guerra y suficiente alegría para evitar una."

El equipo de baloncesto americano entró en los Juegos de Seúl con un record Olímpico de 85-1, habiendo perdido la disputada final con la Unión Soviética en 1972. En las semifinales de Seúl, los americanos perdieron un partido intensamente jugado contra los soviéticos, 82-76. Esta derrota fue lo que provocó que la fundación de deportes de los Estados Unidos finalmente permitiera a los mejores jugadores americanos –los profesionales de la NBA– jugar para su país, así como los mejores jugadores de otros países podían jugar para el suyo.

En diciembre, 2002, entrevisté a Sarunas Marciulionis, uno de los tres lituanos que había jugado en el equipo soviético en 1988 y después el primer extranjero reclutado por la NBA. Con unas pintas de guinness en el bar O´Reilly de San Francisco, le pregunté lo que había motivado al equipo. ¿Tenía el juego un matiz político o cultural? ¿Había una corriente de amargura hacia los americanos porque rehusaban admitir que habían perdido contra los soviéticos en 1972? ¿Se sintieron insultados ya que la medalla de plata seguía sin ser reclamada hasta hoy en las oficinas Olímpicas de Lausana?

Sarunas pacientemente negó con la cabeza todas mis preguntas, después se volvió impasible mientras contaba otra vez uno de los momentos decisivos de su vida, y de la historia de la competición Olímpica.

"Fue en las Olimpiadas", dijo. "Nuestro principal objetivo era ganar a los americanos, pero no por orgullo soviético. Teníamos otra razón. Para nosotros, ganar era un billete hacia la libertad, pero pensábamos que quizás también para el mundo. Queríamos ganar porque no había otra prueba de que un país es más fuerte sin la guerra nuclear. En deportes ves los resultados inmediatamente, ves quién es más fuerte. En política debes esperar y esperar y esperar. En esa época, antes de la *perestroika*, sabíamos que no podíamos esperar mucho más tiempo."

Marciulione hizo una pusa, luego dijo: "Sabíamos que teníamos una oportunidad para mostrar al mundo que dos países podían competir sin necesidad de ir a la guerra, que puedes luchar por tu país y aún mostrar repeto por el otro país contra el cual estás compitiendo."

Los Juegos Olímpicos de Barcelona de 1992, fueron los primeros en tres décadas que no estuvieron empañados por el boicot. Compitieron más de 10.000 atletas de 197 naciones, incluyendo Cuba, Corea de Norte y Sudáfrica, que fueron invitados una vez más al redil Olímpico. Por primera vez, los estados Bálticos de Lituania, Letonia y Estonia enviaron equipos con sus propias banderas. Bután fue representada por un equipo de arqueros que nunca antes habían visto un avión o el oceano. Grecia ganó su primera medalla desde los Juegos de 1896, a través del talento de Paraskevi Patoulido en la prueba femenina de los 100 metros vallas. Carl Lewis ganó dos medallas de oro más por el salto de longitud. La sede, España, celebró la victoria de Fermín Cacho en los 1.500 metros.

Considerado el hombre más fuerte del mundo, libra por libra, el levantador de pesas Naim Suleymanoglu, con una altura de un metro y ciencuenta centímetros y con un peso de sesenta y tres kilos, un nativo de Bulgaria que había desertado de Turquía, había competido por primera vez para su nueva patria en los Juegos de Seúl de 1988. Apodado "el deleite turco", entró en la prueba de peso pluma y batió el record mundial en arrancada, ganando su primera medalla de oro. En los Juegos Olímpicos de Barcelona el agitador haltera superó a su antiguo compatriota, Nikolay Peshalov, y se hizo famoso por su intrepidez.

En el Congreso Olímpico de 1981, la problemática frase "principiante Olímpico" había sido eliminada de los estatutos Olímpicos. A principios de los 90, el COI finalmente permitió a los profesionales competir por su país si las federaciones de deportes gobernantes estaban de acuerdo. Éste era el perfecto escenario para la creación del "Dream Team", uno de los equipos con mas talento y el más vistoso de todos los tiempos, presentando once jugadores estelares de la NBA, incluyendo a Michael Jordan, Magic Johnson, y Larry Bird, y un jugador universitario, Christian Laettner.

Victorino Cunham, un sorprendido jugador del equipo de baloncesto Olímpico de Angola, cuando le preguntaron si recordaba el momento en el que supo contra lo que su propio equipo se iba a enfrentar, respondió, "En el aeropuerto cuando vi a los cinco primeros jugadores de los Estados Unidos bajar del avión". El entrenador del Dream Team, Chuck Daly, dijo, "Era como viajar con doce estrellas del rock."

Capitaneados por Jordan, cuya legendaria ética del trabajo, ardor competitivo, orgullo y pasión por el juego ayudaron a revolucionar el baloncesto y a ponerlo ante los ojos del mundo entero, el equipo aplastó al adversario dando su último paso para la medalla de oro con una victoria sobre España, 96-55. Después, el vivaz Magic Johnson capturó la escurridiza magia de los Juegos: "Es casi duro poner en palabras lo que significa (ganar las Olimpiadas)... He ganado todos los campeonatos que hay que ganar. Puedes juntarlos todos, y aún así nunca se podrán comparar con esto."

Aunque la victoria fue impresionante, hubo malestar general por su victoria aparentemente conseguida sin esfuerzo y por su decisión de alojarse en hoteles diferentes a los del resto de los atletas Olímpicos.

En contraste con el suave triunfo pero sin dramatismo del Dream Team encontramos la actuación apasionada de un equipo con pocas posibilidades de la recientemente liberada Lituania. En el intervalo de tiempo entre los Juegos de Seúl y Barcelona, Lituania se había separado de la Unión Soviética, y Marciulionis había aprovechado para formar rapidamente un equipo para jugar en 1992.

"Aquéllos que formábamos el equipo de 1988 que no eramos rusos sentimos satisfacción", me dijo Marciulionis, "pero no alegría porque no luchábamos por nuestro país, Lituania". Me recordó que el baloncesto era como una segunda religión en su patria, y ahora tenían la oportunidad de jugar David contra el gigante Goliat soviético. Escaseaba el dinero para alimentos, agua, alquiler, o incluso vodka, y mucho más para el baloncesto. Sin embargo, Marciulionis había sido reclutado por los Golden State Warriors, así que acudió a sus nuevos amigos del área de la Bahía de San Francisco, los Grateful Dead. Los Dead enviaron los fondos necesarios para formar el equipo, sacados parcialmentede de las ventas de unas camisetas mostrando un esqueleto jugando al baloncesto. La camiseta se convirtió en uno de los recuerdos más demandados de los Juegos de Barcelona después de que la Lituania-manía se extendiera por toda la Villa Olímpica.

"Después de todos aquellos años de colores soviéticos (en la vida diaria), nada aparte de azules y grises", dijo Marciulionis, "los chicos se volvieron locos por estas camisetas. Terminaron llevándolas puestas en la cama, en los entrenamiemtos, en todas partes".

Dirigidos por Marciulionis y el pívot de 2, 20, Arvydis Sabonis, que jugaba para el Portland Trail Blazers, los lituanos sorprendieron al mundo del deporte arrebatando la medalla de bronce a sus rivales fuertemente favorecidos, los rusos. La increible derrota era comparable a un equipo de de un pequeño estado como Maine aplastando a un equipo que reuniera a jugadores del resto de los estados americanos juntos.

El equipo de baloncesto de Lituania, mostrando sus camisetas de los Grateful Dead, celebra su segunda medalla de bronce en los Juegos de Barcelona de 1992.

Según C.W. Nevius escribió en su columna para el *San Francisco Chronicle*, "Cuando ganaron aquel partido, hubo un delirio en Lituania, por no mencionar en los vestuarios del equipo. 'Los chicos se volvieron locos', dijo el ayudante del entrenador Donny Nelson, 'y de repente todo el mundo guardó silencio. Y en aquel momento entró el Presidente del país y todos comenzaron a cantar el himno nacional. No hubo nadie allí a quien no se le humedeciesen los ojos por la emoción'".

La profunda reacción de los jugadores tras haber ganado la medalla de bronce, dice Marciulionis, tenía que ver con la satisfacción procedente de los "pasos pequeños pero seguros que les llevaron a la *excelencia*". Y la alegría que procede de la excelencia, añade, deriva de "amar los entresijos del juego".

Sin embargo, si te olvidas de disfrutar de los detalles del juego del día a día, si juegas sólo para ti mismo, o para el equipo equivocado, o sólo por dinero, esto puede destruir tu amor por el juego y más.

"Si juegas por las razones equivocadas, entonces no puedes amar tu vida", me dijo un día con el mismo entusiasmo que él había mostrado una vez en la cancha de baloncesto. "Debes jugar por algo más grande que tú mismo, y sólo entonces podrás sentir el verdadero espíritu de las Olimpiadas. Cada persona que participa en las Olimpiadas tiene diferentes motivos –oportunidad, dinero, reconocimiento– pero nosotros jugábamos por *amor al juego*. Entrenamos durante tantos años por algo que estaba por encima de aquellos otros motivos porque ellos te envolvían. Debes jugar por el bien mayor, el desafío de que te reconozcan como un atleta o como un país.

Ganar la primera medalla Olímpica fue una especie de "alimento para el alma" para los lituanos, dice Marciulionis. "Alimentó a nuestra gente en un momento en el que estábamos físicamente hambrientos porque acabábamos de separarnos de la Unión Soviética, pero también estábamos espiritualmente hambrientos. Suena extraño, pero ganar nos dio una identidad cuando nadie en el mundo sabía quiénes eramos o dónde estabamos".

La actuación brillante del equipo de baloncesto en los Juegos de Barcelona desató el espíritu reprimido de su tierra. Cuatro años después, en los Juegos de Atlanta de 1996, y de nuevo en los Juegos de Sidney de 2000, este país pequeño pero apasionado y poético continuó con la celebracion de independencia ganando dos medallas de bronce más.

El honor de organizar el Centenario de los Juegos, programado para 1996, fue una amarga batalla cultural y económica entre Atenas y Atlanta. Al final, "Coca-Cola ganó al Partenón", comentó sardónicamente la Ministra de Cultura griega Melina Mercouri. A pesar del descontento internacional, Atlanta inició lo que el alcalde Billy Payne prometió que serían los Juegos más pacíficos de la historia y los más ejemplares en cuanto a la verdadera visión Olímpica: "Competir es la forma suprema de alcanzar la victoria."

Los Juegos de Atlanta estuvieron repletos de momentos Olímpicos memorables. Los ojos irlandeses brillaban cuando el nadador de Irlanda Michelle Smith ganó tres medallas de oro y una de bronce, más de las que los equipos de su país habían ganado en toda la historia Olímpica. En la prueba de levantamiento de peso se vió la victoria por tercera vez consecutiva en la categoría de peso pluma del "Hércules de bolsillo" el turco Naim Suleymanoglu, que venció a Valerios Leonidis de Grecia con un peso ganador de 192 kilos, incomprensiblemente casi tres veces el peso de su propio cuerpo.

En la prueba de salto de longitud, Carl Lewis realizó lo que el periodista Pico Iyer ha denominado "un acto de autotranscendencia que me dejó sin respiración". En su tercer salto, remontó 8 metros y 40 centímetros, que le pusieron en cabeza por veinte extraordinarios centímetros. "Después con un aire de derecho divino", escribe Iyer, "cosa que no siempre le granjeaba el cariño de sus rivales, simplemente se sentó y los vió intentar, uno trás otro, vencerle (y fracasar).

Imperial hasta el final, incluso rehusó realizar su salto final, como si no mereciese la pena perder el tiempo tratando de mejorar su marca". Iyer relata que en la rueda de prensa que siguió a la victoria de Lewis –su cuarta victoria Olímpica consecutiva en salto de longitud y su novena medalla de oro en total– Lewis parecía tan deslumbrado como todos los demás. Sonriendo ante las cámaras de la sala, finalmente dijo," ¿Qué estáis haciendo todos en mi sueño?"

La carrera de los 10.000 metros enfrentó al corredor de larga distancia Haile Gebrselassie con el keniano Paul Tergat. Gebrselassie había comenzado su carrera corriendo descalzo veinte kilómetros al día desde la granja familiar a la escuela y vuelta. Su estilo característico –con su brazo izquierdo doblado– es un vestigio de su infancia cuando corría meciendo los libros en su brazo. Cuando pisó la línea de salida en Atlanta era el poseedor de un record mundial en su especialidad, los 10.000 metros, y dos veces campeón del mundo. Como se esperaba, fue una lucha feroz los primeros 8.000 metros. Después Tergat dejó atrás al resto del grupo, con Gebrselassie pisándole los talones hasta los últimos metros, cuando Gebrselassie ganó por dos largas zancadas.

Como escribió el crítico de cine Roger Ebert en su crítica de *Endurance*, la sumamente inspiradora película basada en la vida de Gebrselassie, "El secreto de su grandeza, suponemos, es que él corrió y corrió, más tiempo y más rápido, que todos los demás, hasta que en su gran carrera fue simplemente el mejor preparado. El triunfo de este corredor se debe por completo a su propia determinación". La película termina de forma memorable con aquella carrera Olímpica, Gebrselassie rompiendo la cinta triunfalmente en 27:07:34, sólo un segundo por delante de Tergat, que va seguido de cerca por Salah Hissou de Marruecos. Después los tres corredores agotados caminan sobre la hierba del cuadro, de espaldas a las cámaras, abrazados por los hombros, en una brillante demostración del sueño de hermandad Olímpica.

El poeta norteamericano del siglo diecinueve Walt Whitman, un aficionado empedernido del beisbol, escribió, "Sí, la Victoria es magnífica a veces (pero) cuando no se puede evitar, la Derrota es también magnífica. Ninguna victoria es grande cuando lo es a costa del sacrificio de los ideales; y no hay derrota desgraciada cuando uno hace todo lo que puede y sigue el destello del idealismo".

Después de tener una imagen elevada por encima de la media comparada con Jim Thorpe, al americano decatleta Dan O'Brien le sobrevino un ataque de ansiedad durante las pruebas Olímpicas para los Juegos de Barcelona. Sufrió la peor indignidad concebible para un atleta de su calibre:

Sidney, Australia, el 25 de Septiembre de 2000: el dos veces ganador de la medalla de oro en la carrera de los 10.000 metros, y el orgullo de Etiopía, Haile Gebrselassie.

se fue a casa tras ser incapaz de pasar sin tocar la barra en su último intento de salto de pértiga.

En *Competitive Fire*, Michael Clarkson escribe que O'Brien entrenó mucho durante los siguientes cuatro años por lo que pudo competir en los Juegos de Atlanta. Sus preparadores y él parecen haber reconocido el valor del modelo Olímpico antiguo de la excelencia total –mente, alma y también cuerpo. O'Brien añadió un psicólogo deportivo, Jim Reardon, a su plantilla de entrenadores para que le ayudara con técnicas de relajación. "Lo primero que O'Brien hizo fue darse cuenta de que tener miedo y ansiedad era algo normal entre los atletas de élite que se enfrentan a situaciones de presión, que no tenía que ser un superhombre sin sentimientos". Durante un intervalo de años ganó los ocho decatlones en los que compitió.

O'Brien comentó, "Le quité importancia diciéndome a mi mismo que no era por la medalla de oro, sino por orgullo personal. Ya nunca más me preocuparía de lo que pensaban los demás. Sólo me preocupaba de lo que yo pensaba de mi mismo. Tenemos que aprender a lidiar con nuestros egos". Para lograr este salto de fe, practicó una forma sofisticada de visualización infundida con lo que los antropólogos llamaban la participación mística, un acercamiento a la práctica ritual en la cual la línea entre participante y el rito es casi inexistente. "Hice un salto, un lanzamiento, una carrera cada vez", dijo O'Brien después. "Intenté adaptarme a cada prueba".

No sólo O'Brien superó su miedo y se reconcilió con la ansiedad personal que le había incapacitado cuatro años antes, sino que también ganó una medalla de oro y estableció un record Olímpico de decatlon de 8,824 puntos.

A pesar de la promesa del alcalde Payne, el sueño eterno de una competición pacífica fue destruído por la explosión de una bomba terrorista anónima en el Centennial Park. Pero después del pánico y el pavor inicial, los Juegos continuaron. El valeroso espéctaculo ofrecido por el luchador Greco Romano peso pesado nacido en Irán, pero criado en América llamado Matt Ghadaffi personificó la negativa de todo el movimiento Olímpico a ser intimidado. En el combate de su vida, Ghadaffi se enfrentaba al "Gigante Noble", el héroe del pueblo siberiano Alexander Karelin, también apodado "King Kong" y "el experimento", considerado en general como el mejor luchador en la historia Olímpica. Desafiando las probabilidades, Ghadaffi luchó contra el invencible campeón del mundo Karelin hasta un empate en el tiempo reglamentario, para perder 1-0, en la prórroga. Ghadaffi lloró sin reparo en el podio de la medalla de plata, diciendo despues, "Luché con el corazón y con el alma".

Afortunadamente, no con todo su corazón y su alma.

Horas despues de la ceremonia de las medallas, Ghadaffi discretamente abandonó la fiesta y visitó el hospital donde permanecían las víctimas del atentado, convirtiéndose así en el primer Olímpico en dedicarles tiempo. En el hospital compartió su medalla de plata con Fallon Stubbs, que había perdido a su madre en la fatal explosión, un gesto que fue denominado después "un símbolo de la deportividad y la compasión".

LOS JUEGOS DE LA RECONCILIACIÓN

Los primeros Juegos del nuevo milenio se celebraron en Sidney, Australia. Una bulliciosa multitud de 110.000 personas jaleaba el desfile de doce mil atletas de doscientos países y después se les ofreció una maravillosa ceremonia de apertura mitológica que habría enorgullecido a los organizadores de los antiguos Juegos. Mort Rosenblum, corresponsal más antiguo de Associated Press, describió la ceremonia como "un trueno de ruidos de cascos, fantasía salvaje, colores resplandecientes y ovaciones retumbantes de una multitud de ojos humedos". Por un momento, escribió, hubo una exhibición de verdadera hermandad Olímpica cuando Australia aprovecho su momento de protagonismo mundial y "describió su historia llena de colorido, desde el 'sueño' indígena de creación hasta un futuro esperanzador de culturas diferentes en una sociedad perfecta".

La deslumbrante ceremonia, mostrando peces de fantasía, polvo mágico, tambores, instrumentos de viento aborígenes, humo purificante, y fuegos artificiales, continuó con un momento histórico de implicaciones míticas. La antorcha Olímpica fue introducida en el estadio por la brillante velocista australiana aborigen Cathy Freeman.

"Aproximadamente 3.700 millones de personas", escribió el *Christian Science Monitor*, "vieron a la corredora aborigen subir los escalones hacia el gran pebetero vestida con una malla blanca. Y con su entrada en una piscina de agua, donde encendió un aro con chorros de gas burbujeante, Australia envió un mensaje a más de la mitad del mundo". El mensaje señala el surgimiento del país como una nación brillante, multicultural que está reconciliándose firmemente con sus nativos, que han vivido en aquel continente durante al menos cuarenta mil años. De aquí viene el nombre de estas Olimpiadas, los Juegos de la Reconciliación.

"No ha habido nunca otra ocasión", dijo el *Sidney Herald*, "en la que se haya esperado tanto de un deportista australiano". A Freeman le "rogó su nación" que consiguiera el oro. Como todos los grandes atletas, aprovechó la ocasión, ganando una emocionante carrera de 400 metros en un tiempo record de 49.11, y después cayó sobre sus rodillas, como si rezara una oración de agradecimiento. Cuando abrió los ojos, 112.000 personas la vitoreaban como si ella fuera la respuesta a sus plegarias de reconciliación. Cuando corrió su vuelta de la victoria llevaba las dos banderas, la aborigen y la australiana.

Sin embargo, tal como Michael Gordon escribió después, queda saber "qué impacto tendrá el ejemplo de Freeman de excelencia atlética y generosidad sincera de espíritu sobre los jóvenes australianos, particularmente aquellos en las comunidades indígenas que han tenido todos tan poco que celebrar".

Más allá de su importancia simbólica, estos Juegos, como sus predecesores, levantaron las pasiones de los aficionados por todo el mundo. Los héroes variaban desde los menos simpáticos hasta los más improbables. Lo que tenían en común, escribió Taro Greenfeld de la revista *Time*, era que todos estaban en la ciudad "por la misma razón: competir, chico, competir".

Y compitieron, capitaneados por las zapatillas de deporte hechas a medida con oro de 24 kilates de Michael Johnson, que le llevaron a una victoria de 43.87 segundos en los 400 metros, convirtiéndole en el primero en ganar medallas de oro consecutivas en esa distancia. Jan Zelevny de Finlandia se convirtió en el único que fue tres veces campeón Olímpico en lanzamiento de jabalina, superando al británico Steve Backley y estableciendo un record Olímpico por tercera vez. El "Torpedo" australiano, la sensación en natación de 17 años, Ian Thorpe, descrito por ser capaz de "mover el agua como la luna", consiguiendo tres medallas de oro y una de plata. En atletismo, el poseedor de la mejor marca mundial en los 100 metros Maurice Greene, corría con un fuerte viento en contra, aún así pasó como un relámpago hacia la victoria en el segundo mejor tiempo en la historia Olímpica, 9.87 segundos. El poseedor de la mejor marca Haile Gebrselassie ganó su segunda carrera consecutiva de los 10.000 metros —y su segunda victoria consecutiva en el último momento sobre su adversario keniano Paul Tergat. Esta vez Tergat le sacaba ventaja hasta el último tramo de la carrera cuando el resuelto Gebrselassie le adelantó por un pelo —0,9 segundos— convirtiéndola así en la victoria más reñida en la historia de la prueba. Laura Wilkinson se recuperó de una severa fractura en el pie derecho para convertirse en la primera mujer americana en ganar la prueba de salto desde Lesley Bush, en 1964. Su derrota sobre la saltadora favorita inspiró a su preparador, Ken Armstrong, a decir, "Así son las Olimpiadas. Las cosas mágicas ocurren continuamente".

La poseedora de la mejor marca en el salto con pértiga, Stacy Dragila, voló cuatro metros y cincuenta y ocho centímetros derrotando a la australiana Tatyana Grigorieva. Después, Steve Ruskin escribió un commovedor artículo en *Sports Illustrated* que ofrece consejos de oro sobre el poder de la visualización para reducir la ansiedad. "La presión de ser durante un año el favorito Olímpico", escribe, "había llevado a Dragila a pasar largas sesiones acostada en la oscuridad visualizando el éxito en Sidney, y ella lo hizo de nuevo (antes de su prueba). Vio el estadio, lleno y vibrante de energía, inundado por los flashes de las cámaras. Se vio a sí misma navegando sobre la barra y oyendo el clamor. 'Vi cosas maravillosas'", dijo.

Estimulada a convertirse en una atleta viendo a Florence Griffith-Joyner en los Juegos Olímpicos de Verano de 1984, Marion Jones tuvo una carrera universitaria estelar en la Universidad de Carolina en baloncesto y atletismo. Mostrando por qué fue apodada "Uñas Duras" —por su tenaz disciplina y confianza— Jones llegó a Sidney y anunció rápidamente su "apuesta por las cinco". Planeaba romper los records americanos de Jesse Owens y Carl Lewis de cuatro medallas de oro en una Olimpiada, e igualar las cinco medallas de oro de Paavo Nurmi en los Juegos de París de 1924. Ganó sus carreras de 100 y 200 metros relevos y aseguró la victoria en los 200 y 400 metros relevos, pero quedó en segundo lugar, detrás del campeón Olímpico alemán de 1992 Heike Drechsler, en salto de longitud. Así que se conformó con un mero salto mortal de cuatro oros en lugar de un immortal de cinco. En la rueda de prensa, expresó una ligera decepción pero rápidamente se recuperó, diciendo a los reporteros: "El camino hacia los cinco no es fácil. No lo lamento en absoluto. Lo intenté pero no salió bien. En el fondo estoy decepcionada pero ella merecía el oro". Después de su primera victoria, en los 100 metros, Jones llevaba la bandera americana y la de Belice en honor a su madre, que procede de ese país de Centro América. Poco después de los Juegos, se le concedió la Orden de Belice, y en su discurso de aceptación Jones admitió que había sido un poco impetuoso jactarse de que ella ganaría las cinco medallas de oro. Después habló sinceramente de su momento de revelación mientras cruzaba la línea de meta —una de las mejores lecciones Olímpicas: que ella jugaba y competía por algo más grande que ella misma. "Todavía me preguntaba, ¿Por qué estoy haciendo esto realmente?", se preguntó públicamentea. "Porque me encanta. Me estoy divirtiendo de lo lindo, pero hay algo más. No puedo dar con lo que es. Y así (cuando) crucé la línea de meta en los 100 metros —y gané, por cierto— inmediatamente vi a mi familia".

Su voz se quebró por la emoción, y después prosiguió: "Y entonces supe por qué lo hacía, era por mi familia".

Como dijo una vez el cineasta Olímpico Bud Greenspan, después de 30 años de hacer documentales sobre los Juegos, los campeones no son siempre los ganadores de las medallas de oro, y los ganadores de medallas de oro no son siempre campeones. Este espíritu fue repetido una y otra vez durante los Juegos de Sidney. El equipo lituano de baloncesto perdió ante los americanos en la semifinal y después venció a Australia, 89-71, consiguiendo los lituanos la tercera medalla de bronce consecutiva.Lo que podría haber sido un resultado decepcionante para algunos fue fuente de orgullo para el entrenador Jonas Kazlluskas y sus jugadores, que tenían un sentido de la proporción Olímpico acerca de su maravilloso logro. "No es un secreto", dijo, "somos felices con otra medalla de bronce. Estamos satisfechos con lo que hicimos".

Con un espíritu de orgullo similar lleno de emoción, la estrella de baloncesto australiana Andrew Gaze tuvo el inmenso honor de llevar la bandera de su país en la ceremonia de apertura para después disponerse a jugar sus quintas Olimpiadas. Durante el torneo llevó el total de puntos de su carrera a 789, el segundo después del legendario brasileño Oscar Schmidt, 1.093. No fue suficiente para llevar a su equipo al podio, y Australia se quedó sin medalla de nuevo, lo cual significó que su carrera concluyó sin un premio Olímpico, pero se resistió a aceptar cualquier sugerencia de que todo hubiera sido por nada.

"Obviamente quieres ganar una medalla", señaló después. "Las Olimpiadas son todas las oportunidades que yo he tenido. Quieres las victorias y quieres lo máximo, pero hay un montón de cosas que encuentras en el camino, como la oportunidad de compartir con jugadores de otros países o de ser parte de los grandes equipos con los que he jugado. La oportunidad que yo he tenido de competir ha sido una recompensa en si misma. Por supuesto no diría que es algo vacío en absoluto. Al contrario, ha sido algo extremadamente enriquecedor y he sido muy, muy feliz siendo una parte de ello".

Mientras tanto, el equipo de baloncesto masculino de los Estados Unidos perdió un poco de su pavoneo cuando tuvo que luchar a lo largo de todo un torneo para eludir la humillación de la eliminación. Los otros equipos ya no estaban impresionados, lo que movió al defensa estrella americano Gary Payton a comentar con sorpresa. "Estos chicos ni siquiera piden ya autógrafos". En el partido hacia la conquista de la medalla de oro, los Estados Unidos siguieron adelante para vencer a Australia facilmente. Sin embargo, un comentador sardónico comentó que si los yankees no cambiaban su tactica y se toman la competición más en serio, "el Partenon corre el peligro de convertirse en 'la segunda ruina más famosa de los Juegos de Atenas'".

Una parte intrínseca del encanto de las Olimpiadas es la aparición de un insólito héroe del pueblo. En Sidney, este personaje indispensable lleno de color resultó ser un nadador en la prueba eliminatoria de los 100 metros estilo libre que sólo llevaba nadando nueve meses. Eric Moussambanide, de 22 años, de Guinea Ecuatorial, había entrenado modestamente: una hora al día, tres días a la semana, en una piscina de hotel de 20 metros cercana a su casa en Malibú. Como la suerte quiso que los otros dos nadadores en la prueba eliminatoria saltaran al agua antes del disparo de salida y fueran eliminados por su salida en falso, Moussambani se vió forzado a nadar sólo, acompañado por los casi cuatro mil millones de personas que le veían por televisión. Su actuación, y la respuesta que provocó de los aficionados en el Centro Acuático, nos recuerdan la reflexión de Malvorio en *La duodécima Noche*[25] de Shakespeare: "Algunos hombres nacen grandes, algunos consiguen alcanzar la grandeza, y algunos son empujados hacia la grandeza".

En el caso de Moussambani, si no fue una grandeza su actuación, fue al menos en cierto modo una grandeza de esfuerzo, humor, y sentido de la proporción. Su técnica de natación y su nivel de cansancio cuando golpeó la pared para dar la vuelta en su última vuelta preocupó al menos a un espectador lo suficiente para que se quedara en ropa interior, listo para zambullirse en la piscina para salvar al nadador novato. Aquí es cuando "Eric el anguila", como pronto fue apodado, recurrió a su tristemente famosa técnica de estilo de perro. Terminó en 1:52, bastante más lento que el recordmundial de 0:48, pero cuando tocó la pared se produjeron "las ovaciones más fuertes que los Juegos hayan oido nunca".

Rodeado por la prensa y los aficionados llenos de adoración al final de la carrera, él dijo, "Quiero enviar abrazos y besos a la multitud, porque fueron sus ovaciones lo que me ayudó a seguir".

Otro favorito de la multitud fue Rulon Gardner, un luchador de peso pesado en la división Greco-Romana, de la Universidad de Nebraska. Gardner había derrotado a Matt Ghadaffi en las pruebas de los Estados Unidos, lo que le dio el derecho a enfrentarse con el aún invicto Alexander Karelin, ahora aspirando a su cuarta medalla de oro Olímpica consecutiva.

El encuentro en el Salón de Exhibiciones de Sidney reproducía los antiguos Juegos, y no sólo porque el evento se denominara Greco-Romano. Las emocionantes historias

---

[25] Planeta-de Agostini 2000.

que contaba la prensa sobre las técnicas de entrenamiento de los dos luchadores evocaban memorias míticas de Milo de Croton, que siendo joven se preparó levantando jóvenes terneros y gradualmente pasó a levantar vacas adultas cuando era un hombre maduro y aún ganaba en Olimpia.

Para no ser menos, Gardner, que fue criado en una granja lechera de Nebraska, se hizo fuerte llevando terneros enfermos sobre los hombros y levantando cuatro cubos de leche al mismo tiempo. Karelin tampoco se quedaba atrás. El siberiano de un metro noventa de altura y 129 kilos de peso, levantó un frigorífico en el vestíbulo de su edificio de apartamentos y lo llevó hasta su habitación ocho tramos de escaleras más arriba. Tan legendaria era la fuerza de Karelin que muchos adversarios lo reconocieron cuando sospecharon que el fin estaba cerca, especialmente cuando estaba a punto de desplegar su "levantamiento de cuerpo al revés", que significaba izar y lanzar a los adversarios por el aire como si fueran muñecas de trapo.

Pero Gardner fue intrépido y no iba a acobardarse. Se pegó a Karelin como velcro humano, pecho con pecho, hombro con hombro con él. La táctica sorprendió, frustró y agotó a su adversario. "Sabía que si le dejaba mangonearme", dijo Gardner, "incluso conseguir dos o tres puntos a mi costa, estaba perdido".

A mitad del segundo asalto, Karelin pareció perder su concentración por un instante, justo el tiempo suficiente para que Gardner alejara las manos de Karelin. Este increíble movimiento le dio el primer punto del combate. Gardner siguió adelante tomando la delantera como un hombre poseído por una visión, hasta que ocurrió lo inesperado.

Cuando quedaban ocho segundos del tiempo reglado, el hombre que no había perdido en trece años de competición internacional, el que era tan seguro que iba a conseguir su cuarta medalla de oro consecutiva, que el presidente del COI, Juan Antonio Samaranch, se había acercado al ring para darle la mano personalmente, ese mismo hombre levantó la mano, en señal de rendición.

Hubo un gigantesco grito sofocado de incredulidad ante el súbito giro de los acontecimientos. David había derrotado a Goliat. Los Washington Senators habían derrotado a esos "Malditos yankees". De repente, todo estaba bien con el mundo porque cualquier cosa era posible, lo cual era extraoficialmente parte del carácter Olímpico.

Entonces, en feliz y dramático contraste con todos aquellos atletas Olímpicos que están tan paralizados como un reloj sin cuerda, el exultante Gardner –no sabiendo qué otra cosa hacer –hizo una espontánea voltereta hacia atrás sobre la colchoneta. Inmediatamente, este se convirtió en el sello para los luchadores victoriosos durante el resto de la competición.

UN EXCELENTE REGRESO A CASA

Al coreógrafo de las emocionantes ceremonias de apertura y clausura en Sidney, Ric Birch, le preguntaron por las posibles consecuencias a largo plazo de estas ceremonias. Él respondió: "¡Un momento decisivo en la historia australiana! Me encantaría pensar que las ceremonias harán de Australia un lugar mejor para las fuerzas de la reconciliación, para todas las fuerzas del bien en la sociedad. Me encantaría creer que podría ocurrir. Pero depende mucho del público y, a la larga, las ceremonias probablemente reflejan la sociedad más que crear historia. Lo que espero es que inspirará a la gente que las vio a seguir adelante".

Las palabras de Birch invocan al espíritu ideal de los Juegos, que sigue siendo la fe en la nobleza de la competición justa, el mérito del éxito personal, y la importancia de un enfoque que se centre en la totalidad de la persona. Este ideal refleja la esperanza de que los "valores del juego", como los llama el ex-senador y jugador de baloncesto Olímpico Bill Bradley, puedan ayudar a los atletas a estar "mejor preparados para la vida". Bradley cree que los deportes pueden "legitimar las aspiraciones juveniles y estimular el compromiso". Pero más que justificar el tiempo, energía, y dinero invertido en los deportes, Bradley nos ayuda a ver una imagen más amplia. "Como los antiguos griegos entendieron", escribe, "los grandes atletas no sólo aceptan la experiencia terrible de la competición y la prueba de fuerza inherente a ella, sino también nos muestran una conexión entre lo que hacemos cada día y algo que es más grande que nosotros y que dura más tiempo que nosotros".

En la conclusión de su libro impregnado de espíritu, *Values of the Game*, Bradley especula sobre los ritmos de la imaginación compartida por artistas, científicos, poetas, atletas, y supuestamente algunos políticos:

Para aquellos de nosotros que la encontraron compitiendo en el juego, ha dado forma a nuestra alegría en incontables ocasiones. Ha enriquecido nuestra experiencia y nos ha permitido sentir la emoción de la pura creación. Nos pone en contacto con lo que nos hace más humanos. Sobre todo, nos permite ver más allá del momento, trascender nuestras circunstancias por muy terribles que parezcan, y dar respuesta al saber general que dice que no podemos renacer diciendo, "¡simplemente observa!"

Esto es, observa el espíritu de la excelencia que está presente en cada historia Olímpica de coraje, determinación, pasión, optimismo, intrepidez, inspiración, y su habilidad para convertir cualquier derrota en una victoria si aprendemos algo acerca de nosotros mismos. Observa y presta una gran atención a los detalles inesperados que traen a la vida el significado a menudo escondido de la competición Olímpica.

El escritor deportivo Steve Ruskin hizo esta observación cuando se dio cuenta de una curiosa actitud que demostraban los turistas, quienes habían notado que el pebetero Olímpico estaba colocado tan alto por encima del estadio que era visible incluso desde las calles cercanas. "Si tomabas una foto desde ciertos ángulos del Paseo Olímpico daba la sensación de que lo sujetabas en el aire, como si fuera la antorcha de la Libertad". ¿Sujetando qué? El pebetero Olímpico. "Por todo el anillo Olímpico", escribió, "(los visitantes que representaban a) la población del planeta lo sostenían con sus mano derecha, imitando la Estatua de la Libertad". Con este truco que producía la perspectiva, los visitantes podían representar el antiguo e irreprimible deseo de encender la antorcha sagrada, de cuidar el fuego sagrado.

Otra vez, exhibiendo una vista aguda para la metáfora, Ruskin observó que los nombres de algunos de los competidores parecían perfectamente expresar algunas de las inefables cualidades o dones concedidos a aquellos que son lo suficientemente afortunados como para asistir a los Juegos. "Todo lo que conservamos", concluyó Ruskin, "cuando se apaga la antorcha, son los nombres de unos pocos atletas nigerianos: Caridad, Paciencia, Misericordia, Noble, Vencedor, Bendición".

CAPÍTULO VI

EL ENTRENADOR FILÓSOFO

EL ARTE DE GANAR SABIAMENTE

Como corredores sostienen en sus manos
la antorcha de la vida.

Lucrecio

"Con habilidad, un aúriga vence a otro aúriga", aconseja el sabio Néstor a su hijo en la *Iliada* de Homero. "El que ha puesto toda su fe en sus caballos y su carro y temerariamente hace un giro de forma poco segura hace que sus caballos se salgan del camino y no los controla". Este fragmento cargado de sabiduría paternal es parte de una larga y poética serie de instrucciones para el fino arte de las carreras de carros, escritas por el magnífico bardo ciego alrededor del año 700 antes de Cristo, y es considerado el más antiguo ejemplo de consejo Olímpico. Considerando lo cerca que está esta fecha de la legendaria fundación de los Juegos Olímpicos, Homero, hablando con autoridad de la actividad atlética de su época, podría ser denominado el primer escritor deportivo del mundo.

La escena con Néstor y su hijo, Antiloco, revela la historia pasada del primitivo entrenamiento Olímpico. Durante el primer par de siglos, no había campos oficiales de entrenamiento, ni gimnasios, y no había entrenadores profesionales. Los atletas eran asesorados por sus padres, recurrían a su experiencia militar, o simplemente confiaban en su sentido común y en sus poderes de observación mientras miraban a otros atletas.

Pero entonces, como ahora, los atletas siempre buscaban el régimen de entrenamiento ideal que les llevara a ganar un premio. Al mismo tiempo que el prestigio y el glamour de los festivales atléticos aumentaba, también aumentó la necesidad de especialización. A principios del siglo VI antes de Cristo, se construyó un complejo en Olimpia con salas de entrenamiento, baños, campos al aire libre, y templos, y poco después aparecieron los primeros entrenadores, el primero en ser mencionado fue el que exhortó a la victoria al boxeador Glauco en los Juegos del 520 antes de Cristo. Los griegos usaban tres términos distintos para referirse a los entrenadores profesionales: Los *paidotribes* eran "pulidores de chicos", refiriéndose a sus destrezas como masajistas e instrucción atlética; *aleiptes* eran entendidos en higiene, dieta y fisioterapia; y los *gymnastes* eran expertos en "puro ejercicio físico", lo más cercano a los preparadores de hoy en día. A menudo los papeles eran intercambiables, pero el objetivo de todos los entrenadores, que con frecuencia eran atletas retirados, era preparar a la "dorada juventud" para convertirla en campeones. El filósofo Antifon estaba impresionado con la manera en que "el entrenamiento convertía a los atletas en dorada –brillante como las columnas de Palaestra– y sólida piedra. Píndaro reconoció cinco entrenadores en sus odas a los vencedores, llamándoles *tekton*, "carpinteros" o "constructores" de atletas. También comentó que para llegar a los Juegos sagrados, para alcanzar el "deseo del corazón por la gloria", debes encontrar a un maestro.

Tanto éxito tuvieron estos entrenadores privados que uno de ellos, Iccus, antes un campeón Olímpico de pentatlón, recogió sus consejos en un libro, publicado en algún momento después del 444 antes de Cristo. Durante varios siglos posteriores montones de libros de texto de entrenadores, manuales e incluso tratados fueron publicados pero sólo unos pocos se conservan.

Después había profusos comentarios de filósofos, poetas y políticos –incluyendo a Platón, Aristóteles, Epicteto, y Marco Aurelio– que, como hemos visto frecuentaban gimnasios y escuelas de lucha de toda Grecia llamadas *palaistras*. Se codeaban con atletas y entrenadores y reflexionaban sobre el impacto del atletismo, sobre el caracter del individuo, del ciudadano, la moral y sobre todo la salud. Un escritor posterior, Filostato, autor de *Gymnastes*, el texto antiguo más completo sobre el tema, analiza los códigos morales y la ética que rodeaba el entrenamiento de los atletas para los juegos de los grandes premios. Finley y Pleket dan a conocer el comentario de un joven atleta de Asia Menor, alrededor del año 100 antes de Cristo, de que los gimnasios eran centros de entrenamiento "para el alma y para el cuerpo".

Con el tiempo, las reflexiones filosóficas de los intelectuales, oficiales, entrenadores y atletas se unieron en estrictos códigos morales propuestos por los complejos atléticos y a menudo publicamente exhibidos. En el siglo II, una lista semejante de leyes fue expuesta en el gimnasio local de Verroia, Macedonia. Anunciaba las directrices para el líder publicamente elegido, que supervisaba a los entrenadores y al resto del personal. Grabada en una columna o pilar de mármol, expuesta en el gimnasio y la *palaistra*, para el grupo de atletas y los enjambres de espectadores era un recordatorio diario de los criterios de élite demandados por *hellanodikai* –los jueces– en Olimpia. Y para el entrenador jefe esto se convertía en juramento sagrado. Según la traducción de Stephen L. Mitchell, la piedra dice:

Juro por Hércules y Hermes que seré un gymnasiarchos (entrenador) de acuerdo con la ley gymnasiarchal, y que haré cualquier cosa y todo lo que no cubra la ley de la forma más justa posible... Y no haré favores especiales a mis amigos ni heriré injustamente a mis enemigos; y de los ingresos para los jóvenes no robaré para mí, ni permitiré a nadie más que robe de ningún modo que pudiera conocer o descubrir. Si soy fiel a mi juramento, todo me irá bien; si no, que lo contrario sea mi destino.

Sorprendentemente, la piedra incluso declara quiénes escribieron el juramento: "Los *gymnasiarchos* Zopyros, hijo de Amintas, Asklepiades hijo de Heras, y Kallipos hijo de Hippostratos."

La columna Verroia nos revela la preocupación de los antiguos griegos por el lado oscuro del atletismo, que habia ido aumentando durante varios siglos, y representa monumentos similares por todo el imperio. Aunque las Olimpiadas eran consideradas como los mejores festivales atléticos hasta su desaparición en el 393 d.C., una serie de problemas esporádicos endurecieron la resolución de los oficiales en Elis, y finalmente de los entrenadores de toda Grecia, de mantener la integridad de los Juegos. Bajo su observación, el entrenador debía estar por encima del reproche en cada area de instrucción —lo cual incluía hacer cumplir un estricto código ético. En aquellos días, eso suponía tener la fuerza moral para resistir el soborno, el robo y el indecoro sexual. También se esperaba del entrenador que les recordara a los que estaban bajo su cargo que además de "buscar la fama a través del dolor", como seguía diciendo, deberían competir por motivos más profundos: el orgullo de su familia y su patria, y "la gloria de Zeus".

Si soy fiel a mi juramento, todo me irá bien; si no, que lo contrario sea mi destino. Esta última línea del antiguo juramento revela la total intención de los oficiales Olímpicos de asegurar los códigos religiosos y éticos de los Juegos, así como el código personal de honor del entrenador. Si es fiel a su código sagrado, él vivirá noblemente; si no sufrirá desgracias. Apenas moralista, la declaración expresa un significado filosófico, más profundo para la suerte del entrenador en la vida: hacer campeones para honrar a los dioses.

En los sentimientos del juramento, podemos oir la primera voz débil pero reconocible del entrenador que va más allá de la obsesión antiquísima por la victoria. También podemos distinguir los primeros vestigios de lo que significa ser un preparador con conciencia, un mentor con integridad moral. Evidentemente, en la Antigüedad, como ahora, mientras los grandes atletas se distinguían por su excelencia, los grandes entrenadores —aquellos a los que podríamos llamar entrenadores filósofos— eran aquellos que sobresalían por preocuparse de la excelencia de otros.

"En pocas palabras[26]" —refiriéndose a la antigua práctica griega de almacenar libros del tamaño de una nuez dentro

---

[26] "*In a nutshell*, en el original. Es decir, literalmente, en una cáscara de nuez".

de cáscaras de nuez– un preparador filósofo, como todos los filósofos, es un amante de la sabiduría, en este caso, la sabiduría de la vida deportiva. Él o ella –desde Zopyros hasta Knute Rockne– es entrenador, profesor, mentor, consejero, figura paternal y guía para el alma todo en uno. El entrenador sabio enseña a sus jugadores o jugadoras qué destrezas necesitan desarrollar, sí, pero también por qué importa el entrenamiento y el juego. Así, él o ella aprende lecciones para la vida, tales como la lealtad, el enfoque, la capacidad para la disciplina, la habilidad para superar la adversidad, y el deseo de jugar como parte de un equipo o por una causa mayor.

Gary Walton, entrenador de atletismo en la Universidad de California en Davis, llama al entrenador o preparador que puede transmitir la sabiduría de los deportes –la cual se pierde tan fácilmente en la carrera por el oro– el equivalente moderno del rey filósofo de Platón. Tales entrenadores "son como antiguos sabios", escribe. "Ellos son un tipo especial de líderes, patrones a seguir por entrenadores y no entrenadores". Walton es rápido en señalar que no son perfectos, pero aún pueden "proporcionar un liderazgo de excelente calidad y ejemplos que merece la pena seguir."

Para Walton, un entrenador que encarna el antiguo espíritu es el legendario Percy Wells Cerutty. Mientras crecía en Melbourne como un niño enfermizo, Cerutty llegó a convertirse en un famosísimo corredor de larga distancia, después cayó enfermo de nuevo y fue incapaz de entrenar para las Olimpiadas de 1920. Con el espiritu de los antiguos chamanes, se curó a sí mismo con un régimen físico vigoroso, mental y espiritual y cuando tenía cincuenta y tantos, se transformó una vez más, esta vez en un entrenador de atletismo. Su Credo Estotano (de estoico y espartano) se hizo famoso en todo el mundo: *fuerza a través de la naturaleza*. Citando a filósofos, poetas, y místicos, tales como S. Francisco de Asis, Cerutty ensalzó la virtud mística del sufrimiento por una causa más elevada. A menudo decía que los grandes corredores "deben aprender a morir un poco". Sus métodos poco convencionales, como correr sin un programa, comer sólo alimentos sanos, y dormir fuera, llevaron a conseguir records mundiales a varios de sus corredores de larga distancia, particularmente el campeón australiano de los 1.500 metros Herb Elliot. Algunos consideraban el estilo de Cerutty como excesivo. Pero él guiaba a sus corredores no tanto haciendo pequeños ajustes con su técnica como prestando atención a su vida interior –sus necesidades, motivaciones y deseos.

"Yo elevo los espíritus de los atletas", dijo, "e inspiro al alma para alcanzar un estado de conciencia más elevado." Así como el atleta crece espiritualmente como persona, así su actuación física gradualmente alcanzará nuevas cotas".

En los Juegos de Roma de 1960, Elliot era el favorito para ganar los 1.500 metros. Después de una vuelta adelantó al francés Michel Bernard y salió como "un conejo asustado", dijo después, porque pensaba que alguien le pisaba los talones, aunque realmente estaba lejos e iba camino de una victoria fácil. Detrás, vio a Cerutty al lado de la pista agitando una toalla blanca, su antigua señal de que iba a un ritmo adecuado para establecer un record y que ya podía correr tranquilo. Sin embargo, esta vez Cerutty estaba excitado de ver a su corredor estrella tan por delante y habia olvidado que no debía encontrarse cerca de la pista. Mientras los guardias de seguridad se lo llevaban, Elliot, inspirado por la visión de su entrenador y los guardias de seguridad y por el miedo a que le adelantaran, siguió corriendo con ganas y ganó por 18 extraordinarios metros en un tiempo record de 3:56:6.

"Lo más importante de Percy", escribió Elliot en su autobiografía, "es que prepara tu espíritu. El cuerpo en sí puede que sólo necesite dos semanas de entrenamiento para ponerse en forma; el resto del tiempo estás desarrollando tu espíritu –llámalo agallas o una especie de fuerza interior– así que trabajará para tí en una carrera sin que tú lo sepas".

LA TAREA DE LAS TAREAS

Un proverbio árabe dice, "quédate el oro, quédate la plata pero danos sabiduría". Durante mucho tiempo ha sido el trabajo de los entrenadores filósofos, tanto en el patio de juegos de los niños como en las pistas de tenis de una comunidad de ancianos, ir más allá del momento fugaz del juego, discernir la sabiduría de la vida de la competición, y después pasársela a sus atletas.

Tal entrenador debe aprender a ver a través de la ilusión (de *ludere*, jugar, burlar) de los juegos competitivos como si fuera a través de un cristal desde el que se ve el otro lado, donde aparecen las verdades más profundas. La ilusión es que ganar es el único objetico que merece la pena. Pero en lugar de desanimarse con los efectos nocivos del culto a la victoria, como hacen muchos padres y gente del movimiento antideportivo, el entrenador sabio reconoce que la ilusión es inseparable del tesoro. La tensión dramática inherente a cada competición es lo que nos empuja hacia delante. Si no, como Bill Bradley dijo una vez, los atletas se vuelven perezosos. "Los entrenadores (universitarios) realmente buenos", escribe, "aleccionan a sus jugadores a ser mejores... Sus jugadores, puede que nunca se conviertan en profesionales, pero tras haber aprendido los valores del juego, están mejor preparados para la vida".

En su ensayo, *¿Se puede salvar la alegría de los Juegos?* Wilfred Sheed describe una entrevista con Bill Bradley en la que el entrevistador preguntó a Bradley si no pensaba que los medios estaban fuera de lugar cuando ponían el énfasis en ganar, seguros de que el jugador de pelota y hombre de política iban a estar de acuerdo. Sin embargo, Bradley hizo comentarios sobre los inconvenientes de los jugadores que nunca se unen como compañeros de equipo y por consiguiente nunca forman un equipo para ganar. "Él dijo, en efecto", escribe Sheed, "Si no enfatizas la necesidad de ganar por encima de todo lo demás, los jugadores tienden a volverse egoístas".

La tarea de las tareas para el entrenador filósofo es saber cuándo hacer hincapié en ganar y cuando quitarle importancia. Recientemente, pregunté a un veterano que había estado en la liga nacional de beisbol durante 12 años, Bruce Bochte, sobre esa distinción vital. Él respondió:

Definitivamente estoy de acuerdo con aquellos grandes sabios de los Juegos sobre la lucha por la excelencia. Ganar es un modo de medir la excelencia. Consecuentemente, cuando vas a jugar cada día, el gran tópico es que ganar es lo único que importa. Y es indudablemente la mejor manera de mantener al equipo centrado en el objetivo. Pero ganar es finito. Tan pronto como se consigue se acaba. Está en el pasado. Está bién agarrarse a eso. Como cultura tenemos obsesión por ello. Pero ir más allá del hecho de ganar es una lucha de toda una vida por la excelencia. Eso es infinito, o al menos sobrepasa nuestras habilidades temporales y limitadas, siempre llevándonos más y más hacia el futuro. Ganar es la combinación perfecta de excelencia y dependencia (estar en el lugar adecuado con el equipo adecuado en el momento adecuado). Pero la lucha por la excelencia es para todos en todo momento en cada situación.

La tarea del entrenador filósofo es ayudar a cada jugador a descubrir el equilibrio entre jugar en el momento y jugar memorablemente, es decir, de tal manera que tenga consecuencias trascendentes. Puede que los resultados no aparezcan en el marcador o en el libro de los records. Pero de nuevo, como decía el letrero en el despacho de Einstein: "No todo lo que puede ser contado cuenta, ni todo lo que cuenta puede ser contado".

Lo que cuenta, como dice a menudo el entrenador de baloncesto John Wooden, no es sólo lo que hemos ganado sino lo que podemos llevarnos con nosotros para vivir el resto de nuestra vida. "El éxito nunca es el final", dice, "el fracaso nunca es el final. Es el coraje lo que cuenta... y lo que perdura es lo que hemos aprendido".

Lo que le importa a Sheryl Johnson, entrenadora de hockey femenino sobre hierba para la universidad de Stanford y entrenadora de equipo de los Estados Unidos ganador de una medalla de oro en los Juegos de Sidney del 2000, es lo intangible que nunca aparecerá en los libros de records. El director de atletismo de Stanford, Ted Leland, cree que su contribución va más allá de los campeonatos que ha ganado: "Shirley ha creado estudiantes ejemplares, habilidosos atletas y ciudadanos modelo". Según las propias palabras de Johnson, "La felicidad se encuentra a lo largo del camino, no al final de la carretera. La gente olvida pronto los records. Lo que recuerda es la forma en que trabajaste, el aplomo que tuviste, la clase que mostraste".

Extraordinariamente, un extracto del juramento del antiguo entrenador Olímpico se exhibe hoy en una placa colocada en la pared de un viejo estadio de Filadelfia, casualmente, el Palestra. Dice:

> Jugar el juego es grande,
> ganar el juego es más grande,
> amar el juego es lo más grande de todo.

POR QUÉ LA VICTORIA TIENE ALAS

Los antiguos griegos disfrutaban con la victoria, adoraban a los campeones, e inmortalizaban a sus héroes atletas tanto como cualquier cultura moderna lo hace. Y deben haber estado tan frustrados como lo estamos hoy por el aparentemente insaciable deseo humano de ganar —y la inevitable melancolía que le sigue cuando el éxtasis de ganar desaparece. Estas poderosas fuerzas están personificadas en la mítica figura de Niké, la diosa de la victoria. Tal y como la representan en la poesía, el arte y la escultura, Niké es una mensajera angelical que entrega la preciada corona de laurel desde las verdaderas fuentes de la victoria, Zeus y Atenea, los dioses del poder y la sabiduría. La imagen ilustra la convicción griega de que los campeones no nacen sino que son elegidos por los dioses, de la misma forma que Sidney Mills describió el misterioso escenario a su hijo, futuro campeón Olímpico Billy Mills.

La agridulce lucha por la victoria en el antiguo mundo griego aparecía expresado en la expresión "¡Corona - o Muerte!" y en las imágenes de la diosa, Niké, la mensajera alada y para siempre fugaz. Aparece representada en este fragmento de friso de Éfeso, Turquía, con la corona de laurel en sus manos como si estuviera a punto de coronar e immortalizar al campeón.

Pero hay un truco. Niké tiene alas, como en la famosa Victoria alada de Samotracia, ahora en el Louvre. Sus alas no son casuales; revelan su verdadera naturaleza, que es fugaz e insinuante. Niké no sólo lleva la noticia de la victoria sino también la noticia de que la victoria no dura mucho. Continúa moviéndose hacia la próxima competición, la próxima guerra, el próximo campeón, siempre burlándose del guerrero, del atleta y del poeta con la promesa de la fama. Su nombre se ha convertido en un sinónimo de ganar, que normalmente se siente como una emoción y un zumbido, las ondas de una emoción maravillosa que la victoria trae trás de sí. Pero eso es sólo la mitad de su poder. También representa la *fugacidad* del triunfo, la evanescencia de la fama, lo transitorio del talento por el cual los vencedores son a menudo tan magníficamente recompensados. Su continuo batir de alas existe por una razón; sirven para llevarnos más allá de nuestra obsesión por la victoria, para hacernos reflexionar sobre su mensaje más profundo. La tarea de un entrenador filósofo consiste en descifrar cuál puede ser ese mensaje.

En los Juegos de Barcelona de 1992, el destacado corredor de Gran Bretaña, Derek Raymond, corría en la eliminatoria de las semifinales de los 400 metros cuando oyó un extraño chasquido procedente de su pierna derecha. Se había desgarrado un ligamento y la súbita explosión de dolor le convirtió en una muñeca de trapo. Redmond, el poseedor británico del record en la prueba, se derrumbó y permaneció tumbado sobre la pista mientras los otros siete corredeores terminaban la carrera. No siendo un hombre dado a abandonar, Redmond se puso de pie tambaleandose y fue cojeando por la pista hacia la meta.

"De repente, apareció un hombre sobre la pista", escribe Bud Greenspan, "corriendo hacia el corredor herido. Pasó por delante de los médicos que llevaban una camilla. Era Jim Redmond, tratando de alcanzar a su hijo. Finalmente, Jim Redmond alcanzó a su hijo, que trataba de terminar la carera".

Cuando Redmond le alcanzó, puso sus brazos alrededor de su hijo y le dijo: "Mira, no tienes que hacer esto". Destrozado por el dolor pero totalmente decidido, Derek Raymond apretó sus dientes y replicó: "Sí, tengo que hacerlo". Su padre estaba igualmente decidido, y replicó: "Bueno, si vas a terminar esta carrera, lo haremos juntos".

"Allí, en el estadio Olímpico de Barcelona", continúa Greenspan, "tuvo lugar una de las escenas más memorables de la historia de los Juegos Olímpicos: un hijo ayudado por su padre caminando por la pista hacia la línea de meta. Y ganando en la derrota tanta gloria como si hubiera obtenido la victoria".

La devastadora herida puso fin a la carrera atlética de Derek Redmond. Pero él transformó la agonía y la decepción en una vida estelar como entrenador de atletismo, jugador de baloncesto, de rugby y conferenciante. Sus charlas se centran en "lo que nos conduce a perseverar, vencer los obstáculos, y tener éxito como individuo y como equipo."

No todo el mundo tiene padres en los se puedan apoyar, como Derek Redmond; muy pocos de nosotros tenemos a alguien que nos dé fuerzas mientras cojeamos hacia la línea de meta en nuestras dificultades más duras. Esto es por lo que el entrenador, el preparador, el profesor, el instructor, o el mentor es una parte esencial en el viaje de cada uno. Nadie lleva a cabo una odisea sólo.

EL MENTOR

Mi entrenador de atletismo del instituto, el señor Natkowski, se entregaba a sus jugadores, partidario de una dura disciplina, pero con una visión más ambiciosa. Comenzó el primer entrenamiento de mi temporada como estudiante reuniéndonos en las tribunas descubiertas de madera dentro del gimnasio en Wayne St. Mary´s, el instituto católico local, y diciéndonos que no nos preocupáramos por las burlas de los jugadores de los equipos campeones de fútbol y de baloncesto del colegio porque el equipo de atletismo no había ganado un campeonato en años. Si simplemente nos preocupáramos por ir carrera a carrera, nosotros también podríamos ser campeones.

En la línea de otros entrenadores, como John Wooden o Percy Cerutty, que son partidarios de compartir versos esporádicos con sus jugadores, el señor Nat pasó copias mimeografiadas de un poema anónimo y lo leyó en voz alta para nosotros:

> Las batallas de la vida no siempre las gana
> el hombre más fuerte o el más rápido,
> Pero más tarde o más temprano, el hombre que gana
> es el que piensa que puede hacerlo.

Después nos dijo algo que nunca he olvidado. "Puedo convertiros en rápidos corredores", dijo, su voz tembló de emoción. "Puedo mostraros cómo lanzar peso, saltar con pértiga, y hacer salto de altura. Pero eso no es por lo que estoy aquí realmente. Estoy aquí para enseñaros a convertiros en hombres".

Durante un largo tiempo pensábamos que eso significaba aprender a sufrir, aunque no sabíamos bien cómo. Entonces descubrí el divertidísimo album de records de finales de los 60 del cómico Bill Cosby, *Sports*, donde él hace la eterna pregunta que todos los atletas tarde o temprano se hacen: "¿Por qué corremos en círculos sólo para terminar vomitando?" La perfecta imitación de Cosby de la angustia de un adolescente ha venido a nuestra mente en mitad de más de una carrera o juego de pelota desde entonces, normalmente justo cuando me pregunto, *¿Por qué estoy haciendo esto?* A menudo he recordado aquella perezosa tarde de primavera tras un extenuante entrenamiento atlético cuando puse un disco para varios chicos de mi equipo del instituto. Cuando Cosby se quejaba de lo duro que era entrenar tanto, nos tiramos por el suelo riéndonos hasta que nos dolíeron los costados –por el dolor de reconocerlo, supongo.

"¡Hey, tiene razón, debemos estar locos!", gritó mi compañero Ryan Sexton, uno de nuestros maravillosos corredores de larga distancia que después corrió una milla en 4:07 en la universidad. "¡Estamos locos! ¿Qué estamos tratando de probar?" Y entonces su voz se derrumbó como una pesa, su cara se tornó seria, y dijo lo que todos habíamos estado pensando: "Lo estamos haciendo por el señor Nat. Nos estamos poniendo a prueba por él".

La manera en que Nat había pronunciado la palabra *hombres* resonaba con antiguas notas de suerte y destino, pero también nos mostraba que él se preocupaba por nosotros. Ninguno de los que formábamos aquel equipo, que íbamos a ganar el campeonato de liga en nuestro último curso, hemos olvidado su devoción.

En septiembre del 2001, cuando iba de gira con el libro *Once and Future Myths*, Nat apareció en la librería de Shaman, en Ann Arbor, Michigan, donde yo estaba leyendo un pasaje. En su honor, leí desde el capítulo sobre la tradición venerable del mentor, que presenta un largo pasaje sobre su influencia en mí.

Después, nos reunimos fuera con algunos de mis excompañeros de equipo, y masculló que sus vecinos le habían apodado "Sr. Mentor" por culpa de la historia que aparecer en el libro. Pero luego me confió algo que no sabía sobre él. Durante mi segundo curso, en 1968, técnicamente no pudo prepararnos debido a problemas de presupuesto del colegio, aunque sí pudo dirigirnos en nuestros encuentros. Sin embargo, aún conducía a diario varios kilómetros cruzando la ciudad para dejar nuestros ejercicios en el tablón de anuncios del vestuario. De vez en cuando, su ayudante, Gerry Higgs, se pasaba a ayudarnos, pero normalmente estábamos sólos, guiados únicamente por los ejercicios dejados por el Sr Nat y recordándonos constantemente que teníamos que automotivarnos. Lo que no sabiamos era que el señor Nat nos controlaba varias veces a la semana durante al menos unos pocos minutos desde su viejo Ford Fairlane negro. Nunca le vimos, pero él podía ver si entrenábamos o no.

"Durante todo el año", me contó en los exteriores de la librería, "me tropecé una y otra vez con Bill Hawley, ¿le recuerdas, el entrenador de atletismo del instituto Wayne, que entrenaba a sus propios muchachos? Y me decía continuamente que no podía creer que vosotros nunca perdierais un entrenamiento, que nunca aflojarais el ritmo de trabajo, sino que todos trabajabais tanto como si yo hubiera estado allí en la pista, soplando mi estúpido silbato para hacer que siguierais adelante".

"¿Sabes algo, Cousineau? Hace unos días me encontré con Hawley, y me preguntó de nuevo —después de *treinta años*— cuál era mi secreto. '¿Cómo hacías que fueran sin estar tú allí?' Dijo que no creía ni por un momento que su propio equipo hubiera trabajado sin estar él a su alrededor.

Tuve que decirle que no sabía. ¿Por qué? ¿Porqué no flaqueasteis?"

El señor Nat volvió la cabeza hacia un lado mientras me pedía que aclarara el viejo misterio, recordándome la forma en que nos solía hacer preguntas durante los entrenamientos o encuentros. Entonces sus ojos comenzaron a llorar con lágrimas de orgullo.

Cuando se levantó el aire nocturno de otoño, pensé en todas las carreras nocturnas y los entrenamientos en invierno sobre las carreteras nevadas. Disciplina, pensé, disciplina, disciplina. Ese fue su mayor regalo para nosotros. Por esto es por lo que habríamos atravesado paredes de ladrillo por usted.

"Hey, entrenador," espeté de repente, "lo hicimos porque le queríamos. Sabíamos que le importábamos". Me sorprendí a mí mismo con esa confesión pero seguí adelante de todas maneras, un poco ahogado por la emoción, y después intenté quitarle un poco de hierro a la cosa, como si estuviéramos de nuevo en el vestuario allá por el año 1968. "También creo que sabíamos que se daría cuenta si estábamos holgazaneando. Lo habría sabido por nuestros tiempos en las competiciones, ¿verdad?"

Una sonrisa asomó en la cara del Señor Nat. Asintió suavemente y meneó la cabeza maravillado. Entonces dijo de un tirón algunos de nuestros tiempos, nuestro record batido en los relevos de una milla, mi mejor carrera de 440 yardas y mi mejor salto de longitud, además de la mejor milla, media milla, y los lanzamientos de peso lanzados por mis viejos compañeros de equipo. Después de más de treinta años, aún se acordaba de muchas de nuestras estadísticas de memoria.

Sólo era atletismo en el instituto, muy, muy lejos de las Olimpiadas, pero aquellas fueron unas lecciones Olímpicas que él nos dio, lecciones que han perdurado muchos años, como las estatuas de los atletas enterradas bajo veinte pies de cieno del río o cientos de pies de agua. Lecciones que duran toda una vida, muchas vidas.

"Siempre corréis para superar lo mejor de vosotros mismos", solía apremiarnos el Señor Nat. "Sólo tratad de superaros. Dadme lo mejor de vosotros mismos".

SER DIGNO

La mañana de la procesión desde Ellis a Olimpia, los atletas se reunían en los terrenos donde habían entrenado durante un duro mes. Entonces, sus entrenadores les dijeron: "Si habéis trabajado tanto como para ser merecedores de ir a Olimpia, si no habeis hecho nada indolente ni innoble, entonces animaos y seguid adelante; pero aquellos que no habéis entrenado así podeis abandonar e iros a donde queráis". De manera similar, la mañana de las competiciones en Delfos y Corinto, los entrenadores instruían a sus atletas que iban a competir a "Entrar en el estadio y ser hombres merecedores de ganar".

Hoy la palabra *merecedor* raramente se utiliza junto con la palabra *ganar*. Sin embargo está a menudo implícito, especialmente cuando se utiliza el eufemismo *merecer* en su lugar. Ella *merecía* ganar porque lo intentaba con tanto afán, o, *no merecía ganar* a causa de su mala actitud o porque tomaba esteroides. La idea de ser merecedor, refiriéndose al valor, el honor, y la importancia, está en el corazón del credo del preparador filósofo. ¿Pero somos merecedores de ganar?

Hacer atletas de todo tipo, desde los suplentes hasta las super estrellas, merecedores de ganar es la tarea del preparador filósofo. Esto pide una redefinición de lo que significa ganar, que comienza con recordar a los jugadores lo que significa cuando se les exhorta a ganar o se espera de ellos que ganen. Superficialmente, ganar significa superar a los demás; pero más en profundidad, ganar significa luchar, y luchar bien. "Luchar, buscar y no rendirse", dicen las inmortales palabras de Alfred Lord Tennyson sobre el valor del Rey Arturo. Quien quiera que luche valientemente, según ambos, poetas y entrenadores filósofos, es por definición un ganador.

Pero en una cultura adicta a la droga del éxito, cualquier cosa que no sea la victoria completa se convierte en ignominia y falta de valor. La mayor tarea a la que se enfrenta el entrenador filósofo es transformar este concepto de falta de valor para que sus jugadores o jugadoras puedan apreciar el ganar por lo que es: cualquier forma de respuesta positiva a sus más grandes esfuerzos.

Brutus Hamilton, el legendario entrenador de atletismo de la Universidad de California en Berkeley, fue el entrenador jefe del equipo de atletismo americano en los Juegos de Helsinki de 1952. En una carta escrita desde Londres después de los Juegos, describió "lo esencial" de las charlas de ánimo a su equipo, antes de que pasaran a ganar 22 medallas: "Honraos a vosotros mismos, a vuestro país y a vuestros adversarios con vuestra mejor actuación y con vuestra mejor conducta. Estoy seguro de que lo haréis, pues habéis sido bien entrenados y vuestros padres os han enseñado a distinguir lo correcto de lo incorrecto. Sois un grupo estupendo de jóvenes y nosotros los entrenadores esperamos que este sea nuestro trabajo más fácil como entrenadores de nuestras vidas". La carta continúa: "Demostrasteis ser así; así que de nuevo, repito, no me deis demasiado mérito".

Según escribe el preparador Walton en su maravilloso ensayo sobre Hamilton, "El deporte para Brutus era una extensión importante de humanidad, y la mejor competición atlética, él pensaba, estaba en el ideal de competir por diversión". Hamilton pretendía motivar a sus atletas para que trabajaran duro y se dedicaran a un objetivo que mereciese la pena con entusiasmo, fuerza de voluntad y decisión. Y el camino más rápido para llegar allí era aprendiendo a correr simplemente pero con pasión. "Correr", a él le gustaba decir, "es limpio y noble".

REDEFINIR EL ÉXITO

Según H.A. Harris, los antiguos Juegos Olímpicos eran "una preparación equilibrada para una vida de calidad". Esta forma trascendente de entrenarse para el éxito en la vida, no sólo en el deporte, es la fuerza secreta de nuestros preparadores filósofos hoy, como Susan Jackson, Charles Riley, Percy Cerutty, y el legendario entrenador de baloncesto John Wooden.

"Los jugadores hace 50 años querían ganar tanto como los jugadores de hoy", escribe Wooden. "Los soldados de infantería de hace mil años querían ganar la batalla tanto como las tropas de combate actuales. Los atletas hoy no desean ganar más que los atletas en los primeros Juegos Olímpicos. El deseo entonces y ahora es el mismo... En los tiempos clásicos, la lucha valerosa por una noble causa era considerada un éxito en sí misma. Tristemente, aquel ideal ha sido olvidado. Pero merece la pena recordarlo".

Según el diccionario, *éxito* significa "un resultado favorable o deseado". En el uso común con *éxito* nos referimos a la obtención de riqueza o fama, y en el mundo del deporte, a ganar, y ganar bien, como dicen hoy, queriendo decir ganar campeonatos. De acuerdo con cualquier criterio, John Wooden era uno de los más exitosos entrenadores del siglo veinte, habiendo conducido a su equipo de baloncesto de UCLA a diez campeonatos nacionales en doce años. Más admirable, sin embargo, es que su ojo recaía siempre en el mayor premio. Ganar no fue nunca tan importante para él como el reto de infundir a sus jugadores una revolucionaria —para nuestra época —reevaluación del éxito y un énfasis enternecedor en hacerlo lo mejor que uno pueda.

El preparador Wooden basa su famoso enfoque en los simples principios que heredó de su padre, siendo un niño que creció en una pequeña granja en Indiana. Lo primero en la lista era: "Sé sincero contigo mismo". El segundo era: "Ayuda a los demás". Su filosofía basada en el sentido común le hizo parecer pasado de moda en sus primeros años como profesor y preparador, pero sentó las bases para la carrera estelar que vendría después.

En su grabación de video de 1984, *Pyramid of Success*, Wooden dice, "Hace tiempo yo no estaba satisfecho con lo que se consideraba éxito, que era la acumulación de bienes materiales o la conquista de una posición de poder o prestigio. No creo que estas cosas indiquen necesariamente el éxito, pero podrían hacerlo. Así pues después de pensarlo mucho, di con mi propia definición". Su creencia y su punto práctico hacia lo que él siente que es vital para vivir una buena vida: "un criterio del éxito que está por encima de la mera victoria." Este criterio es una mezcla de sentido común, valores del viejo mundo, y un poco de lo que uno de sus alumnos estrella, Kareem Abdul-Jabbar, llama "la cualidad mística" de Wooden.

"El éxito", dice John Wooden, "es la paz mental que sólo se consigue a través de la satisfacción con uno mismo por haber realizado el esfuerzo para hacerlo lo mejor que uno puede". Con su característica sencillez, Wooden confiesa que cuando la gente le pregunta si él ha vivido según su propio modelo de la *Pyramid of Success*[27], "Mi respuesta es siempre la misma: No. Pero lo he intentado".

La filosofía de preparación de Wooden está en línea con la sabiduría expresada por muchos pensadores a lo largo de la historia. Ralph Waldo Emerson, por ejemplo, dijo: "La sabiduría viene más desde el corazón que desde la cabeza". William Faulkner aconsejó: "No te molestes en ser mejor que tus contemporáneos o predecesores. Intenta ser mejor que tú mismo". Wooden a menudo lo repetía diciendo a sus jugadores: "Nunca intentéis ser mejores que los demás, sed lo mejor que podáis ser".

La profundidad de la convicción del entrenador Wooden de enorgullecerse de lo mejor de uno mismo le lleva a preocuparse por las Olimpiadas modernas. "Ya no me siento con deseo de apoyar a los Juegos Olímpicos, que se

---

[27] "la pirámide del éxito".

han convertido casi en profesionales", escribe en su reciente libro. "Verás un atleta quejándose por haber llegado en segundo lugar porque sabe que le pasará factura a sus subvenciones. Ir a por el oro a menudo se convierte en ir a por el verde". En su lugar, Wooden dice, la pregunta correcta en el deporte, como en la vida, es: "¿Me esforzé todo lo que pude? Eso es lo que importa. Lo demás lo encontramos en el camino".

DEL JUEGO SIN ALEGRÍA AL JUEGO LIMPIO

David C. Young escribió, "El objetivo fundamental que para los griegos tenía el atletismo era conseguir la satisfacción de la victoria y un sentido de bienestar físico a cambio del duro trabajo, del agotamiento, y de la incomodidad".

Sin duda, la satisfacción y el orgullo de la victoria pueden inspirar la virtud del trabajo duro. Una actitud ganadora sana puede ayudar a preparar a los atletas, e incluso a los aficionados, para enfrentarse con la dura realidad del ultracompetitivo mundo moderno. Un instinto feroz de ganar puede funcionar como una válvula de seguridad para el comportamiento agresivo de la gente joven. Pero, ¿qué es lo que ocurre cuando el estrés de ganar se transforma en la monstruosa necesidad de ganar acualquier costa?

En *The Sports Medicine Book*, Gabe Mirkin expone que hizo una encuesta a cien corredores de élite sobre si estarían dispuestos a tomar un elixir mágico llamado "la Píldora Olímpica", sabiendo que les transformaría en campeones Olímpicos –aunque morirían un año después.

Más de la mitad dijeron que sí.

De la misma forma, en *Competitive Fire* de Michael Clarkson, el consejero de deportes John Douillard declara que, "el segundo puesto no vale nada en estos tiempos, especialmente cuando se le da tanta importancia a la victoria –trofeos, ganancias, patrocinadores, y autoestima. Hemos puesto tanta presión en la victoria, y hemos traficado tanto con el proceso de alcanzarla, que muchos atletas actuales nunca consiguen disfrutar del proceso deportivo. La diversión ha desaparecido del deporte".

Gary Walton explica el origen de los vientos huracanados del comercio y la hipocresía, a los que siempre se opone un entrenador bien intencionado: "Las virtudes y características especiales del entrenador filósofo están siendo reprimidas por los nuevos talentos adicionales que necesitan ganar y promocionar el juego. Nadie tiene la culpa. No es culpa de los entrenadores, ni de los jugadores, ni de los propietarios de los equipos, ni tampoco de los aficionados. El cambio en el carácter del entrenamiento lo está dirigiendo el mercado, el incremento del número de aficionados dispuestos a pagar mucho dinero por el entretenimiento deportivo, y el progreso técnico en el desarrollo de los atletas, y por supuesto los medios de comunicación".

Cuando se difama el ideal Olímpico de lucha y participación, puede comenzar a imperar la adicción a la perfección. Su influencia se extiende por toda la cultura, como evidencia la preocupante revelación de que cada vez más chicos abandonan los deportes organizados. Al menos el 75 por ciento de los chicos dejan el deporte alrededor de los doce años, según menciona Scott Lancaster en su libro revolucionario, *Fair Play.* Y el elenco de razones van desde el aburrimiento hasta la vergüenza, pasando por el tener poco tiempo, poca enseñanza, poco aprendizaje y perfeccionamiento, demasiada importancia a las victorias, y poco divertimento.

Es razonable, dice el movimiento "juego limpio" o "juego justo" (fair play). Al principio, animaremos a los niños a jugar sólo por el hecho de jugar y nada más. Sin marcador, ni puntuación, ni ganadores. Una vez en el juego, les recordaremos que no hay objetivo ni tampoco premio.

Hasta el momento el modelo de "juego limpio" parece que funciona. Entrenadores y padres de todo el país dicen que hay un entusiasmo creciente por la participación en los deportes entre los chicos en edad escolar. Sin embargo, hay otro nivel de compromiso en el deporte que nos lleva inexorablemente a formas más altas de competición, hacia los juegos en los que el único objetivo es ganar, conquistar, tomar ventaja.

Muchos entrenadores modernos creen que hay una conexión entre la enorme presión para ganar que existe en los niveles de élite, desde las ligas importantes hasta las Olimpiadas, y el enfoque de negocio y falta de alegría que invade ahora nuestros deportes. Aquellos que se preocupan por la salud actual y futura de nuestros juegos, culminando en las Olimpiadas, no niegan el valor de la competición, ni desean suprimir la alegría que acompaña a la victoria. En su lugar, piden un enfoque mítico y poético del deporte –hablar menos de dinero y más de belleza, menos obsesión por las celebridades y más interés por la deportividad, la excelencia, la humildad, y sacar lo mejor de uno mismo que es lo que eleva el espíritu. Este calibre de entrenador defiende y apoya las cualidades que hacen que la comunidad entera se haga más fuerte.

Uno de estos entrenadores es Steve Glass, antiguo jugador en la organización de los Atlanta Braves y ahora director deportivo, profesor galardonado y entrenador de la Cathedral School for Boys de San Francisco. El entrenador Glass me dijo en una entrevista reciente que su filosofía consistía en enseñar a los chicos a cómo competir y cómo ganar –con perspectiva, especialmente en vista de las expectativas poco realistas que se vierten sobre ellos.

"Enfoco mi función como entrenador como una pesona que hace algo más que dibujar x y o", me dijo, " y trato de enseñarles lecciones de vida, por ejemplo a desarrollar buenas cualidades como ser humano, tales como la confianza, la honestidad, la deportividad, la integridad. Estas características son mucho más importantes que el resultado de un juego cualquiera. Siempre que mis estudiantes se diviertan, esforzándose todo lo que puedan, sin abandonar nunca, serán ganadores independientemente del resultado. Si llegan a comprender eso, entonces es que he hecho mi trabajo."

Cuando le pregunté a Glass sobre la influencia de las Olimpiadas en él y en sus aspirantes, su respuesta fue apasionada: "Las Olimpiadas tienen un increíble valor para mí como profesor y como entrenador. El deporte enseña a los chicos el valor de hacer amigos, también les enseña a tratar de forma efectiva con el adversario, la importancia de relacionarse con los compañeros de equipo, habilidades fundamentales, y un estilo de vida saludable. Los atletas Olímpicos son increíbles modelos para los chicos cuando se trata de compromiso, trabajo duro y dedicación. Les proporciona una clase de ideal que yo no consigo encontrar en otro lugar, sea en el colegio o en los deportes profesionales. El ideal Olímpico se fundaba en la creencia de que los países podrían unirse en el espíritu de la competición; el resultado es secundario… No importa el país de procedencia, todos los chicos del mundo saben apreciar una actuación atlética destacada, y las Olimpiadas proporcionan el escenario más grandioso".

Nuestra inspiradora entrevista me transportó a mi juventud, a mis días de jugador, cuando los dioses me agraciaron con entrenadores que eran a la vez profesores listos y entrenadores duros. Me ayudaron, según la antigua tradición del mentor, "a decidir por mí mismo", lo cual significaba, en la lengua del deporte, encontrar mi swing, tomármelo con calma, disfrutar mis posibilidades. Pensé en el entrenador McCaffrey, mi revoltoso entrenador irlandés de béisbol, que nos dijo antes de una final del campeonato, "al infierno con todo eso de que el deporte construye el carácter, en realidad demuestra el carácter. ¡Ahora coged vuestro carácter y salid al campo a ganar este partido!" Recordé las modestas palabras de Ron Gold, entrenador de baloncesto del equipo en el que jugué en Londres a mediados de los setenta, segundos después de que sonara la bocina de mi mejor partido de la temporada (44 puntos, 19 rebotes) y nuestra victoria más sonada, contra un equipo de una cercana base aérea militar de EE.UU. En el climax de nuestra euforia en el abrazo de después del juego, él nos recordó lo que James Naismith, el inventor de baloncesto canadiense, solía decir a sus jugadores: "Quiero que todos seamos capaces de perder con gracia y ganar con cortesía; aceptar las críticas y las alabanzas; y por último, apreciar la actitud del otro compañero en todo momento." Entonces nos condujo a través de la pista para estrechar las manos de nuestros adversarios. Recuerdo con claridad la profunda emoción que produjo en mí y la absoluta sorpresa en sus caras cuando nos miramos a los ojos y les dimos las gracias por un gran partido.

Las lecciones Olímpicas abundaban en lo concerniente a los lazos que unen a los entrenadores filósofos con sus atletas. De todas las relaciones fabulosas, quizás la más contada e inspiradora es la de Jesse Owens y su entrenador, un irlandés llamado Charles Riley. Riley estaba tan convencido de que había detectado algo especial en Owens que se levantaba cada día al amanecer para entrenarle antes de que ambos tuvieran que aparecer en el colegio. Más que entrenar duro para alcanzar el que Owens pensaba que era su límite, Riley le enseñaba a rebasar ese límite hacia el misterioso lugar donde siempre se encuentra la victoria. Lo que Owens aprendió a apreciar en su entrenador fue que, "De algún modo, el señor Riley había encontrado el secreto de ganar esa victoria de nuevo para él mismo cada día, y para ayudar a otros a ganar". Owens concede el mérito de su propia habilidad para superar la terrible presión bajo la que se hallaba en los Juegos de Berlin a su querido entrenador, pues Riley le había enseñado bien que no competía contra ningún otro atleta ni siquiera contra ninguna otra nación.

"Como yo había aprendido hace tiempo de Charles Riley", escribió después, "la única victoria que cuenta es la victoria sobre uno mismo."

Owens aprendió algo más de su entrenador, como retrata la versión cinematográfica de su vida, algo que no viene de correr sino de reducir la marcha a un paseo y escuchar. "Si caminamos lo suficiente", Riley dice a Owens en la película, "y hablamos lo suficiente, podríamos llegar a entendernos."

REIVINDICAR LOS JUEGOS

Cada dos años, me maravillo cuando miles de atletas se reúnen para competir en la próxima edición de los Juegos Olímpicos de invierno y de verano. Mi mente sigue desatándose salvajemente, mi corazón se acelera, y me siento tan exultante y libre como cuando corría 160 kilómetros a la semana, o jugaba al baloncesto cinco horas al día. He llegado a ver los cuatro lados del televisor, las cuatro bordes del periódico, o las cuatro paredes del estadio, que simultaneamente rodean y me transmiten la acción de los Juegos, como los antiguos persas veían sus jardines emparedados, sus *pairidaeza* –como un "paraíso". Puesto que es en el paraíso donde finalmente regresamos a casa. Es allí donde conseguimos vislumbrar lo mejor de nosotros mismos; es allí donde nuestros espíritus finalmente vagan libres. Creo que esta es una razón por la que los Juegos Olímpicos permanecen tan relevantes como siempre: continuan haciéndonos olvidar nuestros problemas diarios y nos transportan a los jardines privados de los dioses. Como A. Bart Giametti escribe en su inspirado ensayo sobre nuestro gran amor por todos los grandes juegos:

Todo juego aspira a adquirir la condición de paraíso. Es la condición de libertad lo que señala el paraíso, y ese juego o deporte –aunque limitado por el mundo– desea reflejarse, aunque sea fugazmente... Así los juegos, las competiciones, el deporte reiteran el propósito de libertad cada vez que son representados, siendo su finalidad mostrarnos cómo ser libres y estar completos y en conexión, libres de obstáculos, e integrados, todo a la vez. Ese es el papel del ocio, y si el ocio fuera un dios, en lugar de la versión del más elevado estado humano de Aristóteles, el deporte sería un recordatorio constante –no un resto descolorido –de ese ser transcendente o sagrado... Como hicieron nuestros antepasados, nos recordamos a nosotros mismos a través del deporte cuál es, aquí en la tierra, nuestro anhelo más noble. A través del deporte, recreamos nuestra porción diaria de libertad, en público.

Los Juegos Olímpicos nos enseñan que la vida puede ser un festival, que las competiciones pueden alegrar a una comunidad entera, que el deseo de sobresalir nos convierte a todos en ganadores, y que jugar al significado de la vida es algo noble. Transmitir el espíritu de los antiguos Juegos y el alma de los Juegos modernos a las siguientes generaciones es ahora nuestra esperanza; pasar la antorcha de nuestra pasión por una vida de excelencia es ahora nuestra tarea.

Carl Lewis ganó diez medallas en cuatro Olimpiadas desde 1984 hasta 1996. Espera que su mayor legado sea mostrar a los jóvenes que no hay límite para nuestros sueños.

EPÍLOGO

UNA VISIÓN OLÍMPICA DEL FUTURO

He corrido la gran carrera,
He terminado el recorrido.
He mantenido la fe.

San Pablo

Anónimo (1774)

Desde la primera carrera en Olimpia hace casi veintiocho siglos, los Grandes Juegos han representado la lucha esencial de la vida de superar las malas experiencias con coraje, fuerza y elegancia. La mejor parte es que transforman esa lucha en una actuación artística sublime —obras de pasión que revelan nuestro anhelo por los milagros, la redención, reflejos de perfección.

El idealismo inquebrantable del movimiento Olímpico todavía cumple una función indispensable, pero es una función que trasciende su propio lugar como un escaparate de la competición de élite. Su propósito trascendente es recordarnos que puede ser tan trágico como la vida, según las palabras del poeta Adam Zagjaweski, "Debes elogiar al mundo mutilado". Estas palabras no están muy lejos del tono de aquellas pronunciadas por el más grande de los Olímpicos, Jesse Owens. La sabiduría que se llevó a casa de los Juegos de Berlín de 1936, concluye, era que "lo que hace la vida soportable es lo sublime".

Incluso en las épocas más deprimidas, los Juegos Olímpicos han demostrado ser merecedores de nuestro respeto. Hemos aprendido a apoyarnos en ellos al igual que el corredor británico Derek Redmond se apoyaba en el hombro de su padre —para alcanzar un estremecimiento de lo que parece tener algo en común con el resto del mundo. En este sentido las Olimpiadas realizan el antiguo sueño de tener un propósito común —una odisea— que todos podemos valorar. Esta es la razón por la que el ganador de una medalla de oro, Matt Biondi, aconseja a los jóvenes atletas: "Disfruta el viaje, disfruta el momento, y deja de preocuparte por si ganas o pierdes". Y de acuerdo con este propósito compartido, el elogio es la fuerza misteriosa que restaura el espíritu, reaviva el fuego y pasa la antorcha, y nos ayuda a encontrar nuestro camino de vuelta a casa.

De acuerdo con el espíritu de los antiguos entrenadores quienes fijaron sus juramentos sagrados, o de los filósofos y aspirantes a atletas que establecieron listas de ganadores en los muros del gimnasio, también yo he compilado unas pocas listas para fotocopiar y colgar en el vestuario o en el tablero de anuncios de casa. Con la simple intención de recordar a los jóvenes atletas, entrenadores, padres, espectadores y medios de comunicación, el fuego sagrado que hay en el corazón del deporte que se apaga para luego volver a encenderse.

NUEVE SUGERENCIAS PARA REAVIVAR EL ESPÍRITU DE LOS JUEGOS

1- Reavivar la dimensión sagrada enfatizando el ritual, la ceremonia, el relato de leyendas, como por ejemplo volver a contar los orígenes del antiguo festival, al igual que los orígenes de cada prueba.

2- Restaurar el antiguo énfasis en la belleza y la filosofía, en contraste con la moderna manía de las estadísticas y las medallas, invitando a artistas, poetas e intelectuales para que añadan sus comentarios a los de los habituales expertos deportivos y ex-atletas.

3- Repaso de la antigua tradición de la competición en el teatro, la oratoria, la poesía y la historia con una versión actualizada de aquellas pruebas, incluyendo el cine y el video.

4- Renovar la atención que los antiguos griegos le daban al ideal de la mente, el cuerpo y el espíritu con especial consideración hacia el atleta que personifica una integración completa.

5- Revisar la vida después de las Olimpiadas de los atletas, con entrevistas de radio o televisión, para que la gente pueda ver cómo los atletas comparten sus experiencias y sabiduría con otros. Un ejemplo es el programa para la juventud creado por Muhammad Ali en Louisville, Kentucky, o las enseñanzas y discursos motivadores de Nadia Comaneci y su marido Bart Conner.

6- Valorar los medios sabios de los entrenadores filósofos acreditando los méritos del entrenamiento saludable, innovador y apasionado.

7- Revisar el Premio al Espíritu Olímpico de los E.E.U.U. para que se preste la debida atención durante y después de los Juegos, y constituir un Premio al Espíritu para el atleta que supere la más grande adversidad en el transcurso de sus pruebas independientemente de que gane o no una medalla.

8- Representar el efecto que tuvo la competición pacífica en el medallista inglés Philip Baker, que después ganó el premio Nobel de la Paz, creando un premio internacional de garante de la paz para el atleta que más contribuya a esta idea.

9- Reavivar la antigua tradición de la Tregua Olímpica –que suspendía todas las guerras durante la duración de los Juegos –enviando heraldos oficiales a la capital de cada nación del mundo. Estos heraldos, al anunciar la próxima Olimpiada, recordarán a cada nación el sueño Olímpico de la antigüedad de fomentar la hermandad y la paz.

LISTA DE GANADORES DEL PREMIO AL ESPÍRITU OLÍMPICO DE LOS EE.UU.

Los Premios al Espíritu Olímpico de EE.UU. reconoce a los atletas americanos que más representan el espíritu de la competición Olímpica a través del coraje, la dedicación, y la determinación para superar la adversidad a la vez que consiguen su objetivo Olímpico, y además inspiran a otros a seguir su sueño. Se selecciona a un grupo de diez atletas

Olímpicos estadounidenses. El criterio que se sigue para la entrega del premio es *la perseverancia*, la capacidad de perseguir un objetivo aun después de haberse encontrado con la adversidad; *el compromiso*, la dedicación absoluta a los objetivos; *el coraje*, la fuerza interior para superar las situaciones aparentemente imposibles; *la visión*, la habilidad de concentrarse en un objetivo a pesar de los obstáculos.

Año	Juegos de Verano	Juegos de Invierno
2002		Chris Klug, Snowboard Vonetta Flowers y Jill Bakken, Trineo
2000	Rulon Gardner, Lucha Laura Wilkinson, Saltos (piscina)	
1996	Kerri Strug, Gimnasia Carl Lewis, Atletismo	
1992	Gail Devers, Atletismo	Paul Wylie, Patinaje Artístico
1988	Greg Louganis, Saltos (piscina)	Dan Cansen, Patinaje de Velocidad
1994	Jeff Blatnick, Lucha	Scout Hamilton, Patinaje Artístico
1980	Tracy Caulkins, Natación	Tai Babilonia y Randy Gardner, Patinaje Artístico Parejas
1976	Margaret Murdock, Tiro	Andy Mill, Esquí Alpino
1972	Dave Wottle, Atletismo	Mike Curran, Hockey sobre Hielo
1968	Bob Beamon, Atletismo	Billy Kidd, Esquí Alpino

LOS DIEZ MANDAMIENTOS DE LA VERDADERA DEPORTIVIDAD

(Adaptado de *How Did Sports Begin?* de H.A. Harris)
• No abandonarás.

- No pondrás pretextos.
- No te recrearás en la victoria.
- No te enfadarás en la derrota.
- No te aprovecharás de ventajas injustas.
- No pedirás ventajas que tú mismo no darías.
- Siempre darás al oponente el beneficio de la duda.
- No subestimarás al oponente ni te sobreestimarás a ti mismo.
- Recordarás que lo importante es el juego no el atleta.
- Deberás honrar el juego en el que participas, porque el que juega con honradez gana, incluso cuando pierde.

LAS OCHO SUGERENCIAS PARA EL ÉXITO DEL ENTRENADOR JOHN WOODEN

- No tengas miedo al oponente. Respeta a todos los oponentes.
- Recuerda, es la perfección de los pequeños detalles lo que hace que consigamos grandes gestas.
- Ten presente que las prisas hacen cometer errores.
- Da más importancia al carácter que a la reputación.
- Sé rápido, pero no te apresures.
- Comprende que cuanto más duro trabajes, más suerte tendrás.
- Entiende que el verdadero autoanálisis es crucial para la superación.
- Recuerda que no hay sustituto del trabajo duro y de la planificación cuidadosa. Fallar en la preparación es prepararse para fallar.

EL MATERIAL DE ENTRENAMIENTO DEL ENTRENADOR LEONARD NATKOWSKI

Si piensas que estás vencido, entonces lo estás.
Si piensas que no te atreves, entonces no te atreves.

Si te gusta ganar, pero crees que no puedes, es casi seguro
que no ganarás.

Si piensas que vas a perder, ya has perdido,
Porque en el mundo exterior descubrirás
que el éxito comienza con la voluntad.
Todo depende del estado de la mente.

Las batallas de la vida no siempre las gana
El más fuerte o el más rápido;
Pero tarde o temprano el hombre que gana
Es el hombre que cree que puede.

Anónimo

DOCE GRANDES VERSOS SOBRE LA VICTORIA DE LOS PIES VELOCES

Un muchacho de Shropshire

El día que ganaste la carrera,
todos te paseamos por la plaza
Hombres y niños coreamos tu nombre,
y en hombros te llevamos a tu casa.

Muchacho astuto, te marchaste pronto
allí la donde la gloria importa.
Sabías que el laurel que crece rápido
se marchitaba antes que la rosa.

No rugirá la multitud ya más
ni te harán los muchachos sus ofrendas.
De corredores que alcanzan la fama
se olvida antes el nombre que la imagen.

A.E. Housman

Todo es un juego
Una cosa pasajera,
Lo que importa es lo que he hecho
Y lo que dejo detrás.
Sé un ejemplo
Para aquellos que vienen después.

Pelé
estrella del fútbol brasileño

LECTURAS RECOMENDADAS

Anderson, Dave. *The story of the Olympics*. Nuava York: Harper Collins, 2000.

Andronicos, Manolis. *Olympia*. Atenas: Ekdotike Athenon, 1982

Arlott, John. *Pageantry of Sport*. Nueva York: Hawthorn Books, 1968

Baker, William J. *Sports in the Western World*. Totowa, N.J.: Rowman and Littlefield,1982

Barney, Robert K., Stephen R. Wenn, and Scott G. Martyn. *Selling Five Rings: The international Olympic Committee and the Rise of Olympic Comercialism*.Salt Lake City: University of Utha Press, 2002

Bradley Bill. *Values of the Game*. Nueva York: Broadway Books,1998.

Brasch, R. *How Did Sports Begins? A Look at the Origin of Man at Play*. Nueva York: David Mackay, 1970

Coubertin, Pierre de. *Olympic Memoirs*. Rev. ed. Lausanne: International Olympic Committee, 1979

Dickinson, O. Lowes. *The* Greek *View of* Life. Chautauqua, N.Y.: Chautauqua Press, 1909.

Drees, Ludwig. *Olympia: Gods, Artists, and Athletes*. Nueva York y Washington: Frederick A. Praeger, 1968.

Ecker, Tom. *Olympic Facts and Fables*. Mountain View, Calif.: Tafnews Press, 1996.

Epictetus. *The Art of Living: The Classic Manual on Virtue, Happiness, and Effectiveness*. Versiones de Sharon Lobell. San Francisco: HarperSanFrancisco, 1994.

Gardner, E. Norman. *Athletics of the Ancient World*. Chicago: Ares Publishers, 1930.

Giamatti, A. Bartlett. Take *Time* for *Paradise: Arnericans and Their Carnes*. Nueva York: Summit Books, 1989.

Halberstam, David, cd. *The* Best *American Sports Writing* of *the Century*. Nueva York y Boston: Houghton Mifflin, 1999.

Hamill, Sam, ed. *The Infinite Moment: Poems from Ancient Greek*. Nueva York: New Directions Books, 1992.

268 *La Odisea Olímpica*

Harris, H. A. *Greek Athletes and Athletics.* Bloomington and London: Indiana University Press, 1966.

Sport in Greece and Rome: Aspects of Greek and Roman Life. Ithaca, N.Y.: Corneil University Press, 1972.

Harrison, Jane. Themis: *A Study of the Social Origins of Greek Religion.* Londres: Merlin Press, 1963.

Heinrich, Bernd. *Why We Run: A Natural History* (origirsally publihed as *Racing the Antelope: What Animais Can Teach Us about Running and Life)* Nueva York: HarperCollins, 2001.

Holmes, Burton. *The* Olympic Games in *Athens, 1896: The First Modern Olympics.* Nueva York: Grove Press, 1994.

Huizinga, Johann. *Homo Ludens.* Nueva York: Harper & Row, 1970.

Leonard, George. The *Ultimate Athlete.* Berkeley, Calif.: North Atlanta Books, 2001.

Miller, David L. *Gods and Games: Toward a Theology of Play.* Nueva York y Cleveland: World Publishing, 1969.

Miller, Stephen G. *Arete: Greek Sports* frorn *Ancient Sources.* Berkeley: University of California Press, 1991.

Mogulof, Milly. *Foiled: Hitler's* Jewish Olympian. Oakland, Calif.: RDR Books, 2002.

Murphy, Michael, y Rhea White. *In the Zone: Transcendent Experience in Sports.* Nueva York: Penguin Arkana, 1995.

Nabakov, Peter. *Indian Running.* Santa Barbara, Calif.: Capra, 1981.

Nicholson, Shirley J. *The Seven Human Powers.* Wheaton, III.: Quest Books, 2003.

Novak, Michael. *The Joy of Sports.* Nueva York: Harper Colophon, 1976.

Owens, Jesse, con Paul Neimark. *Jesse: A Spiritual Autobiography.* Plainfield, N.J.: Logos International, 1978.

Pausanias. *Descripción de Grecia,* Libros *1-11, 111-1V.* Editorial Gredos S.A.

Pelé, con Robert L. Fish. *Pele: My Life and the Beautiful Game.* Garden City, N.Y. Doubleday, 1977.

Píndaro. *Odas Olímpicas, Odas Píticas.* Editorial Gredos S.A. Cambridge, Mass, y Londres: Harvard University Press, 1997.

Read, Sir Herbert, *The Art of Sculpture.* Princeton, N.J.: Bollingen Press,1956.

Rexroth, Kenneth, trans. *Poems from the Greek Anthology:expanded Edition,* Ann Arbor, Mich.: University of Michigan Press, 1999.

Rirter, Lawrence S. *The Glory of Their Times: The Story of the Early Days of Béisbol Told by the Men Who Played It.* Nueva York: Quill/ William Morrow, 1992,

Sheed, Willard. *"Can the Joy of Sports Be Saved?" The Wilson Quarterly*, vol. xix, no. 1 (invierno, *1995).*

Silverman, Al. *It's Not Over 'Til It's Over: The Stories behind the Most Magnificent*

Heart– Stopping Sports Miracles of Our Time. Woodstock y Nueva York: Overlook Books, 2002.

Swaddling, Judith. *The Ancient Olympic Games.* London: British Museum Press, 1980.

Toms, Michael. *An Open Life: Joseph Campbell in Conversation with Michael Toms.* Comp.y ed. John M. Maher y Dennie Briggs. Nueva York: Larson Publications, 1988.

Van der Leeuw, Gerardus. *Sacred and Profane Beauty: The Holy in Art.* Nueva York: Holt, Rinehart and Winston, 1963.

Walton, Gary M. *Beyond Winning: The Timeless Wisdom of Great Philosopher Coaches,*Champaign, 111.: Leisure Books, 1992.

Weissmuller, Johnny, Jr., con William Reed y W. Craig Reed. *Tarzan: My Father,* Toronto: ECW Press, 2002.

Wooden, John, with Steve Jamison. *Wooden: A Lifetinie of Observations and Reflections on and off tite Court.* Chicago, 111. Contemporary Books, 1997.

Woff, Richard. *The Ancient Greek Olympics.* Londres: Oxford University Press, 1999.

Young, David C. *The Modern Olympics: A Struggle for Revival.* Baltimore y Londres: Johns Hopkins University Press, 1996.

The Olympic Myth of Greek Amateur Athletics. Chicago: Ares Publishers, 1984.

PHIL COUSINEAU

Phil Cousineau, un hombre de muchas inquietudes, es un autor de bestseller, director de documentales, fotógrafo, director de viajes de aventura, e historiador cultural que da conferencias por todo el mundo sobre un amplio campo de materias desde mitología y creatividad hasta arquitectura, arte y cine. Entre sus muchos libros están *Once and Future Myths: the Power of Ancient Stories in Modern Times; The Art of Pilgrimage: The Seeker's Guide to Making Travel Sacred; The Book of Roads: Travel Stories; Soul: An Archaeology; Readings from Socrates to Ray Charles; The Hero's Journey: Joseph Campbell on his Life and Work*; y el más reciente, *The Way Things Are: Conversations with Huston Smith on the Spiritual Life.*

Entre sus numerosos guiones para televisión están: *Ecological Design: Inventing the future; Wayfinders: A Pacific Odyssey; The Peyote Road; The Hero's Journey: The World of Joseph Campbell*; el nominado para la Academia en 1991 *Forever Activists: Stories from the Abraham Lincoln Brigade*; y el recientemente extrenado *A Seat at the Table: Struggling for American Indian Religious Freedom.*

Vive en Telegraph Hill en San Francisco, California, con Jo Beaton y su hijo de siete años, Jack.

ELOGIOS A LA ODISEA OLÍMPICA DE PHIL COUSINEAU

La Odisea Olímpica me mostró la extraordinaria fundación espiritual de los Juegos Olímpicos y su fuerte afinidad con las grandes ceremonias religiosas. Nos revela cómo entrenarse para los Juegos y luego competir en ellos en uno de los viajes más grandes y míticos de la vida.

Huston Smith
autor de The World Religions, Why Religion Matters, *y* The Way Thins Are

Estamos en deuda con él por este maravilloso libro que reaviva la llama Olímpica, el símbolo que abarca tantas promesas para superar los elementos divisorios de color, raza, credo, y la esperanza en nuestro mundo fracturado.

Robert A. Jonson
autor de He, We, Inner Work, Transformation, *y* Owning Your Own Shadow

El talento especial de Phil nos ayuda a encontrar las dimensiones eternas que hay en la vida diaria. Esta es una revelación exquisita del eterno viaje del héroe representado por cada uno de los atletas Olímpicos.

Stephen Larsen
autor de The Mythic Imagination *y* Fire in the Mind

Este acertado libro es un estudio apasionado de la dimensión del éxtasis de las Olimpiadas y de su contribución a la evolución de la conciencia. Lanza un audaz y urgente desafío para reavivar la visión original de los antiguos Juegos.

Michael Murphy
autor de The Future of the Body *y* Golf in the Kingdom; *presidente y cofundador del instituto Esalen*